Thomas Raithel
Jugendarbeitslosigkeit in der Bundesrepublik

Schriftenreihe der Vierteljahrshefte für Zeitgeschichte
Band 105

Im Auftrag des
Instituts für Zeitgeschichte München – Berlin
herausgegeben von
Helmut Altrichter   Horst Möller
Hans-Peter Schwarz   Andreas Wirsching

Redaktion:
Johannes Hürter und Jürgen Zarusky

Jugendarbeitslosigkeit in der Bundesrepublik

Entwicklung und Auseinandersetzung während der 1970er und 1980er Jahre

von

Thomas Raithel

Oldenbourg Verlag München 2012

Bibliografische Information der Deutschen Nationalbibliothek
Die Deutsche Nationalbibliothek verzeichnet diese Publikation in der Deutschen Nationalbibliografie; detaillierte bibliografische Daten sind im Internet über http://dnb.d-nb.de abrufbar.

© 2012 Oldenbourg Wissenschaftsverlag GmbH
Rosenheimer Straße 145, D-81671 München
Tel: 089 / 45051-0
www.oldenbourg-verlag.de

Das Werk einschließlich aller Abbildungen ist urheberrechtlich geschützt. Jede Verwertung außerhalb der Grenzen des Urheberrechtsgesetzes ist ohne Zustimmung des Verlages unzulässig und strafbar. Dies gilt insbesondere für Vervielfältigungen, Übersetzungen, Mikroverfilmungen und die Einspeicherung und Bearbeitung in elektronischen Systemen.

Umschlagentwurf: Thomas Rein, München und Daniel Johnson, Hamburg
Titelbild: Lehrlinge demonstrieren in München gegen Lehrstellenabbau bei Industrie und Handwerk. Demonstranten mit Plakaten und Transparenten, 1. 7. 1975; ullstein bild – Rudolf Dietrich
Satz: Typodata GmbH, Pfaffenhofen a.d. Ilm
Druck und Bindung: Grafik+Druck GmbH, München

Dieses Papier ist alterungsbeständig nach DIN/ISO 9706.

ISBN 978-3-486-70947-6
eISBN 978-3-486-71845-4
ISSN 0506-940

Inhalt

Vorwort VII

I. Einleitung 1
   1. Thematik und Ansatz 1
   2. Forschungslage und Forschungskontexte 3
   3. Aufbau, Fragestellungen und Quellen 7

II. Entwicklungen der Jugendarbeitslosigkeit 11
   1. Jugendarbeitslosigkeit und jugendliche Erwerbsarbeit:
      Die Bundesrepublik im westeuropäischen Kontext 11
   2. Soziale und regionale Differenzierungen 26
   3. Ursachen für nationale Unterschiede im Ausmaß der Jugendarbeits-
      losigkeit: Die Bundesrepublik und Frankreich im Vergleich 41

**III. Jugendarbeitslosigkeit in der gesellschaftlichen und politischen
     Wahrnehmung und Auseinandersetzung der Bundesrepublik** 59
   1. Diskurs- und Aktionsebenen 59
   2. Entwicklungen und Aspekte des Krisenbewusstseins 69
   3. Jugendarbeitslosigkeit und die allgemeine Wahrnehmung von „Jugend". . 87
   4. Eine „Vielfalt von Lösungswegen". Handlungsfelder und Handlungs-
      muster im Kampf gegen die Jugendarbeitslosigkeit 104
      Das wirtschaftspolitische Feld 105
      Das arbeitsmarktpolitische Feld 107
      Das bildungspolitische Feld 117
      Das sozialpädagogische Feld 121
      Fazit und internationale Perspektiven 124

IV. Resümee: Die Normalisierung der Krise 129

Abkürzungsverzeichnis 137

Verzeichnis der Abbildungen und Tabellen 139

Quellen- und Literaturverzeichnis 141

Personenregister 157

Vorwort

Das vorliegende Buch ging aus einem Forschungsprojekt zur „Krise der Arbeitsgesellschaft 1973 bis 1989" hervor, das vom Institut für Zeitgeschichte (IfZ) München-Berlin in Kooperation mit dem ifo-Institut München durchgeführt wurde. Die Finanzierung erfolgte weitgehend durch Mittel der Wissenschaftsgemeinschaft Gottfried Wilhelm Leibniz. Mein Dank gilt zunächst Prof. em. Dr. Dr. h.c. mult. Horst Möller, dem ehemaligen Direktor des IfZ, sowie Dr. Hans Woller und PD Dr. Thomas Schlemmer, die im IfZ die Grundlage für dieses Projekt gelegt haben. Mit Thomas Schlemmer, der auch zu meinem Projektkollegen wurde, habe ich stets produktiv zusammengearbeitet. Prof. Dr. Udo Wengst, der ehemalige Stellvertretende Direktor des IfZ, hat das Projekt eng begleitet.

Darüber hinaus bin ich einer Vielzahl von Menschen zu Dank verpflichtet, die in unterschiedlicher Weise zur Entstehung dieses Buches beigetragen haben:

Den Hilfskräften und Praktikanten im IfZ, die mir bei der Sammlung und Auswertung des Materials sowie bei Korrekturarbeiten behilflich waren. Hervorzuheben sind hier Anna Thiel und Nadine Recktenwald.

Den Mitarbeiterinnen und Mitarbeitern der Bibliotheken und Archive, in denen ich gearbeitet habe. Genannt sei vor allem die reich ausgestattete Bibliothek des Instituts für Arbeitsmarkt- und Berufsforschung (IAB) der Bundesagentur für Arbeit in Nürnberg. Hier konnte ich immer wieder die Gelegenheit wahrnehmen, unter hervorragenden Bedingungen zu recherchieren und zu schreiben.

Den Redakteuren und den Herausgebern der Vierteljahrshefte für Zeitgeschichte, die dieses Buch in die Schriftenreihe der Vierteljahrshefte aufgenommen haben. Mein besonderer Dank gilt dabei dem verantwortlichen Redakteur PD Dr. Johannes Hürter sowie der Redaktionssekretärin Angelika Reizle, die den Anmerkungsapparat, die Bildbeschriftungen sowie das Quellen- und Literaturverzeichnis akribisch redigiert hat.

Dr. Katja Klee, die das Manuskript vor dem Druck nochmals korrigiert hat, und Gabriele Jaroschka, die im Oldenbourg Verlag für die Publikation zuständig war.

Meiner Frau, Dr. Eva Oberloskamp, die das Manuskript in unterschiedlichen Stadien kritisch gelesen und an seiner Verbesserung mitgewirkt hat.

München, September 2012   Thomas Raithel

I. Einleitung

1. Thematik und Ansatz

Mitte der 1970er Jahre ging in zahlreichen westlichen Staaten eine außergewöhnlich lange Periode des Aufschwungs zu Ende. Die Wirtschaftskrise im Gefolge des ersten Ölpreisschocks von 1973 sorgte für eine Rückkehr der Massenarbeitslosigkeit und ließ auch die Arbeitslosigkeit von Jugendlichen, die seit den frühen 1950er Jahren meist nur noch eine marginale Rolle gespielt hatte, in die Höhe schnellen. Die negative Entwicklung des Arbeitsmarktes setzte sich in den 1980er Jahren fort, wobei die Quoten der Jugendarbeitslosigkeit im europäischen Rahmen vielfach deutlich über den allgemeinen Arbeitslosenzahlen lagen. Bis in die Gegenwart hat sich hieran europaweit wenig geändert[1].

Die statistisch definierte „Arbeitslosigkeit" ist freilich nur ein Aspekt der seit den 1970er Jahren vielfach schwieriger und komplexer gewordenen „Eingliederung" junger Menschen in das Erwerbsleben[2]. Neben der registrierten bildete sich auch eine schwer zu quantifizierende verdeckte Jugendarbeitslosigkeit heraus[3], öffentliche „Beschäftigungsmaßnahmen" wurden zu einem wichtigen Sektor des Arbeitsmarktes für Jugendliche, prekäre Arbeitsverhältnisse gewannen immer mehr an Bedeutung, und eine generelle Verunsicherung strahlte auch auf Jugendliche aus, die eine Beschäftigung bzw. Lehrstelle gefunden hatten oder noch die Schule besuchten.

Die große politische und öffentliche Aufmerksamkeit, die den Arbeitsmarktproblemen der Jugend meist zukommt, lässt sich durch die eben genannten Umstände allein freilich kaum erklären. Dies gilt gerade auch für die Bundesrepublik Deutschland. Hier fand die Thematik seit Mitte der 1970er Jahre rasch ein starkes gesellschaftliches und politisches Interesse, obwohl die statistisch erfasste Jugendarbeitslosigkeit im Vergleich zu anderen westlichen Staaten einen relativ glimpflichen Verlauf nahm und obwohl sie die allgemeine bundesdeutsche Arbeitslosenquote nur phasenweise und mit relativ geringer Abweichung übertraf. Jugendarbeitslosigkeit rief in der öffentlichen Diskussion vielfach ein intensives Krisenbewusstsein hervor, sie wurde, wie ein interner Bericht des Bundesministeriums für Arbeit und Soziales im November 1982 wohl mit Recht feststellte, „im öffent-

---

[1] Ende 2011 lag die bundesdeutsche Quote der Jugendarbeitslosigkeit bei 7,8% und damit 2% über der allgemeinen Arbeitslosenquote von 5,8%. Auf europäischer Ebene zeigte sich zum selben Zeitpunkt eine deutlich schlechtere Situation. In zahlreichen Staaten – die negative Spitze hielt Spanien mit rund 49% – übertraf die registrierte Jugendarbeitslosigkeit die 20%-Marke deutlich. Der Schnitt aller 27 EU-Staaten lag nach einer Erhebung der europäischen Statistikbehörde Eurostat im Dezember 2011 saisonbereinigt bei 22,18%. Siehe eurostat pressemitteilung euroindikatoren 16/2012, http://epp.eurostat.ec.europa.eu/cache/ITY_PUBLIC/3-31012012-AP/DE/3-31012012-AP-DE.PDF [letzter Zugriff: 7.2.2012].
[2] Verwiesen sei hier auf den französischen Sprachgebrauch. Statt des eng gefassten Begriffs „chômage [Arbeitslosigkeit] des jeunes" ist hier meist umfassend von Problemen der „insertion [Eingliederung]" oder generell des „emploi [Beschäftigung] des jeunes" die Rede.
[3] Zu den Kriterien der offiziellen Registrierung und zur Frage nach dem Anteil „verdeckter" Jugendarbeitslosigkeit vgl. unten S. 21f.

lichen Bewußtsein in der Bundesrepublik Deutschland zum ‚schlimmsten' Aspekt der Arbeitslosigkeit"[4].

Die Ursachen für diese hohe öffentliche Bedeutung des Themas Jugendarbeitslosigkeit sind vielfältig. So gelten Arbeitsmarktprobleme von Jugendlichen als individuell besonders schwerwiegend, da zu Beginn des Arbeitslebens wesentliche Weichen für die spätere Erwerbsbiographie gestellt werden und nicht selten langfristig schlechtere Arbeitsmarktchancen und ein größeres Maß staatlicher Unterstützungsmaßnahmen die Folge sind. Jugendarbeitslosigkeit kann so zur „lebensgeschichtliche[n] Hypothek" werden[5]. Volkswirtschaftlich bildet sie daher einen höheren Kostenfaktor als die Arbeitslosigkeit von Erwerbstätigen, die das jugendliche Alter bereits überschritten haben[6].

Zur politischen und öffentlichen Auseinandersetzung mit Jugendarbeitslosigkeit tragen auch Faktoren bei, die jenseits des arbeitsmarkt- und wirtschaftspolitischen Feldes liegen. Seit den 1970er Jahren gibt es wohl nicht unbegründete Befürchtungen, dass Jugendarbeitslosigkeit besonders schwerwiegende psychische, soziale und politische Folgen nach sich zieht. Warnungen vor dem Abgleiten arbeitsloser oder von Arbeitslosigkeit bedrohter Jugendlicher in gesellschaftliche und politische Gefährdungen wie Jugendkriminalität, Drogenkonsum oder politische Radikalisierung spielten in der öffentlichen und politischen Rezeption eine wesentliche Rolle.

Ein weiterer Erklärungsfaktor für den hohen gesellschaftlichen Stellenwert von Jugendarbeitslosigkeit in der Bundesrepublik könnte in der aufgeladenen Semantik von „Jugend" liegen. Dieser Begriff hat in Deutschland seit dem 19. Jahrhundert eine Bedeutung gewonnen, die über die bloße Bezeichnung einer diffusen und immer mehr expandierenden Lebensphase zwischen Kindheit und Erwachsenenalter weit hinausgeht[7]. Gerade angesichts der rasanten industriellen Entwicklung und des dadurch ausgelösten soziokulturellen Wandels trägt „Jugend" in sich die Verheißung der Zukunft, aber auch die Verpflichtung der Älteren, diese Zukunft für die Jugend zu sichern. „Jugend" und „Zukunft" – diese beiden Begriffe sind vielfach zu einer diskursiven Einheit verschmolzen[8]. Im Begriff der „Jugendarbeitslosigkeit" schwingt so auch die Frage nach dem grundsätzlichen Stellenwert von „Jugend" in Staat und Gesellschaft.

---

[4] Bundesarchiv Koblenz (BAK), B 149/113303, Ref. IIa 5 an Minister, „Betr.: Jugendarbeitslosigkeit", 3.11.1982, S. 5. Zum Kontext dieses Zitats, einem gewissen ministeriellen Unbehagen angesichts des hohen und sehr kritischen öffentlichen Interesses am Thema Jugendarbeitslosigkeit, vgl. unten S. 85. Dort auch ein längeres Zitat.

[5] Eckart Pankoke, Die Arbeitsfrage. Arbeitsmoral, Beschäftigungskrisen und Wohlfahrtspolitik im Industriezeitalter, Frankfurt a. M. 1990, S. 196.

[6] Vgl. Martin Werding, Einbahnstraße in die Beschäftigungskrise? Arbeitsmarktentwicklung und Arbeitsmarktinstitutionen in den OECD-Staaten nach 1960, in: Thomas Raithel/Thomas Schlemmer (Hrsg.), Die Rückkehr der Arbeitslosigkeit. Die Bundesrepublik Deutschland im europäischen Kontext 1973 bis 1989, München 2009, S. 23–36, hier S. 29f.

[7] Vgl. vor allem Uwe Sander/Ralf Vollbrecht (Hrsg.), Jugend im 20. Jahrhundert. Sichtweisen – Orientierungen – Risiken, Neuwied/Berlin 2000. Zum deutschen Jugendbegriff sowie für weitere Literaturhinweise s. unten S. 54f. Zum breiten zeitlichen „Toleranzbereich" der Kategorie „Jugend" in der sozialwissenschaftlichen Jugendforschung – vom minimal 12. bis zum maximal 35. Lebensjahr – vgl. Manfred Markefka, Jugend und Jugendforschung in der Bundesrepublik, in: Manfred Markefka/Rosemarie Nave-Herz (Hrsg.), Handbuch der Familien- und Jugendforschung, Bd. 2: Jugendforschung, Neuwied/Frankfurt a. M. 1989, S. 19–40, hier S. 27.

[8] Vgl. z. B. den Titel eines Sammelbandes zur Geschichte der westdeutschen Jugendhilfe: Arbeitsgemeinschaft für Jugendhilfe/Deutsches Jugendinstitut (Hrsg.), Der Jugend eine Zukunft sichern. Jugendhilfe im Nachkriegsdeutschland zwischen Anpassung und Parteilichkeit, Münster 1991.

Die vorliegende Studie[9] verfolgt einen doppelten Ansatz: Sie beschäftigt sich mit der Entwicklung von Jugendarbeitslosigkeit in der Bundesrepublik Deutschland während der 1970er und 1980er Jahre, und sie analysiert darauf aufbauend die politische und gesellschaftliche Auseinandersetzung mit diesem Problemfeld. Jugendarbeitslosigkeit wird dabei, wie dies international meist üblich ist, als Arbeitslosigkeit von Erwerbspersonen – d. h. von Erwerbstätigen und Arbeitslosen, die dem Arbeitsmarkt zur Verfügung stehen – im Alter von 15 bis einschließlich 24 Jahren verstanden. Allerdings ist zu berücksichtigen, dass in der Bundesrepublik während der 1970er und 1980er Jahre auch noch eine engere Definition verbreitet war, die das Vollenden des 19. Lebensjahres als Obergrenze der Jugendarbeitslosigkeit definierte[10]. Der Untersuchungszeitraum beschränkt sich auf eine Phase, für die der Archivzugang zu politischen Akten bereits weitgehend möglich ist und damit auf die beiden letzten Jahrzehnte der „alten" Bundesrepublik. Die Wiedervereinigung von 1990 schuf dann im Bereich der Jugendarbeitslosigkeit teilweise neuartige Problemfelder.

Angesichts der internationalen Dimension der seit Mitte der 1970er Jahre herrschenden Massenarbeitslosigkeit liegt es nahe, die bundesdeutschen Entwicklungen nicht isoliert zu betrachten und zumindest perspektivisch komparatistische Blickfelder in andere Staaten zu öffnen, auch wenn dies im Einzelnen immer wieder auf Probleme der Vergleichbarkeit höchst unterschiedlicher nationaler Strukturen und Kontexte trifft.

2. Forschungslage und Forschungskontexte

Unsere Arbeit betritt in ihren zentralen Bereichen geschichtswissenschaftliches Neuland. Mit dem Phänomen der seit den 1970er Jahren auftretenden bundesdeutschen Jugendarbeitslosigkeit haben sich Zeithistoriker bislang allenfalls am Rande beschäftigt[11]. Auch unter Einbeziehung der umfangreichen sozial-, politik- und wirtschaftswissenschaftlichen Literatur ist festzustellen, dass größere Darstellungen zur Entwicklung und Bekämpfung der Jugendarbeitslosigkeit, die den gesamten Untersuchungszeitraum abdecken, nicht vorliegen. Diese Feststellung gilt im Übrigen auch für die Entwicklung der allgemeinen Arbeitslosigkeit.

Einen nützlichen und relativ ausführlichen Überblick zu staatlichen Maßnahmen gegen die bundesdeutsche Jugendarbeitslosigkeit in den 1970er Jahren geben Karen Schober

---

[9] Die Arbeit ging aus einem von der Wissenschaftsgemeinschaft Gottfried Wilhelm Leibniz geförderten Projekt des Instituts für Zeitgeschichte München-Berlin hervor, das den Titel „Krise der Arbeitsgesellschaft" trug. Eine Studie von Thomas Schlemmer zum Thema der Langzeitarbeitslosigkeit in Deutschland und Italien (Arbeitstitel: Leben am Rande der Arbeitsgesellschaft. Langzeitarbeitslosigkeit in der Bundesrepublik Deutschland und in Italien „nach dem Boom") wird voraussichtlich 2013 erscheinen. Im Rahmen des Projekts steht auch ein interdisziplinärer Sammelband: Thomas Raithel/ Thomas Schlemmer (Hrsg.), Die Rückkehr der Arbeitslosigkeit. Die Bundesrepublik Deutschland im europäischen Kontext 1973 bis 1989, München 2009.
[10] Vgl. hierzu unten S. 72f.
[11] Zu erwähnen ist vor allem die kurze Skizze zur Arbeitsmarktlage von Jugendlichen in den 1980er Jahren in Andreas Wirsching, Abschied vom Provisorium. 1982–1990, München 2006, S. 315–317. Vgl. z. B. auch die komparatistischen Bemerkungen bei Hélène Miard-Delacroix, Im Zeichen der europäischen Einigung. 1963 bis in die Gegenwart, Darmstadt 2011 (WBG Deutsch-Französische Geschichte, 11), S. 253f.

und Gerhard Hochgürtel in einer bereits 1980 publizierten Monographie[12]. Daneben liegen zahlreiche international vergleichende sozial- und wirtschaftswissenschaftliche Studien, Aufsätze und Sammelbände vor, die – oftmals mit komparatistischen Perspektiven – auf den untersuchten Zeitraum Bezug nehmen; aus heutiger Sicht ist der wissenschaftliche Wert dieser meist zeitnah zu den analysierten Vorgängen erschienenen Arbeiten allerdings höchst unterschiedlich[13]. Der bislang breiteste Versuch, das Phänomen der Jugendarbeitslosigkeit und ihre Bekämpfung in einem internationalen Rahmen zu sehen, wurde im Jahr 2001 von Niall O'Higgins im Auftrag der Internationalen Arbeitsorganisation (International Labour Organization: ILO) vorgelegt[14]. Auch wenn das Untersuchungsinteresse dieser Forschungssynthese sich vor allem auf die 1990er Jahre richtet und die Ergebnisse oftmals einen stark generalisierenden und abstrahierenden Charakter besitzen, bieten die Studie sowie ein darauf aufbauender Aufsatz speziell zur westeuropäischen Entwicklung[15] einige Orientierungen auch für die 1970er und 1980er Jahre. Als sehr hilfreich haben sich die inzwischen existierenden Synthesen zur bundesdeutschen Arbeitsmarktpolitik erwiesen. Anzuführen ist hier an erster Stelle Georg Altmanns zeithistorische Monographie zur „aktiven" Arbeitsmarktpolitik in der Bundesrepublik seit Mitte der 1960er Jahre[16]; wichtige Informationen liefert auch die Überblicksdarstellung von Hans-Walter Schmuhl[17].

In zahlreichen Einzelfragen kann die Untersuchung auf einer sehr breiten – und in manchen Aspekten kaum überschaubaren – Grundlage an sozialwissenschaftlicher Spezialliteratur aufbauen, die arbeitsmarktpolitische, politikwissenschaftliche, soziologische, sozialpsychologische und sozialpädagogische Zugänge aufweist. Soweit sie in den 1970er

---

[12] Karen Schober/Gerhard Hochgürtel, Bewältigung der Krise oder Verwaltung des Mangels? Die staatlichen Maßnahmen zur Bekämpfung der Jugendarbeitslosigkeit 1974–1979, Bonn 1980. Kürzere Überblicksdarstellungen zu Maßnahmen gegen die bundesdeutsche Jugendarbeitslosigkeit während des untersuchten Zeitraums liegen in Aufsatzform vor. Vgl. hierzu unten die Literaturangaben in Kap. III.4. Eine detaillierte Zusammenstellung aller arbeitsmarktpolitischer Maßnahmen bieten: Peter Auer/Gert Bruche/Jürgen Kühl (Hrsg.), Chronik zur Arbeitsmarktpolitik. National 1978–1986. International 1980–1986, Nürnberg 1987.

[13] Vom Untersuchungszeitraum am weitreichendsten, d. h. von den 1970ern bis Mitte der 1980er Jahre, ist die 1987 erschienene politikwissenschaftliche Studie zur bundesdeutschen und spanischen Jugendarbeitslosigkeit von Manfred Wallenborn, Jugendarbeitslosigkeit BRD – Spanien. Ein Vergleich unter Berücksichtigung staatlicher Lösungsansätze, Frankfurt a. M. 1987. Der Ertrag für unsere Untersuchung bleibt allerdings gering. Merkwürdigerweise empfiehlt der Autor für die Bundesrepublik eine stärkere bundesdeutsche Orientierung an den in Spanien – mit wenig Erfolg – praktizierten beschäftigungspolitischen Ansätzen. Vgl. weiterhin: Hans-Christian Harten, Jugendarbeitslosigkeit in der EG, Frankfurt a. M./New York 1983; Ingo Richter/Sabine Sardei-Biermann (Hrsg.), Jugendarbeitslosigkeit. Ausbildungs- und Beschäftigungsprogramme in Europa, Opladen 2000. Unter den Aufsätzen ist folgende deutsch-französische Analyse der Ursachen von Jugendarbeitslosigkeit hervorzuheben: Odile Benoit-Guilbot/Helmut Rudoph/Markus Scheuer, Le chômage des jeunes en France et en Allemagne, in: Travail et emploi 59 (1994), S. 48–63.

[14] Niall O'Higgins, Youth Unemployment and Employment Policy. A Global Perspective, Genf 2001.

[15] Ders., Die Herausforderung der Jugendarbeitslosigkeit, in: Internationale Revue für Soziale Sicherheit 50 (1997), S. 67–100.

[16] Georg Altmann, Aktive Arbeitsmarktpolitik. Entstehung und Wirkung eines Reformkonzepts in der Bundesrepublik Deutschland, Wiesbaden 2004. Der strikt marktliberale Ansatz Altmanns verweist auf die Entstehungszeit des beginnenden 21. Jahrhunderts. Vgl. auch die kritischen Bemerkungen unten S. 108 f., Anm. 255. – Zur Unterscheidung von „aktiver" und „passiver" Arbeitsmarktpolitik vgl. unten S. 107.

[17] Hans-Walter Schmuhl, Arbeitsmarktpolitik und Arbeitsverwaltung in Deutschland 1871–2002 zwischen Fürsorge, Hoheit und Markt, Nürnberg 2003.

und 1980er Jahren erschienen ist, besitzt diese Literatur für den Historiker bereits Quellencharakter. Ihre Rezeption und die darauf aufbauende Synthese für die zeithistorische Forschung stellen eine wichtige Aufgabe der vorliegenden Arbeit dar.

Neuartig ist in unserer Studie auch der Versuch, die Entwicklung und die gesellschaftliche und politische Auseinandersetzung mit Jugendarbeitslosigkeit in Verbindung mit weitergespannten zeitgeschichtlichen Fragen zu sehen[18]. Ausgehend vom Problem der Arbeitslosigkeit sind zunächst die allgemeinen Wandlungen der modernen „Arbeitsgesellschaft" zu nennen[19], die während des untersuchten Zeitraums stattfanden. Wichtige Aspekte – neben der Massenarbeitslosigkeit – waren etwa die Folgen des Bedeutungsverlustes industrieller Strukturen und des Bedeutungsgewinns des tertiären Wirtschaftsbereichs, Veränderungen in der Gestaltung der Arbeitszeiten und der Beteiligung der Geschlechter am Erwerbsleben, aber auch Prozesse des Wertewandels und besonders der wachsende Stellenwert von Freizeit und Konsum[20]. Diese für die fortgeschrittene Moderne in westlichen Industrie- und Dienstleistungsstaaten charakteristischen Veränderungen wurden seit den frühen 1980er Jahren in der Bundesrepublik oftmals als „Krise" oder auch „Ende" der „Arbeitsgesellschaft" diskutiert[21].

Bei der Betrachtung des politischen und gesellschaftlichen Handelns gegen Jugendarbeitslosigkeit muss auch das grundsätzliche Problem der Belastbarkeit des bundesdeutschen Sozialstaats beachtet werden, dessen finanzielle Spielräume angesichts der sich verstetigenden Massenarbeitslosigkeit bald an ihre Grenzen stießen[22]. In der sozial- und geschichtswissenschaftlichen Literatur hat dieses Themenfeld relativ breite Aufmerksamkeit gefunden. Hervorgehoben seien hier die einschlägigen Bände der Geschichte der

---

[18] Erste Überlegungen hierzu finden sich in einem Aufsatz des Verfassers: Thomas Raithel, Jugendarbeitslosigkeit in der Bundesrepublik Deutschland und in Frankreich in den 1970er und 1980er Jahren, in: Ders./Thomas Schlemmer (Hrsg.), Die Rückkehr der Arbeitslosigkeit. Die Bundesrepublik Deutschland im europäischen Kontext 1973 bis 1989, München 2009, S. 67–80.
[19] Zu ihrer Genese und zu wesentlichen Kennzeichen wie der „marktvermittelte[n]" Erwerbsarbeit vgl. Jürgen Kocka, Mehr Last als Lust. Arbeit und Arbeitsgesellschaft in der europäischen Geschichte, in: Jahrbuch für Wirtschaftsgeschichte (2005/2), S. 185–206, hier vor allem S. 194–201, Zitat S. 195.
[20] Vgl. zu den letztgenannten Aspekten die Literaturhinweise unten S. 89.
[21] Zu den Anfängen dieser Diskussion vgl. insbesondere Ralf Dahrendorf, Im Entschwinden der Arbeitsgesellschaft. Wandlungen in der sozialen Konstruktion des menschlichen Lebens, in: Merkur 34 (1980), S. 750–760, sowie Joachim Matthes (Hrsg.), Krise der Arbeitsgesellschaft? Verhandlungen des 21. Deutschen Soziologentages in Bamberg 1982, Frankfurt a. M. 1983. Eine intellektuelle Wurzel reicht zurück bis zu Hannah Arendts Warnung, dass der modernen technisierten Gesellschaft die Arbeit „ausgehen" werde; vgl. Hannah Arendt, Vita activa oder Vom tätigen Leben, Stuttgart 1960 [zuerst amerik. 1958 unter dem Titel „The Human Condition"], S. 11f. – Zu neueren Forschungsansätzen vgl. Winfried Süß/Dietmar Süß, Zeitgeschichte der Arbeit: Beobachtungen und Perspektiven, in: Knud Andresen/Ursula Bitzegeio/Jürgen Mittag (Hrsg.), „Nach dem Strukturbruch"? Kontinuität und Wandel von Arbeitsbeziehungen und Arbeitswelt(en) seit den 1970er-Jahren, Bonn 2011, S. 345–365. Zusammenfassend zu den „ambivalent[en]" Veränderungen aus europäischer Perspektive vgl. Hartmut Kaelble, Sozialgeschichte Europas 1945 bis zur Gegenwart, München 2007, S. 71–75, Zitat S. 71.
[22] Im Folgenden wird gemäß der deutschen Tradition der Begriff „Sozialstaat" verwendet, der semantisch etwas breiter ist als der international eher übliche Terminus „Wohlfahrtsstaat" („Welfare State") und der auch den Bereich des Arbeitsrechts einschließt. Beide Begriffe werden in der bundesdeutschen Forschung heute weitgehend parallel gebraucht. Vgl. Hans Günter Hockerts, Vom Problemlöser zum Problemerzeuger? Der Sozialstaat im 20. Jahrhundert, in: Ders., Der deutsche Sozialstaat. Entfaltung und Gefährdung seit 1945, Göttingen 2011, S. 325–358 [zuerst in: Archiv für Sozialgeschichte 47 (2007), S. 3–29], hier S. 332f.

Sozialpolitik in Deutschland seit 1945[23] sowie – speziell zu den 1970er und 1980er Jahren – verschiedene Aufsätze von Manfred G. Schmid und Winfried Süß[24]. Weitere relevante kontextuelle Themengebiete sind die gesellschaftliche Wahrnehmung von „Jugend" in Deutschland[25] sowie – im Hinblick auf die Arbeitsmarktpolitik – das in der Bundesrepublik um 1970 kulminierende Planungsdenken, das freilich schon bald in einen langen Prozess der Desillusionierung mündete[26].

Unsere Studie kann auch an die aktuellen wissenschaftlichen Bemühungen anknüpfen, den historischen Ort der 1970er und 1980er Jahre näher zu bestimmen. Dabei geht es vor allem um die großen wirtschaftlichen, gesellschaftlichen und kulturellen Transformationsprozesse, welche die westliche Welt seit dem letzten Drittel des 20. Jahrhunderts prägen und die vielfach als krisenhaft empfunden wurden[27]. Wesentliche Faktoren dieses Wandels – manche Autoren schreiben ihm gar eine „revolutionäre Qualität" zu[28] – waren die anhaltenden wirtschaftlichen und sozialen Unsicherheiten, die beschleunigte „Globalisierung"[29] sowie der weltweite Siegeszug einer „neo-liberalen" wirtschaftspolitischen Dokt-

---

[23] Geschichte der Sozialpolitik in Deutschland seit 1945, hrsg. vom Bundesministerium für Arbeit und Soziales und vom Bundesarchiv, Bd. 5: 1966-1974: Bundesrepublik Deutschland. Eine Zeit vielfältigen Aufbruchs, hrsg. von Hans Günter Hockerts, Baden-Baden 2006; Bd. 6: 1974-1982: Bundesrepublik Deutschland. Neue Herausforderungen, wachsende Unsicherheiten, hrsg. von Martin H. Geyer, Baden-Baden 2008; Bd. 7: 1982-1989: Bundesrepublik Deutschland. Finanzielle Konsolidierung und institutionelle Reform, hrsg. von Manfred G. Schmidt, Baden-Baden 2005.
[24] Vgl. vor allem Manfred G. Schmidt, Zwischen Ausbaureformen und Sanierungsbedarf: Die Sozialpolitik der siebziger und achtziger Jahre, in: Thomas Raithel/Andreas Rödder/Andreas Wirsching (Hrsg.), Auf dem Weg in eine neue Moderne? Die Bundesrepublik Deutschland in den siebziger und achtziger Jahren, München 2009, S. 131-139, sowie Winfried Süß, Umbau am „Modell Deutschland". Sozialer Wandel, ökonomische Krise und wohlfahrtsstaatliche Reformpolitik in der Bundesrepublik „nach dem Boom", in: Journal of Modern European History 9 (2011/12), S. 215-240. Hinweise auf weitere Aufsätze der beiden Autoren finden sich in den Anmerkungen zu den Kapiteln III und IV.
[25] Vgl. die Literaturhinweise unten S. 54, Anm. 196.
[26] Vgl. die Literaturhinweise unten S. 109, Anm. 257f.
[27] Generell zur Interpretation der Epoche und zu Forschungsschwerpunkten vgl. folgende zwei Sammelbände: Konrad H. Jarausch (Hrsg.), Das Ende der Zuversicht? Die siebziger Jahre als Geschichte, Göttingen 2008, insbesondere die Einleitung: Ders., Verkannter Strukturwandel. Die siebziger Jahre als Vorgeschichte der Probleme der Gegenwart, in: Ebd., S. 9-26; sowie Thomas Raithel/Andreas Rödder/Andreas Wirsching (Hrsg.), Auf dem Weg in eine neue Moderne? Die Bundesrepublik Deutschland in den siebziger und achtziger Jahren, München 2009, insbesondere dies., Einleitung, in: Ebd., S. 7-14. Eine erste „globalhistorische" Darstellung zu den 1970er Jahren gibt Philippe Chassaigne, Les années 1970. Fin d'un monde et origine de notre modernité, Paris 2008. Eine essayistische Gesamtdeutung der Zeit ab den 1970er Jahren bieten: Anselm Doering-Manteuffel, Nach dem Boom. Brüche und Kontinuitäten der Industriemoderne seit 1970, in: Vierteljahrshefte für Zeitgeschichte 55 (2007), S. 559-581; ders./Lutz Raphael, Nach dem Boom. Perspektiven auf die Zeitgeschichte seit 1970, Göttingen ²2010. Unter neueren Handbuchdarstellungen vgl. Andreas Rödder, Die Bundesrepublik Deutschland. 1969-1990, München 2004; Wirsching, Abschied vom Provisorium, vor allem S. 223-498; Edgar Wolfrum, Die geglückte Demokratie. Geschichte der Bundesrepublik Deutschland von ihren Anfängen bis zur Gegenwart, Stuttgart 2006, S. 327-429; Eckart Conze, Die Suche nach Sicherheit. Eine Geschichte der Bundesrepublik Deutschland von 1949 bis in die Gegenwart, München 2009, S. 463-688.
[28] So vor allem leitmotivisch in Doering-Manteuffel/Raphael, Nach dem Boom. Vgl. z. B. ebd., S. 13.
[29] In den 1970er und 1980er Jahren war der Begriff trotz einer sich verstärkenden internationalen Vernetzung allerdings noch nicht geläufig. Zur Begriffsgeschichte vgl. Jarausch, Verkannter Strukturwandel, S. 22. Zu den mit der Globalisierung verbundenen Herausforderungen vgl. Andreas Wirsching, Der Preis der Freiheit. Geschichte Europas in unserer Zeit, München 2012, S. 226-347. Ebd., S. 227 wird der Beginn der „zweiten' Globalisierung" – nach der „ersten" Ende des 19. und Anfang des 20. Jahrhunderts – in die 1970er Jahre gesetzt.

rin[30]. In dieser breit gefassten Perspektive bildet das Problem der bundesdeutschen Jugendarbeitslosigkeit in den 1970er und 1980er Jahren ein exemplarisches Themenfeld.

3. Aufbau, Fragestellungen und Quellen

Der doppelte Ansatz unserer Untersuchung, der auf die Entwicklung der bundesdeutschen Jugendarbeitslosigkeit und auf die Auseinandersetzung mit ihr zielt, spiegelt sich im Aufbau der Arbeit:

In Anlehnung an die vorliegende Literatur aus Sozialwissenschaften und Arbeitsmarktforschung sowie gestützt auf statistische Daten widmet sich *Kapitel II* der Entwicklung der bundesdeutschen Jugendarbeitslosigkeit während des untersuchten Zeitraums. Die Überblicksdarstellung soll wesentliche Informationen in einer auch für Nicht-Fachleute verständlichen Form bündeln, um so eine Basis für die Analyse der bundesdeutschen Wahrnehmung und Bekämpfung von Jugendarbeitslosigkeit zu legen.

Die komparatistische Weitung des Horizonts gewinnt dabei maßgeblichen Einfluss auf die Fragestellungen. Unsere Aufmerksamkeit richtet sich deshalb nicht nur auf Entwicklungen, Ursachen und Ausformungen der bundesdeutschen Jugendarbeitslosigkeit sowie auf den generellen Strukturwandel jugendlicher Erwerbsarbeit. Sie zielt darüber hinaus auch auf die Einordnung dieser Gegebenheiten in einen westeuropäischen Rahmen[31] sowie auf die Frage, warum Jugendarbeitslosigkeit in den beiden letzten Jahrzehnten der „alten" Bundesrepublik nicht so stark ausgeprägt war wie in den meisten anderen westlichen Staaten. Wichtigste Grundlage für diese komparatistische Perspektive sind die von der Organisation for Economic Co-operation and Development (OECD) nach analogen Kriterien aufbereiteten und somit vergleichbar gemachten Zahlen zur Arbeitsmarktentwicklung, die in den Labour Force Statistics (LFS) publiziert werden[32]. Im Rahmen eines kontrastiven Vergleichs soll Frankreich besondere Beachtung finden – ein Land, das sich in seiner allgemeinen wirtschaftlichen Entwicklung nicht fundamental von der Bundesrepublik unterschied, in dem allerdings die Quoten der Jugendarbeitslosigkeit bereits in den 1970er und 1980er Jahren ungewöhnliche Höhen erreichten[33].

---

[30] Auch der Begriff „Neoliberalismus" im Sinne einer konsequent marktliberalen Doktrin kam erst nach den 1980er Jahren verstärkt in Gebrauch. Abzugrenzen ist der ältere „Neoliberalismus" im Sinne des deutschen Ordoliberalismus. Zur Entwicklung des neueren Neoliberalismus vgl. vor allem David Harvey, Kleine Geschichte des Neoliberalismus, Zürich 2007 [zuerst engl. 2005 unter dem Titel „A Brief History of Neoliberalism"]. – Die Bundesrepublik war allerdings während des untersuchten Zeitraums hiervon noch wenig betroffen. Vgl. unten S. 106.

[31] Mit „Westeuropa" sind hier alle europäischen Staaten westlich des bis 1989/90 bestehenden „Eisernen Vorhangs" gemeint.

[32] Es handelt sich um eine fortlaufende Reihe, jeder Band umfasst Daten von etwa zwei Jahrzehnten: Labour Force Statistics/Statistiques de la population active, hrsg. vom OECD Department of economics and statistics/Département des affaires économiques et statistiques OCDE, Paris, verschiedene Jahrgänge (künftig: LFS). – Offenbar auf Grund von Neuberechnungen weichen die Daten für ein und denselben Sachverhalt – etwa die jugendliche Arbeitslosenquote in einem bestimmten Land und in einem bestimmten Jahr – zwischen den einzelnen Ausgaben hin und wieder leicht voneinander ab. Eine exakte Grundlage von OECD-Zahlen ist daher nicht vorhanden. Alle Angaben sind nur als ungefähre Orientierungswerte zu verstehen. Dies gilt insbesondere auch für internationale Vergleiche, deren Ausgangsdaten nicht immer streng vergleichbar sind.

[33] Der Vergleich stützt sich dabei weitgehend auf statistische Daten und auf Literatur. Die Aktenlage zum Thema Jugendarbeitslosigkeit in den 1970er und 1980er Jahren in den staatlichen französischen

Kapitel III bildet den eigentlichen Schwerpunkt der Studie und behandelt, gestützt auf die vorliegende Spezialliteratur und auf eigene Quellenarbeiten, die Auseinandersetzung mit Jugendarbeitslosigkeit in der Bundesrepublik während der 1970er und 1980er Jahre. Dabei geht es nicht um eine detaillierte Rekonstruktion und Bewertung der zahlreichen und vielfältigen Gegenmaßnahmen. Ein derartiger Ansatz würde die Kompetenzen eines Historikers rasch übersteigen und wäre für das weiter gespannte Erkenntnisinteresse, das dieser Arbeit zugrunde liegt, wenig hilfreich. Im Mittelpunkt der Untersuchung steht vielmehr die Frage nach grundlegenden Wahrnehmungs- und Handlungsmustern innerhalb der politischen Eliten und der politischen Öffentlichkeit.

Derartige Muster entstanden nicht allein in Reaktion auf das konkrete Problem der Jugendarbeitslosigkeit, sie waren auch Ausdruck kontextueller Dispositionen. Dies gilt etwa für allgemeine wirtschaftspolitische Vorstellungen, die idealtypisch zwischen den Polen des Keynesianismus und des strikten Marktliberalismus lagen. Prägenden Einfluss hatten auch die in Deutschland bzw. der Bundesrepublik dominierenden Strukturen des Übergangs von der Schule in das Berufsleben. Die traditionelle Lehrlingsausbildung war im Laufe des 20. Jahrhunderts zu einem „dualen System" von staatlicher Berufsschule und betrieblicher Lehre geworden und hatte mit dem Berufsbildungsgesetz von 1969 ihre für den untersuchten Zeitraum gültige Form gefunden[34]. Und nicht zuletzt sind, wie bereits angedeutet, auch allgemeine Tendenzen im Verständnis von „Jugend" und ihrer Rolle auf dem Arbeitsmarkt zu berücksichtigen.

Angesichts der Komplexität der bundesdeutschen Auseinandersetzung mit Jugendarbeitslosigkeit konzentriert sich unser Zugriff auf zentrale Bereiche der bundespolitischen Ebene, in denen sich wesentliche gesellschaftliche Ansätze im Umgang mit diesem Problem spiegeln. Hierfür wurden erstmals zu dieser Thematik in größerem Umfang relevante Akten der involvierten Bundesministerien (in erster Linie Arbeit und Soziales sowie Jugend und Familie[35]) sowie parlamentarisches Schrifttum (Plenardebatten und Ausschussprotokolle[36]) ausgewertet. Auch der zeitgenössischen Publizistik und Wissenschaft kommt in Kapitel III eine wichtige Quellenfunktion zu.

Archiven (vor allem Centre des archives contemporaines in Fontainebleau und Centre des archives économiques et financières in Savigny-le-Temple) ist desolat – zumindest gemäß dem bisherigen Abgabe- und Erfassungsstand. Nach den Recherchen des Verfassers in den genannten Archiven scheint aber auch sicher, dass in französischen Ministerien im Vergleich zur Bundesrepublik weitaus weniger einschlägige Akten angelegt wurden.
[34] Vgl. den Überblick in Wolf-Dietrich Greinert, Geschichte der Berufsausbildung in Deutschland, in: Rolf Arnold/Antonius Lipsmeier (Hrsg.), Handbuch der Berufsbildung, Opladen 1995, S. 409–417; speziell zum Berufsbildungsgesetz vgl. ebd., S. 413f.
[35] Die Bestände liegen weitgehend im Bundesarchiv Koblenz (BAK). Ein Teil der Akten des Bundesministeriums für Arbeit und Soziales (BMAS) besitzt zwar bereits Signaturen des Bundesarchivs, lagerte zum Zeitpunkt unserer Quellenarbeit aber noch am Bonner Standort des Ministeriums und ist dort nach den Bedingungen des Informationsfreiheitsgesetzes einsehbar. Für die diesbezügliche Unterstützung sowie für die Hilfe bei der Aktensuche und bei der Freigabe von Beständen, die nach dem Bundesarchivgesetz noch unter die übliche 30-jährige Sperrfrist fallen, danke ich den jeweiligen Ministerien sowie dem zuständigen Referenten im Bundesarchiv.
[36] Die gedruckten Sitzungsprotokolle der parlamentarischen Ausschüsse befinden sich vollständig im Parlamentsarchiv des Deutschen Bundestages (PADB) in Berlin. Ein (nicht ganz kompletter) Bestand der Protokolle des Ausschusses für Arbeit und Soziales kann in der Bibliothek des Instituts für Arbeitsmarkt- und Berufsforschung (IAB) in der Bundesagentur für Arbeit in Nürnberg eingesehen werden.

Vier Hauptfragestellungen stehen in Kapitel III im Mittelpunkt des Interesses. Ausgehend von der Frage nach den Diskurs- und Aktionsebenen der Auseinandersetzung mit Jugendarbeitslosigkeit (III.1) sollen zunächst die groben Entwicklungen des diesbezüglichen Krisenbewusstseins und der damit verbundenen Ursachenanalyse skizziert werden (III.2). Dem schließt sich der Versuch an, die Rezeption von Jugendarbeitslosigkeit in den Kontext der generellen Wahrnehmung von Jugend in den bundesdeutschen 1970er und 1980er Jahren zu stellen (III.3). Die praktische Auseinandersetzung wird dann in einer Analyse der bundesdeutschen Handlungsfelder und Handlungsmuster untersucht, die sich in der Bekämpfung von Jugendarbeitslosigkeit erkennen lassen (III.4), gefolgt von einem Zwischenfazit und einem Blick auf das Vorgehen in anderen westeuropäischen Staaten (III.5).

Abschließend bietet *Kapitel IV* ein Resümee der wichtigsten Ergebnisse sowie ihre Einordnung in den größeren Kontext der mit den 1970er Jahren einsetzenden Umbruchphase.

II. Entwicklungen der Jugendarbeitslosigkeit

1. Jugendarbeitslosigkeit und jugendliche Erwerbsarbeit: Die Bundesrepublik im westeuropäischen Kontext

Trotz aller statistischen Fragwürdigkeiten, von denen später noch die Rede sein wird, erscheint es zunächst sinnvoll, eine Übersicht über eine Reihe von grundlegenden Arbeitsmarktdaten zu geben und diese Indikatoren in ihren jeweiligen Kontexten zu erläutern. Dabei muss die Perspektive relativ weit gefasst werden: Ohne einen Blick auf die Entwicklung der Arbeitslosigkeit in der gesamten Erwerbsbevölkerung (a) lässt sich das Phänomen der Jugendarbeitslosigkeit (b) kaum verstehen. Ebenso ist stets der enge Zusammenhang mit den generellen Veränderungen jugendlicher Erwerbstätigkeit zu berücksichtigen (c).

Eine angemessene Bewertung der bundesdeutschen Entwicklungen kann zudem nur dann erfolgen, wenn zumindest perspektivisch auch der internationale Kontext präsent ist. Punktuell werden daher im Folgenden immer wieder Bezüge zu allgemeinen westeuropäischen Trends hergestellt und Zahlenvergleiche mit einigen ausgewählten Staaten in unterschiedlichen Teilen Westeuropas gezogen (Frankreich, Italien, Großbritannien und die Niederlande). Besondere Beachtung findet dabei Frankreich, dessen Arbeitsmarktprobleme für Jugendliche in Kapitel II.3 unter einer vergleichenden deutsch-französischen Perspektive genauer analysiert werden.

a) Entwicklung der allgemeinen Arbeitslosigkeit: Zunächst soll der grobe Verlauf der bundesdeutschen Arbeitslosenquote[1] im Vorfeld und während des untersuchten Zeitraums betrachtet werden. Die anfangs sehr hohe, dann aber schnell sinkende Nachkriegsarbeitslosigkeit, die im westeuropäischen Kontext eine deutsche Besonderheit gewesen war, konnte bereits in der 1950er Jahren überwunden werden. Trotz des Zuzugs zahlreicher Menschen aus den ehemaligen deutschen Ostgebieten und aus der DDR und trotz der geförderten Zuwanderung ausländischer Arbeitskräfte seit Mitte der 1950er Jahre wurde seit etwa 1960 der Zustand einer weitgehenden „Vollbeschäftigung"[2] erreicht. Teile der bundesdeutschen Wirtschaft stießen in den 1960er Jahren sogar auf erhebliche Probleme bei der Gewinnung geeigneter Arbeitskräfte.

---

[1] Die Arbeitslosenquote gibt den Anteil der Arbeitslosen an den zivilen Erwerbspersonen an, zu denen sowohl Beschäftigte als auch Arbeitssuchende gehören.
[2] Eine gängige Definition lautet: „Vollbeschäftigung bezeichnet den Zustand in einer Volkswirtschaft, bei dem alle Produktionsfaktoren eingesetzt und auch ausgelastet sind." http://wirtschaftslexikon.gabler.de/Definition/vollbeschaeftigung.html [letzter Zugriff: 27.3.2012]. Welches Maß an Arbeitslosigkeit mit diesem Begriff noch vereinbar erscheint, wurde im Laufe der Jahre unterschiedlich definiert. Aktuell gilt in der Bundesrepublik eine Arbeitslosenquote von unter 2% als „Vollbeschäftigung". Vgl. Duden Wirtschaft von A bis Z: Grundlagenwissen für Schule und Studium, Beruf und Alltag, Mannheim [4]2009, Artikel „Vollbeschäftigung", Online-Zugriff über: http://www.bpb.de/nachschlagen/lexika/lexikon-der-wirtschaft/21068/vollbeschaeftigung [letzter Zugriff: 26.3.2012].

Abb. 1: *Allgemeine Arbeitslosenquote und Quote der Jugendarbeitslosigkeit in der Bundesrepublik, 1968–1990*[3]

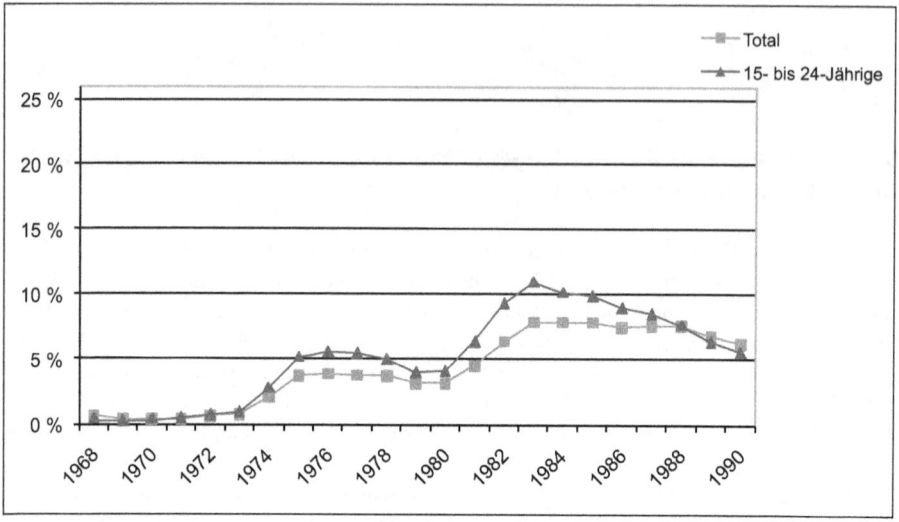

Infolge der Rezession von 1966/67 kam es erstmals wieder zu einer kleinen – in der zeitgenössischen Öffentlichkeit und Politik aber durchaus für ernsthafte Beunruhigung sorgenden – arbeitsmarktpolitischen Krise. In deren Verlauf wurde 1967 gemäß der OECD-Statistik in der Bundesrepublik im Jahresdurchschnitt eine Arbeitslosenquote von 2,1% erreicht. Diese Krise konnte, auch dank des erfolgreich eingesetzten Instrumentariums einer aktiven Konjunkturpolitik nach den Rezepten des britischen Ökonomen John Maynard Keynes, rasch gemeistert werden.

Die scheinbare Normalisierung des Arbeitsmarktes war aber nur von kurzer Dauer. Nachdem das internationale System fester Wechselkurse, das seit der Konferenz von Bretton Woods im Jahr 1944 Bestand gehabt hatte, Anfang der 1970er Jahre zusammengebrochen war, löste der erste „Ölpreisschock" von 1973 rasch eine weltweite Rezession aus[4]. In der Wirtschaftskrise von 1974 bis 1975, die durch eine bislang ungewohnte Stagflation – eine Gleichzeitigkeit von Stagnation und Inflation – gekennzeichnet war, kam es zum bislang stärksten Anstieg der bundesdeutschen Arbeitslosenquote seit 1949. In den Jahren 1981 bis 1983 folgte nach der zweiten großen Ölpreiskrise von 1979 bis 1980 und im Zuge der Rezession von 1980 bis 1982 eine erneute massive Verschlechterung der Lage auf dem bundesdeutschen Arbeitsmarkt. Als negative Spitzenwerte wurden Quoten von 4,0% im

---

[3] Nach LFS 1970–1990, S. 490–493.
[4] Zur Weltwirtschaftskrise von 1974/75, die auch durch fehlerhaftes politisches Management stark beeinflusst wurde, vgl. Jens Hohensee, Der erste Ölpreisschock 1973/74. Die politischen und gesellschaftlichen Auswirkungen der arabischen Erdölpolitik auf die Bundesrepublik Deutschland und Westeuropa, Stuttgart 1996; Werner Abelshauser, Deutsche Wirtschaftsgeschichte seit 1945, München 2004, S. 421 und 436; Michael von Prollius, Deutsche Wirtschaftsgeschichte nach 1945, Göttingen 2006, S. 181–187. Zur weiteren wirtschaftlichen Entwicklung vgl. Wolfgang Jäger/Werner Link, Geschichte der Bundesrepublik Deutschland. Band 5.2: Republik im Wandel. 1974–1982. Die Ära Schmidt, Stuttgart/Mannheim, S. 14–21; Rödder, Die Bundesrepublik Deutschland, S. 70f. und 174–180; Wirsching, Abschied vom Provisorium, S. 223–228.

Jahr 1975 sowie 7,9% im Zeitraum von 1983 bis 1985 erreicht (s. Abb. 1), was absoluten Arbeitslosenzahlen von rund 1,1 und 2,3 Millionen entsprach[5]. Zwischenzeitlich war die Arbeitslosigkeit zwar wieder leicht gesunken, doch konnte die „Talsohle", die 1979/80 gut 3% betrug, den erheblich niedrigeren Ausgangswert vor dem Anstieg Mitte der 1970er Jahre nicht mehr erreichen – ein Phänomen, das sich im weiteren Auf und Ab der Arbeitslosenquote bis zum Beginn des 21. Jahrhunderts noch zweimal wiederholen sollte. Der Anstieg der allgemeinen Arbeitslosigkeit war in der Bundesrepublik der 1970er und 1980er Jahre demnach ein schubweiser Prozess. Die graphische Darstellung der Arbeitslosenquote gewinnt für die Epoche seit Anfang der 1970er Jahre das Aussehen einer ansteigenden Treppe.

Die Ursachen dieser krisenhaften Entwicklung, dies sei hier nur kurz angedeutet, waren nicht nur konjunkturell, sondern auch Ausdruck tief greifender struktureller Veränderungen des Wirtschaftslebens. Der „weltweite Trend der Deindustrialisierung" und der Prozess der Tertiarisierung sorgten für eine beschleunigte Veränderung der sektoralen Wirtschaftsstruktur[6]. Die Zugewinne im Dienstleistungssektor konnten dabei den industriellen Arbeitsplatzverlust nur unzureichend kompensieren. Dies gilt gerade auch für die Bundesrepublik und hier in besonderer Weise für altindustrialisierte Gebiete wie das Ruhrgebiet oder das Saarland. Inwieweit der Krisenbegriff dazu geeignet ist, um die seit Anfang der 1970er Jahre stark beschleunigten ökonomischen Veränderungen und Turbulenzen zu kennzeichnen, mag hier dahingestellt bleiben. Sicher war es keine Krise im Sinne einer „dramatisch zugespitzte[n] Entscheidungssituation", sondern es handelte sich, wie Christoph Boyer ausgeführt hat, eher um „ein Ensemble meist unübersichtlich ineinander verschlungener politisch-sozial-ökonomisch-kultureller Steuerungs-, Reproduktions-, Umweltanpassungs- und Legitimationsprobleme und die – häufig langwierige und mühsame – Suche nach Lösungen für diese"[7].

Eine neuartige Entwicklung für den Arbeitsmarkt stellte in der Bundesrepublik der 1970er und 1980er Jahre auch die „Aufholjagd" weiblicher Erwerbsarbeit dar[8]. Immer mehr Frauen, insbesondere auch solche mit Kindern, gaben ihre Beschränkung auf die Hausfrauenrolle auf und beteiligten sich – oftmals als Teilzeitbeschäftigte im Dienstleistungsbereich – am Erwerbsleben. Das „fordistische" Modell des in einer gesicherten Arbeitsposition für den Lebensunterhalt der Familie sorgenden männlichen Alleinverdie-

---

[5] Nach LFS 1970–1990, S. 32f. – Auch zum Folgenden vgl. ebd.
[6] Zu den Entwicklungstrends vgl. Gerold Ambrosius, Sektoraler Wandel und internationale Verflechtung: Die bundesdeutsche Wirtschaft im Übergang zu einem neuen Strukturmuster, in: Thomas Raithel/Andreas Rödder/Andreas Wirsching (Hrsg.): Auf dem Weg in eine neue Moderne? Die Bundesrepublik Deutschland in den siebziger und achtziger Jahren, München 2009, S. 17–31, Zitat S. 29.
[7] Christoph Boyer, Schwierige Bedingungen für Wachstum und Beschäftigung, in: Thomas Raithel/Thomas Schlemmer (Hrsg.), Die Rückkehr der Arbeitslosigkeit. Die Bundesrepublik Deutschland im europäischen Kontext 1973 bis 1989, München 2009, S. 9–22, hier S. 11 und 9.
[8] Die weibliche Erwerbsquote steigerte sich von rund 48% im Jahr 1970 auf rund 57% im Jahr 1990. Vgl. LFS 1964–1974, S. 480f.; LFS 1974–1994, S. 552f. Der Begriff „Aufholjagd" stammt aus Kathrin Dressel/Susanne Wanger, Erwerbsarbeit: Zur Situation von Frauen auf dem Arbeitsmarkt, in: Ruth Becker/Beate Kortendieck (Hrsg.), Handbuch Frauen- und Geschlechterforschung. Theorie, Methoden, Empirie, Wiesbaden ²2008, S. 481–490, hier S. 481. Vgl. zudem: Monika Mattes, Ambivalente Aufbrüche. Frauen, Familie und Arbeitsmarkt zwischen Konjunktur und Krise, in: Konrad H. Jarausch (Hrsg.), Das Ende der Zuversicht? Die siebziger Jahre als Geschichte, Göttingen 2008, S. 215–228.

ners, das in der Bundesrepublik während der 1950er und 1960er Jahren seine stärkste Ausprägung gefunden hatte, schwächte sich somit immer mehr ab[9].

b) Entwicklung der Jugendarbeitslosigkeit: Die Quote der bundesdeutschen Jugendarbeitslosigkeit weist bei grober Betrachtung einige Ähnlichkeiten zur eben skizzierten Ausdehnung der allgemeinen Arbeitslosigkeit auf (s. Abb. 1). Nachdem die mit den ökonomischen Problemen der frühen Bundesrepublik verbundene „Jugendberufsnot" – so der zunächst meist übliche Begriff – relativ rasch abgebaut worden war, stellte Jugendarbeitslosigkeit in den späten 1960er und frühen 1970er Jahren kaum noch ein Problem dar. Dies gilt entgegen dem allgemeinen Trend auch für die Rezessionsphase von 1966/67, von der jugendliche Arbeitnehmer nur in geringem Maße betroffen waren. Zu einem ersten deutlichen Anstieg der Quote bis über 5% kam es 1974/75 aufgrund der Wirtschaftskrise und der sich verstärkenden Erwerbstätigkeit geburtenstarker Jahrgänge, die dem Baby-Boom Ende der 1950er und Anfang der 1960er Jahre entstammten (s. unten S. 46, Abb. 8). Danach folgte ein leichter Rückgang und Anfang der 1980er Jahre eine Erhöhung der Quote auf bis zu 11%. Im weiteren Verlauf der 1980er Jahre fiel die Kurve der Jugendarbeitslosigkeit dann wieder auf gut 6%.

Abb. 2: Quote der Jugendarbeitslosigkeit in der Bundesrepublik, 1966–2011[10]

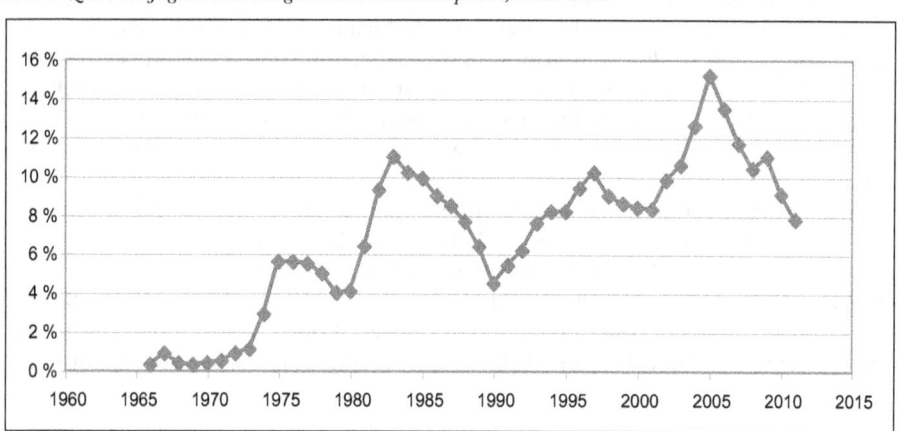

Der Blick auf die Entwicklung seit den 1990er Jahren zeigt, dass die Probleme der 1970er und 1980er Jahre nur den Auftakt einer sich langfristig verfestigenden bundesdeutschen Jugendarbeitslosigkeit bildeten (s. Abb. 2). Zusätzlich belastet durch die Arbeitsmarktprobleme, die im Osten des wiedervereinigten Deutschland auftraten, wurden

---

[9] Vgl. z. B. Andreas Wirsching, Erwerbsbiographien und Privatheitsformen: Die Entstandardisierung von Lebensläufen, in: Thomas Raithel/Andreas Rödder/Andreas Wirsching (Hrsg.), Auf dem Weg in eine neue Moderne? Die Bundesrepublik Deutschland in den siebziger und achtziger Jahren, München 2009, S. 83–97.
[10] Nach LFS 1970–1990 (für die Daten bis 1989), LFS 1986–2006 (für die Daten von 1990 bis 2006). Die Daten für 2010 und 2011 (jeweils Dezember) nach eurostat pressemitteilung euroindikatoren 16/2012, http://epp.eurostat.ec.europa.eu/cache/ITY_PUBLIC/3-31012012-AP/DE/3-31012012-AP-DE.PDF [letzter Zugriff: 7. 2. 2012].

seit Mitte der 1990er Jahre wieder jährliche Durchschnittswerte der Arbeitslosenquote von Jugendlichen zwischen 8 und 10% erreicht, im neuen Jahrtausend stieg die Kurve dann vorübergehend sogar bis über 15% im Jahr 2005 – eine Größenordnung, die nur wenig unter dem ansonsten weitaus höheren westeuropäischen Durchschnitt lag[11]. Erst in jüngster Zeit hat sich das Problem der bundesdeutschen Jugendarbeitslosigkeit wieder deutlich entspannt[12].

Insgesamt ergab sich bei der Quote der Jugendarbeitslosigkeit in der Bundesrepublik in den 1970er und 1980er Jahren eine ähnliche Stufenform wie bei der allgemeinen Arbeitslosenquote. Nur in den Jahren 1983/84, als sich die vorhergehende Konjunkturkrise unter der jugendlichen Erwerbsbevölkerung noch besonders bemerkbar machte, schnellte die Arbeitslosenquote der Jugend deutlich über jene der gesamten Erwerbsbevölkerung. 1983 lag letztere bei 7,9% während die registrierte Jugendarbeitslosigkeit 11,0% erreichte. In der sich anschließenden konjunkturellen Erholungsphase konnte die Jugendarbeitslosigkeit dann aber besonders schnell abgebaut werden. Eine wesentliche Ursache hierfür war, dass nun geburtenschwächere Jahrgänge den Arbeitsmarkt erreichten. Im Jahr 1989 fiel die Quote der Jugendarbeitslosigkeit wieder unter jene der allgemeinen Arbeitslosigkeit (6,4% zu 6,8%) und profitierte somit stärker von der günstigen wirtschaftlichen Entwicklung Ende der 1980er Jahre. Das Problem der bundesdeutschen Jugendarbeitslosigkeit besaß demnach, so lässt sich resümieren, in den 1970er und 1980er Jahren von den statistischen Zahlen her nur eine schwach ausgeprägte jugendspezifische Krisendimension und lag vielmehr weitgehend im Trend der allgemeinen Arbeitslosigkeit.

Im westeuropäischen Vergleich der statistisch erfassten Jugendarbeitslosigkeit ist dies ein ungewöhnlicher Befund[13]. In den meisten Staaten lässt sich zwar in der Grundtendenz ein ähnlicher Verlauf der Kurven erkennen: deutliche Steigerung der Quoten ab Mitte der 1970er Jahre, Höhepunkt Anfang und Mitte der 1980er Jahre und danach bis Ende des Jahrzehnts ein leichter Rückgang. Zumeist stieg die registrierte Quote der Jugendarbeitslosigkeit aber sehr viel höher als in der Bundesrepublik und übertraf in der Regel deutlich die im jeweiligen Staat herrschende allgemeine Arbeitslosenquote[14].

---

[11] Nach LFS 1988–2008, S. 145, waren es 15,2%, das sind knapp 4% mehr als die damalige allgemeine deutsche Arbeitslosenquote von 11,3%. Im internationalen Vergleich stand Deutschland zu diesem Zeitpunkt nicht mehr so gut da wie in den 1970er und 1980er Jahren. So wiesen 2005 eine ganze Reihe von EU-Staaten niedrigere Quoten der Jugendarbeitslosigkeit auf (Niederlande, Dänemark, Irland, Österreich, Großbritannien, Lettland, Luxemburg), während etwa der Abstand zu Frankreich (22,3%) nicht mehr ganz so ausgeprägt war. Im Vergleich zu den 15 „alten" EU-Staaten (vor der Erweiterung von 2004) lag die bundesdeutsche Quote nur knapp unter dem EU-15-Durchschnitt (16,7%). Zum EU-Vergleich für das Jahr 2005 s. http://www.bibb.de/dokumente/pdf/Jugendarbeitslosigkeit-2005.pdf [letzter Zugriff: 21. 4. 2012).
[12] Vgl. oben S. 1, Anm. 1.
[13] Zum Folgenden vgl. die nationalen Zahlen in LFS 1970–1990, passim. Vgl. auch zusammenfassende Bewertungen in: OECD Employment Outlook 1987, hrsg. von der Organisation for Economic Co-operation and Development, Paris 1987, S. 48–53; OECD Employment Outlook 1988, hrsg. von der Organisation for Economic Co-operation and Development, Paris 1988, S. 31–35.
[14] Vgl. hierzu, auch mit globaler Perspektive, O'Higgins, Youth Unemployment and Employment Policy, S. 11.

Abb. 3: Allgemeine Arbeitslosenquote und Quote der Jugendarbeitslosigkeit in Frankreich, 1968–1990[15]

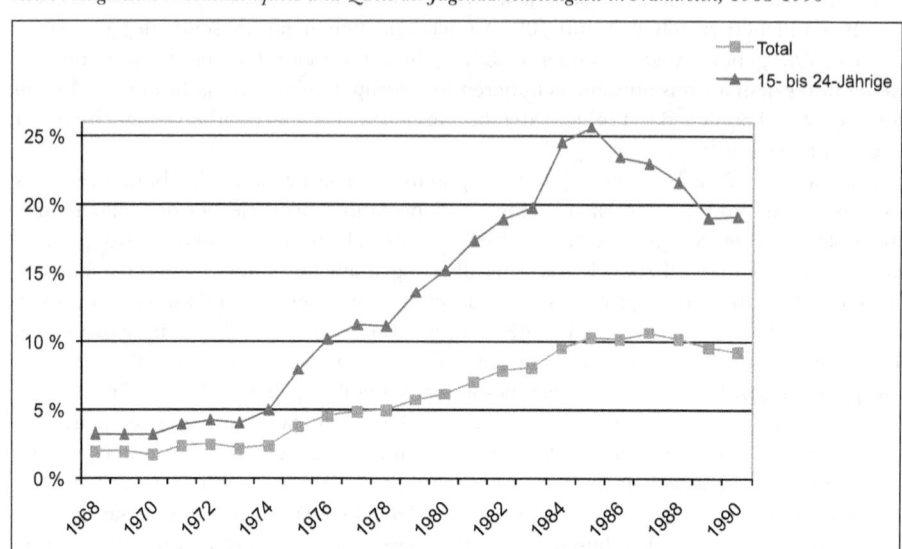

Diese Feststellung kann anhand der ausgewählten westeuropäischen Vergleichsstaaten konkretisiert werden. So lag, um den Blick auf die jeweiligen negativen Spitzenwerte der Entwicklung zu lenken, die allgemeine Arbeitslosigkeit 1983 in den Niederlanden bei rund 14% und die Jugendarbeitslosigkeit bei rund 25%. Für das gleiche Jahr ergab sich in Großbritannien ein Verhältnis von rund 11% zu rund 23%. In Italien herrschte 1987 sogar eine Diskrepanz von rund 12% zu rund 36%. Auch die Entwicklung in Frankreich (s. Abb. 3) bietet ein stark von der Bundesrepublik abweichendes Bild[16]: Ein Sockel an registrierter Jugendarbeitslosigkeit war hier bereits vor der ersten Ölpreiskrise ausgebildet. Von 1974 bis 1985 stieg die Kurve kontinuierlich auf über 25%, um dann leicht bis knapp unter 20% abzusinken. Während der gesamten 1970er und 1980er Jahre lagen die Quoten der Jugendarbeitslosigkeit in Frankreich weit über der allgemeinen Arbeitslosigkeit. Die größte Differenz wurde im Jahr 1985 erreicht, als erstere rund 10% und die Jugendarbeitslosigkeit knapp 26% betrug.

Die Besonderheit der bundesdeutschen Entwicklung zeigt sich auch, wenn man sie mit einer Berechnung von Jugendarbeitslosigkeit und allgemeiner Arbeitslosigkeit innerhalb der gesamten Europäischen Wirtschaftsgemeinschaft (EWG) vergleicht. Ende der 1980er Jahre war die Quote der EWG-weit feststellbaren Jugendarbeitslosigkeit etwa doppelt so hoch wie jene der allgemeinen Arbeitslosigkeit in den Staaten der EWG (10% zu 20% im Jahr 1988)[17].

Allerdings muss hier ein erster „statistikkritischer" Hinweis erfolgen. Selbst die nach gemeinsamen Kriterien vergleichbar gemachten OECD-Zahlen enthalten gewisse Verzer-

---

[15] Nach LFS 1964–1984, S. 478; LFS 1974–1994, S. 550f.
[16] Vgl. LFS 1970–1990, S. 490f.
[17] Hans-Ludwig Mayer, Entwicklung und Struktur der Erwerbslosigkeit. Ergebnisse des Mikrozensus und der EG-Arbeitskräftestichprobe, in: Wirtschaft und Statistik 1990, S. 16–30, hier S. 28.

rungen, die vor allem auf die unterschiedlichen Ausbildungssysteme der erfassten Staaten zurückgehen. Für die Beurteilung der bundesdeutschen Quote der Jugendarbeitslosigkeit ist ein – auch in der Fachliteratur selten beachteter[18] – Umstand von großer Bedeutung, der mit dem dualen System von Berufsschule und betrieblicher Lehre zusammenhängt: Auszubildende in der Bundesrepublik werden in den nationalen wie in den OECD-Statistiken zur Erwerbsbevölkerung gezählt. Hingegen gelten Jugendliche, die – wie dies überwiegend in den meisten anderen westeuropäischen Staaten und vor allem auch in Frankreich der Fall ist – ihre Berufsbildung ganz im Rahmen schulischer Einrichtungen erfahren, nicht als Teil der Erwerbsbevölkerung. Dies heißt für die Berechnung der jugendlichen Arbeitslosenquote, dass die Zahl der Arbeitslosen in der Bundesrepublik mit einer Gesamtzahl von Erwerbstätigen in der Altersklasse von 15 bis 24 Jahren verglichen wird, die auch einen großen Teil der gerade in Berufsausbildung befindlichen Jugendlichen enthält. Die Quote der Jugendarbeitslosigkeit fällt daher tendenziell geringer aus als etwa in Frankreich, wo sie auf eine Zahl von jugendlichen Erwerbstätigen bezogen wird, die den in Berufsausbildung befindlichen Teil der Jugend größtenteils nicht enthält.

Die Quote der bundesdeutschen Jugendarbeitslosigkeit wäre zweifellos signifikant höher, wenn betrieblich Auszubildende nicht zur Erwerbsbevölkerung zählen würden. Eine exemplarische Berechnung für das Jahr 1984, als die Jugendarbeitslosigkeit im Durchschnitt knapp über 10% lag, soll dies verdeutlichen[19]. Im Herbst dieses Jahres betrug die Zahl der jugendlichen Arbeitslosen (15 bis 24 Jahre) rund 580 000[20]. Geht man, wie dies in den üblichen Statistiken der Fall ist, von einer jugendlichen Erwerbsbevölkerung inklusive der Auszubildenden aus (etwa 6,1 Millionen[21]), dann ergibt dies eine Arbeitslosenquote von circa 9,5%[22]. Würde man hingegen die rund 1,8 Millionen bundesdeutschen Auszubildenden[23] nicht zur Erwerbsbevölkerung zählen und die Zahl von 580 000 jugendlichen Arbeitslosen nur auf eine jugendliche Erwerbsbevölkerung von 4,3 Millionen beziehen, dann erhöhte sich die jugendliche Arbeitslosenquote um 4% auf 13,5%[24]. Allerdings ist auch zu berücksichtigen, dass ein Teil der bundesdeutschen Auszubildenden in einem System mit überwiegend schulischer Berufsausbildung zu einem früheren Zeitpunkt den Weg in das Erwerbsleben gefunden hätte: Das heißt, es wäre von einer etwas höheren jugendlichen Erwerbsbevölkerung als den eben zugrunde gelegten 4,3 Millionen auszugehen. Dies würde die Arbeitslosenquote wieder leicht nach unten senken. Wie auch immer man diese methodische Problematik bewertet: Eine gewisse statistische Begünstigung der bundesdeutschen Quoten der Jugendarbeitslosigkeit gilt es vor allem im Vergleich mit Staaten wie Frankreich zu berücksichtigen, in denen die Berufsausbildung weitgehend im schulischen Rahmen erfolgt und in denen die in Ausbildung befindlichen Jugendlichen nicht zur Erwerbsbevölkerung zählen.

---

[18] Auszunehmen ist hier vor allem die in deutsch-französischer Kooperation entstandene Analyse von Benoit-Guilbot/Rudoph/Scheuer, Le chômage des jeunes, S. 51. Erkannt ist das Problem z. B. auch in Frank Gerlach, Jugend ohne Arbeit und Beruf. Zur Situation Jugendlicher auf dem Arbeitsmarkt, Frankfurt a. M./New York 1983, S. 84.
[19] Diese Berechnung wurde vom Verfasser durchgeführt. Bei Benoit-Guilbot/Rudoph/Scheuer, Le chômage des jeunes, findet sich leider kein Versuch, die statistische Verzerrung zu quantifizieren.
[20] Berechnet nach Statistisches Jahrbuch 1985, S. 111.
[21] Berechnet nach ebd., S. 98.
[22] Eigene Berechnung.
[23] Statistisches Jahrbuch 1986, S. 354.
[24] Eigene Berechnung.

II. Entwicklungen der Jugendarbeitslosigkeit

Allerdings ist auch festzustellen, dass diese statistische Besonderheit nur einen geringen Teil der Differenzen zwischen den Arbeitslosenquoten erklären kann. Dies zeigt sich sehr deutlich, wenn – gemäß einer Anregung von Benoit-Guilbot, Rudoph und Scheuer – die Zahl der arbeitslosen Jugendlichen in einem Staat nicht mit der jugendlichen Erwerbsbevölkerung, sondern mit der Gesamtzahl der jugendlichen Bevölkerung in der Altersgruppe der 15- bis 24-Jährigen verglichen wird, also unter Einschluss aller Schülerinnen und Schüler[25]. Auch bei dieser Berechnung schneidet die Bundesrepublik erheblich besser ab als Frankreich: So waren 1989 in der Bundesrepublik 3,6% aller jungen Männer zwischen 15 und 24 Jahren arbeitslos und in Frankreich 5,5%. Bei den Frauen fällt der Unterschied noch größer aus: 4,1% zu 7,9%, das ist für Frankreich fast das Doppelte.

Tab. 1: Arbeitslosenquoten (%) jüngerer und älterer Altersklassen in der Bundesrepublik, 1983 und 1990[26]

	1983	1990
15–19 m	8,8	4,3
15–19 w	11,0	5,7
20–24 m	11,4	5,7
20–24 w	12,1	6,0
[...]	[...]	[...]
55–59 m	9,0	10,6
55–59 w	9,4	16,1
60–64 m	9,0	8,2
60–64 w	6,0	11,9

Während, wie gesehen, die registrierte Jugendarbeitslosigkeit in der Bundesrepublik im untersuchten Zeitraum nicht signifikant von der allgemeinen Arbeitslosigkeit abwich, bietet sich beim Blick auf ältere Beschäftigte ein ganz anderes Bild. Vor allem in den 1980er Jahren litten im Westen Deutschlands weniger die jugendlichen als vielmehr die älteren Altersgruppen zunehmend unter der sich verstetigenden Massenarbeitslosigkeit. Wie Tabelle 1 zeigt, lagen die Quoten 1983 bei den 55- bis 59-Jährigen und 60- bis 64-Jährigen insgesamt noch etwas unter den Daten der jugendlichen Altersgruppen. 1990 hatte sich das Bild grundlegend geändert: Die registrierte Jugendarbeitslosigkeit war vorübergehend deutlich gesunken, hingegen erreichte die Arbeitslosenquote bei den Älteren jetzt relativ hohe Werte, wobei von der Verschlechterung besonders Frauen betroffen waren.

Die diesbezüglichen Proportionen waren in den meisten westeuropäischen Staaten völlig anders[27]. Vor allem in den 1980er Jahren stieg hier die Quote der Jugendarbeitslosigkeit deutlich über die Arbeitslosenquote der älteren Erwerbsbevölkerung. In Frankreich, um erneut diesen Vergleichsfall heranzuziehen, übertraf die Arbeitslosenquote der Altersklassen ab 55 Jahren zwar jene der mittleren Jahrgänge, sie blieb aber deutlich hinter der

---

[25] Benoit-Guilbot/Rudoph/Scheuer, Le chômage des jeunes, S. 51.
[26] Nach LFS 1974–1994, S. 552f. – Zahlen liegen nur in der oben angegebenen Differenzierung (Altersklassen und Geschlecht) vor.
[27] Vgl. z. B. die Analyse altersspezifischer Arbeitslosenquoten in OECD Employment Outlook 1988, S. 26–29. Bezug genommen wird hier auf Australien, Finnland, Kanada, Frankreich, Italien, Japan, Spanien, Norwegen, Schweden, Portugal und die Vereinigten Staaten. – Ähnlichkeiten zur Bundesrepublik zeigen hingegen Österreich und die Schweiz.

allgemeinen Quote zurück (s. Abb. 4). Die für Frankreich seit den frühen 1980er Jahren charakteristische hohe Zahl an Frühpensionierungen und das seit 1983 im europäischen Vergleich sehr niedrig liegende Renteneintrittsalter von 60 Jahren können diese massive Abweichung vom bundesdeutschen Befund sicher nur zu einem kleinen Teil erklären. Denn infolge des häufigeren Ausscheidens älterer Arbeitnehmer aus dem Erwerbsleben sank nicht nur die Zahl der Arbeitslosen, sondern auch die bei der Berechnung der Arbeitslosenquote als Bezugsgröße dienende Zahl der Erwerbspersonen im Alter von 55 bis 64 Jahren. So lagen im Jahr 1990 die Erwerbsquoten[28] der älteren Männer in Frankreich mehr als 10% unter den Werten in der Bundesrepublik, was auch durch eine höhere weibliche Erwerbsquote dieser Altersgruppe in Frankreich nicht kompensiert werden konnte[29].

Abb. 4: Arbeitslosenquoten in der Bundesrepublik und in Frankreich nach Altersgruppen, 1989[30]

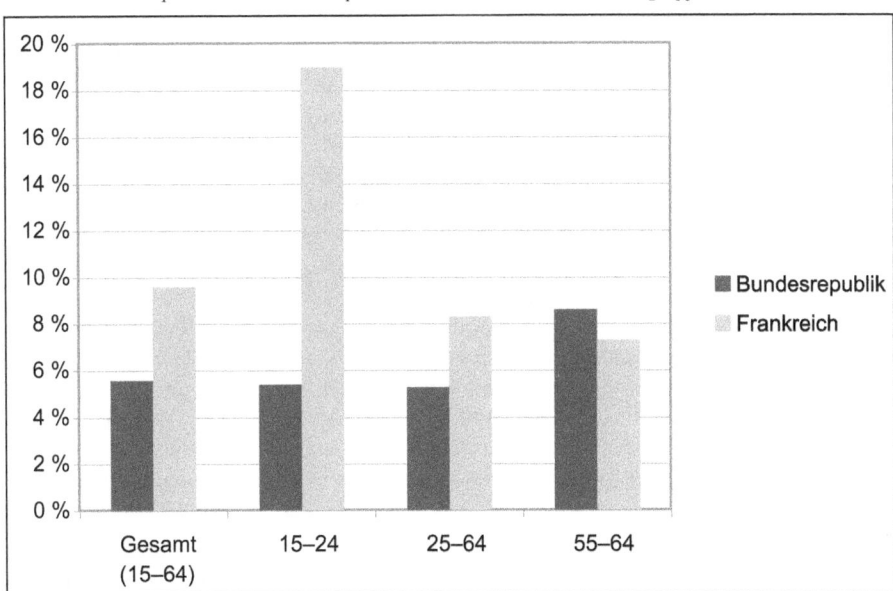

Auch für Italien, die Niederlande und abgeschwächt für Großbritannien lassen sich im Hinblick auf die Arbeitslosenquoten jugendlicher und älterer Erwerbspersonen für den untersuchten Zeitraum im Prinzip ähnliche Zahlenverhältnisse wie in Frankreich aufzeigen[31]. Die starke Differenz zwischen den Arbeitslosenquoten jüngerer (15 bis 24 Jahre) und älterer (55 bis 64 Jahre) Menschen zugunsten der Jugend scheint daher ein bundes-

---

[28] Die Erwerbsquote bezeichnet den „Anteil der Erwerbspersonen (Erwerbstätige und Erwerbslose) an einer bestimmten Bevölkerung". Gabler Kompakt-Lexikon Wirtschaft. 2 700 Begriffe nachschlagen, verstehen, anwenden, 8., vollständig überarbeitete und erweiterte Aufl., Wiesbaden 2001, S. 94.
[29] Siehe LFS 1974-1994, S. 551: Frankreich 1990: Männer 55-59: 67,7%, 60-64: 22,8%; Frauen 55-59: 45,3%, 60-64: 17,0%; ebd., S. 553: Bundesrepublik 1990: Männer 55-59: 78,27%, 60-64: 34,8%; Frauen 55-59: 41,9%, 60-64: 11,1%.
[30] Nach LFS 1986-2006, S. 174 und 184.
[31] Nach LFS 1970-1990, passim; LFS 1974-1994, passim.

deutsches Spezifikum zu sein, das auch nach besonderen bundesdeutschen Erklärungen verlangt. Bei der späteren Analyse der unterschiedlichen Größenordnungen von Jugendarbeitslosigkeit in der Bundesrepublik und in Frankreich (Kapitel II.3) wird diese Frage erneut anzusprechen sein.

Eine relativ günstige Entwicklung nahm das Problem der Jugendarbeitslosigkeit in der Bundesrepublik auch im Hinblick auf die Dauer der individuellen Arbeitslosigkeit. Bereits während der ersten „Welle" Mitte der 1970er Jahre verschwanden Jugendliche – leider liegen hier genauere Zahlen nur für die unter 20-Jährigen vor – im Durchschnitt deutlich schneller wieder aus der Arbeitslosenstatistik als ältere Erwerbspersonen[32]. Ähnliches zeigte sich beim zweiten Schub der Jugendarbeitslosigkeit Anfang der 1980er Jahre. So lag die durchschnittliche Dauer der registrierten Arbeitslosigkeit Mitte 1984 in der gesamten Erwerbsbevölkerung bei 7,9 Monaten, hingegen in der Gruppe der unter 20-jährigen Jugendlichen nur bei 5,2 Monaten[33]. Im Zuge der konjunkturellen Erholung ab Mitte der 1980er Jahre ging die durchschnittliche Dauer der Arbeitslosigkeit jüngerer Erwerbspersonen weiter zurück, während sie bei älteren stieg[34]. Im Gegensatz zu manchen anderen westeuropäischen Staaten, genannt sei hier vor allem Italien, ergab sich somit in der Bundesrepublik im Verlauf der 1970er und 1980er Jahre in der Regel keine enge Verbindung zwischen den Problemen der Jugend- und der Langzeitarbeitslosigkeit[35], die üblicherweise als Arbeitslosigkeit von mehr als einem Jahr definiert wird. Auszunehmen von diesem Urteil sind verschiedene „Problemgruppen" des jugendlichen Arbeitsmarktes in der Bundesrepublik, auf die im folgenden Unterkapitel genauer eingegangen werden soll.

Ein grundsätzliches kontextuelles Problem der Jugendarbeitslosigkeit, das auch in anderen Staaten auftrat, lag in der langfristigen Zunahme unterprivilegierter und prekärer Beschäftigung, etwa in Form von arbeits- und sozialrechtlich mangelhaft abgesicherter freier Mitarbeit oder zeitlich befristeter Beschäftigung. Anfang der 1980er Jahre betrug der geschätzte Anteil derartiger Arbeitsverhältnisse in der Altersklasse der unter 25-Jährigen in der Bundesrepublik bereits circa 10%[36].

Nachdem nun anhand der vorliegenden Daten ein erster Überblick über die Entwicklung der bundesdeutschen Jugendarbeitslosigkeit während der 1970er und 1980er Jahre

---

[32] Vgl. z. B. Zur Situation der Arbeitslosigkeit der Jugendlichen. Ergebnisse der Sonderuntersuchung von Ende Mai 1976, in: Amtliche Nachrichten der Bundesanstalt für Arbeit (ANBA) 24 (1976), S. 1151–1160; Tab. 2, ebd., S. 1154. Die Analyse erfasst die durchschnittliche Dauer der Arbeitslosigkeit und berechnet den jeweiligen Anteil der betroffenen Jugendlichen (hier: unter 20 Jahren) bzw. aller Arbeitslosen. Während bei einer Dauer der Arbeitslosigkeit unter drei Monaten Jugendliche deutlich höhere Prozentzahlen aufweisen, liegen bei einer Dauer von über sechs Monaten die Durchschnittswerte erheblich höher. So waren z. B. nur 2% der arbeitslosen Jugendlichen ein bis zwei Jahre ohne Beschäftigung, hingegen 5,9% aller Arbeitslosen.
[33] BAK, B 149/62197, Ref. IIa 3, „Betr. Übergang der Jugendlichen vom Bildungs- ins Beschäftigungssystem", 18. 9. 1984, S. 4, Tab. 2.
[34] Vgl. z. B. Pressemitteilung in: ANBA 34 (1986), S. 1469 (ohne Zahlen).
[35] Vgl. hierzu auch die kurz vor dem Abschluss stehende Studie von Thomas Schlemmer zum Thema der Langzeitarbeitslosigkeit im Rahmen des vom Institut für Zeitgeschichte, München-Berlin, durchgeführten Projekts „Krise der Arbeitsgesellschaft". Erste Ergebnisse in: Ders., Abseits der Arbeitsgesellschaft. Langzeitarbeitslosigkeit in der Bundesrepublik Deutschland und in Italien, in: Thomas Raithel/Thomas Schlemmer (Hrsg.), Die Rückkehr der Arbeitslosigkeit. Die Bundesrepublik Deutschland im europäischen Kontext 1973 bis 1989, München 2009, S. 81–94.
[36] Vgl. Uwe Sander/Ralf Vollbrecht, Jugend, in: Handbuch der deutschen Bildungsgeschichte, Bd. VI: 1945 bis zur Gegenwart, Erster Teilbd.: Bundesrepublik Deutschland, hrsg. von Christoph Führ und Carl-Ludwig Furck, München 1998, S. 159–216, hier S. 210.

erfolgt ist, muss auf eine bislang ausgesparte Frage eingegangen werden, die auf die Grundlagen der bisherigen Analyse zielt: Inwieweit spiegelt die erfasste Jugendarbeitslosigkeit und die daraus berechnete Quote das tatsächliche Ausmaß der Arbeitslosigkeit von Jugendlichen überhaupt korrekt wider? Dieses Problem hat in der Bundesrepublik seit Ende der 1970er Jahre immer wieder für kontroverse Diskussionen gesorgt[37]. Bei der Beurteilung ist insbesondere zu berücksichtigen, dass sich betroffene Jugendliche teilweise gar nicht arbeitslos melden und dass die in arbeitsmarktpolitischen „Maßnahmen" (berufsvorbereitende Lehrgänge, Umschulungen, Fortbildungen, Arbeitsbeschaffungsmaßnahmen) untergebrachten oder in schulischen Zusatzangeboten „geparkten" Jugendlichen in der Statistik nicht mitzählen. Letzteres gilt nach dem Arbeitsförderungsgesetz von 1969 auch für Lehrstellenbewerber, die nicht gleichzeitig beim Arbeitsamt ihre Bereitschaft zur Aufnahme einer anderen Beschäftigung erklären[38]. Probleme auf dem Lehrstellenmarkt schlagen sich daher zunächst nicht in vollem Umfang in der Arbeitslosenstatistik nieder. Für die 1980er Jahre kann zudem angeführt werden, dass jüngere Menschen nach relativ langer Schul- und Studienzeit, eventuell auch nach Lehre sowie Wehr- oder Zivildienst, nicht selten erst in einem Alter ab 25 Jahren eine dauerhafte Integration in den Arbeitsmarkt anstrebten. Von der Statistik der Jugendarbeitslosigkeit wurden sie somit überhaupt nicht erfasst.

Wie hoch das Ausmaß der „verdeckten" Jugendarbeitslosigkeit für den untersuchten Zeitraum nun tatsächlich einzuschätzen ist, kann infolge einer Vielzahl höchst unsicherer Faktoren nur annähernd aufgehellt werden. Zeitgenössische Annahmen, die von einer bis viermal höheren Zahl jugendlicher Arbeitsloser ausgingen als in den amtlichen Statistiken registriert[39], konnten sich in der Arbeitsmarktforschung nicht durchsetzen und scheinen weit überzogen. Dennoch ist, vor allem für die Gruppe der 15- bis 19-Jährigen, von einem beachtlichen Anteil nicht gemeldeter Arbeitsloser auszugehen. So ergab eine auf den Mikrozensus von 1977 gestützte Berechnung des Statistischen Bundesamtes, dass es zum damaligen Zeitpunkt in der Bundesrepublik neben rund 106 000 „offiziellen" Arbeitslosen unter 20 Jahren noch etwa 30 000 nicht registrierte gab[40]. Auch in der Bundesanstalt für Arbeit wurde das Problem von statistischen Quoten, die dem tatsächlichen Ausmaß der Jugendarbeitslosigkeit allenfalls annähernd gerecht werden, im Prinzip erkannt. So stellte 1988 ein Bericht des Instituts für Arbeitsmarkt- und Berufsforschung (IAB) lapidar fest: „Das wahre Ausmaß von Jugendarbeitslosigkeit und Ausbildungsstellenmangel ist also wesentlich höher, als sich dies in den registrierten Arbeitslosenzahlen und nichtvermittelten Bewerberzahlen niederschlägt."[41]

Als Quintessenz der vorstehenden „statistikkritischen" Überlegungen bleibt festzuhalten, dass die „offizielle" Quote der Jugendarbeitslosigkeit in der Bundesrepublik für den

---

[37] Zur Kritik an den amtlichen Zahlen vgl. unten S. 80.
[38] Nach Friedemann Stooß, Jugendarbeitslosigkeit. Entstehung, Abläufe, Strukturen und Wege zum Abbau der Probleme, in: Aus Politik und Zeitgeschichte 38 (1982), S. 33–46, hier S. 34.
[39] Nach einem Gutachten der Pädagogischen Hochschule Berlin, Fach Sozialpädagogik, Arbeitsgruppe Jugendarbeitslosigkeit, soll die verdeckte Jugendarbeitslosigkeit in Berlin (West) im Januar 1980 viermal so hoch gelegen haben wie in der offiziellen Statistik angegeben. Vgl. hierzu Material in BAK, B 149/139042. Von einer sehr viel höheren tatsächlichen Jugendarbeitslosigkeit geht z. B. auch Hans-Walter Thee aus; ders., Maßnahmen für arbeits- und ausbildungslose Jugendliche am Beispiel Oldenburgs, Oldenburg 1986, S. 37f.
[40] Nach Stooß, Jugendarbeitslosigkeit, S. 34.
[41] Karen Schober, Ausbildungs- und Beschäftigungssituation Jugendlicher, in: Informationen für die Beratungs- und Vermittlungsdienste der Bundesanstalt für Arbeit 34 (1988), S. 1653–1656, hier S. 1653.

untersuchten Zeitraum tendenziell zu niedrig lag und dass sie letztlich nur *einen* Indikator eines für Jugendliche schwieriger gewordenen Arbeitsmarktes darstellte. Zweifellos aber war sie hierfür der wichtigste Indikator – und der einzige, der dank standardisierter Berechnungen der OECD zumindest einen ungefähren internationalen Vergleich zulässt. Dabei wird davon ausgegangen, dass verdeckte Jugendarbeitslosigkeit während der 1970er und 1980er Jahre in anderen westeuropäischen Staaten mindestens im gleichen Ausmaß existierte wie in der Bundesrepublik.

c) Die Beteiligung von Jugendlichen am Erwerbsleben: Das Problem der neueren Jugendarbeitslosigkeit lässt sich historisch nicht angemessen erfassen, wenn nicht auch die rückläufigen Erwerbsquoten der jugendlichen Bevölkerung in den Blick genommen werden[42]. Dieser Rückgang ist für die Bundesrepublik umso auffallender, als er mit der Stabilität der allgemeinen Erwerbsquote kontrastiert. Der prozentuale Anteil der Erwerbspersonen bezogen auf die als erwerbsfähig geltende Bevölkerung von 15 bis 64 Jahren war in der Bundesrepublik während der 1950er und 1960er Jahre leicht gesunken[43] und blieb dann bis zum Ende des untersuchten Zeitraums in etwa auf demselben Niveau: 1960 erreichte er rund 70 %, 1970 waren es rund 69 %, 1980 rund 68 % und um 1990 wieder rund 69 %[44]. Bei der Erwerbstätigkeit der über 25-Jährigen gab es während des untersuchten Zeitraums sogar eine leichte Steigerung von 70,1 % im Jahr 1970 auf 71,4 % 1990 (vgl. Abb. 5).

Abb. 5: Allgemeine und jugendliche Erwerbsquote in der Bundesrepublik, 1970–1990[45]

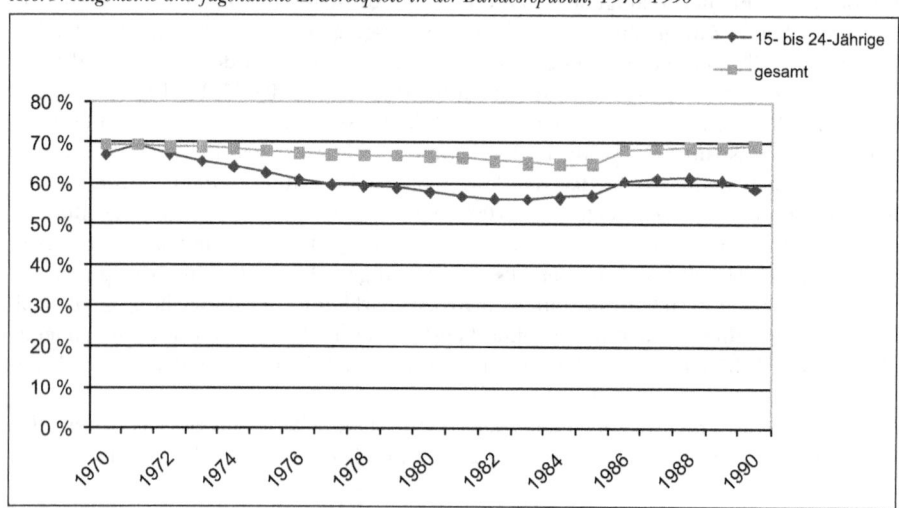

---

[42] Allgemein zum Rückgang jugendlicher Erwerbsarbeit vgl. Martin Baethge, Erwerbstätige Jugend, in: Manfred Markefka/Rosemarie Nave-Herz (Hrsg.), Handbuch der Familien- und Jugendforschung, Bd. 2: Jugendforschung, Neuwied/Frankfurt a. M. 1989, S. 465–482, hier S. 466f.
[43] Vgl. Bevölkerung und Wirtschaft 1872–1972, hrsg. [vom Statistischen Bundesamt] anläßlich des 100jährigen Bestehens der zentralen amtlichen Statistik, Stuttgart/Mainz 1972, S. 142; LFS 1959–1970, S. 196f.
[44] LFS 1956–1966, S. 88; LFS 1964–1974, S. 480f.; LFS 1974–1994, S. 552f. – Auch zum Folgenden vgl. ebd.
[45] LFS 1964–1974, S. 480f.; LFS 1974–1994, S. 552f. – Unter „allgemeiner Erwerbsquote" wird hier die Erwerbsquote der Bevölkerung vom 15. bis zum 64. Lebensjahr verstanden.

Hinter diesen Zahlen, dies sei hier nur kurz angemerkt, verbergen sich gegenläufige Tendenzen: Die Erwerbsquote der männlichen Bevölkerung ging seit etwa 1970 stark zurück, da ein im Durchschnitt immer späterer Einstieg in das Erwerbsleben und ein früherer Ausstieg infolge eines sinkenden Verrentungsalters hier voll zur Geltung kamen[46]. Hingegen legte die Erwerbsquote der Frauen seit den frühen 1970er Jahren, wie bereits ausgeführt, deutlich zu. In der Summe von Männern und Frauen aber blieb die bundesdeutsche Erwerbsquote stabil.

Anders die Entwicklung bei der Jugend: Obwohl die Gesamtzahl der erwerbstätigen Jugendlichen während des untersuchten Zeitraums infolge der zeitweisen Präsenz geburtenstarker Jahrgänge leicht stieg, fiel die Erwerbsquote der jugendlichen Bevölkerung in der Bundesrepublik von rund 67% im Jahr 1970 auf rund 60% im Jahr 1990[47]. Damit setzte sich eine bereits seit den 1950er Jahren deutlich erkennbare Tendenz weiter fort[48]. Dieser Vorgang hängt ganz wesentlich mit der sukzessiven Verlängerung der in Bildungseinrichtungen verbrachten Lebenszeit zusammen, wie sie in den meisten modernen Staaten zu beobachten ist: „Jugendzeit" wurde, einem säkularen Trend folgend, in der zweiten Hälfte des 20. Jahrhunderts immer mehr zur „Schulzeit"[49].

Für die Bundesrepublik ist in diesem Zusammenhang auch auf die „Bildungsexpansion" zu verweisen, die vor allem in den späten 1960er und in den 1970er Jahren zu einem massiven Ausbau der schulischen und universitären Infrastruktur führte. Die notwendige Erweiterung der Kapazitäten infolge des Heranwachsens geburtenstarker Jahrgänge spielte hierfür ebenso eine Rolle wie die Verlängerung der Verweildauer in Schulen und Universitäten und der parallele Trend zum Besuch höherwertiger Bildungseinrichtungen.

Neben dem Streben nach einer Demokratisierung von Bildung war für die letztgenannten Entwicklungen auch der wachsende Bedarf an qualifiziertem Nachwuchs maßgeblich, bedingt durch den technischen Fortschritt, den wirtschaftlichen Boom und den internationalen Konkurrenzkampf. Erinnert sei hier nur an die bundesdeutsche Diskussion der frühen 1960er Jahre um eine angeblich drohende „Bildungskatastrophe", die mit einiger Verzögerung dem US-amerikanischen „Sputnik-Schock" von 1957 folgte[50]. Seit Mitte der 1970er Jahre kam ein weiteres Motiv für eine Verlängerung der Schulzeit hinzu: die zumindest zeitweise Vermeidung von Arbeitslosigkeit. Jugendarbeitslosigkeit und die Verlängerung von Bildungszeiten stehen daher in einem engen kausalen Zusammenhang: Weil die Verbesserung von Bildung mehr Chancen auf dem Arbeitsmarkt versprach, aber auch weil schon die bloße Verlängerung der in Schulen und Universitäten verbrachten Zeiten

---

[46] Von etwa 93% 1970 auf rund 81% 1990. Vgl. LFS 1964–1974, S. 480f.; LFS 1974–1994, S. 552f.
[47] Vgl. für das Jahr 1970 LFS 1964–1984, S. 480, für das Jahr 1990 LFS 1974–1994, S. 553.
[48] Vgl. Hauptergebnisse der Arbeits- und Sozialstatistik 1967, hrsg. vom Bundesministerium für Arbeit und Sozialordnung, Statistik, [Bonn 1967], S. 11: 1950 waren demnach von den Männern im Alter von 15 bis 19 Jahren 84,7% erwerbstätig, von den 20- bis 25-Jährigen sogar 93,4%. Bei den Frauen lagen die Werte bei 77,6% (15–19) und 70,4% (20–25).
[49] Sabine Reh/Carla Schelle, Schule als Lebensbereich der Jugend, in: Uwe Sander/Ralf Vollbrecht (Hrsg.), Jugend im 20. Jahrhundert. Sichtweisen – Orientierungen – Risiken, Neuwied/Berlin 2000, S. 158–175, hier S. 159–161.
[50] Vgl. Georg Picht, Die deutsche Bildungskatastrophe. Analyse und Dokumentation, Freiburg 1964. Das Buch geht zurück auf eine vieldiskutierte Artikelserie Pichts in der Wochenzeitung Christ und Welt. Zum Kontext vgl. Ina Fuchs, Wagnis Jugend. Zu Geschichte und Wirkung eines Forschungsinstituts 1949–1989, München 1990, S. 120–123; Anne Rohstock, 1965 – ist Bildung Bürgerrecht? Wege zur Bildungsexpansion im doppelten Deutschland, in: Udo Wengst/Hermann Wentker (Hrsg.), Das doppelte Deutschland. 40 Jahre Systemkonkurrenz, Berlin 2008, S. 135–159, hier S. 144–147.

dämpfend auf das Ausmaß der Jugendarbeitslosigkeit wirkte, wurde der Ausbau des Bildungssystems zu einem wichtigen staatlichen Mittel im Kampf gegen Jugendarbeitslosigkeit.

Betrachtet man den erwähnten Rückgang der bundesdeutschen Erwerbsquote innerhalb der Altersgruppe der 15- bis 24-Jährigen während des untersuchten Zeitraums etwas genauer, so fällt auf, dass zwischenzeitlich sogar noch ein etwas niedrigerer Stand als der oben für 1990 konstatierte Wert von 60% erreicht wurde: Anfang der 1980er Jahre betrug die jugendliche Erwerbsquote nur noch rund 58%, um dann wieder leicht anzusteigen[51]. Maßgeblich für diese Schwankung war wohl vor allem der Umstand, dass Mitte der 1980er Jahre der Druck der geburtenstarken Jahrgänge auf den Arbeitsmarkt nachließ und damit vorübergehend auch der Trend zu längeren Schulzeiten unterbrochen wurde. Langfristig freilich – dies sei nur kurz angedeutet – hat sich an den skizzierten Entwicklungen wenig geändert. Das Absinken der jugendlichen Erwerbsquote wurde umso deutlicher, als es in den 1990er Jahren auch mit einem markanten Bevölkerungsrückgang in der fraglichen Altersgruppe verbunden war[52]. Im Jahr 2007 betrug die Erwerbsquote der 15- bis 24-Jährigen in der Bundesrepublik rund 52%, nachdem sie zwischenzeitlich zu Beginn des neuen Jahrtausends sogar unter 50% gefallen war[53]. Der „kontinuierliche Abbau arbeitsbezogener Lebensformen", so stellte das „Handbuch der deutschen Bildungsgeschichte" Ende der 1990er Jahre mit Blick auf die Bundesrepublik fest, ist zu einem „zentrale[n] Charakteristikum des Strukturwandels der Jugendphase in den letzten Jahrzehnten" geworden[54].

Eine nach Altersgruppen differenzierte Betrachtung zeigt, dass für das Absinken der jugendlichen Erwerbsquoten vor allem der starke Rückgang der Erwerbstätigkeit in der Altersgruppe von 15 bis 19 Jahren verantwortlich war. Die Verlängerung der Schulzeiten kam vor allem hier zur Geltung. So waren im Jahr 1955 bereits 68% der bundesdeutschen 19-Jährigen aus der Schule entlassen, 1985 betrug ihr Anteil hingegen nur noch 5%. Bei den 18-Jährigen ist im selben Zeitraum ein Rückgang der Schulentlassenen von 91% auf 64% zu beobachten[55]. Parallel zu dieser Entwicklung fielen dann auch die Erwerbsquoten. Während um 1960 etwa 80% und um 1970 noch etwa 60% der bundesdeutschen Jugendlichen im Alter von 15 bis 19 Jahren am Erwerbsleben teilgenommen hatten, waren es am Ende der „alten" Bundesrepublik nur noch rund 40%[56]. Relativ stabil blieb hingegen die Beteiligung der 20- bis 24-Jährigen am Erwerbsleben: Um 1960 lag diese ebenfalls bei rund 80%, um 1970 bei rund 77%, und 1989 waren es immerhin noch rund 75%[57].

---

[51] LFS 1974–1994, S. 552f.
[52] Vgl. Gerhard Engelbrecht/Alexander Reinberg, Jugendliche. Im Sog der Arbeitsmarkt-Turbulenzen. Erwerbstätigkeit der 15- bis 24-Jährigen seit 1991 in Westdeutschland drastisch gesunken, in: IAB-Kurzbericht Nr. 5/1998, S. 3–8, http://doku.iab.de/kurzber/1998/kb0598.pdf [letzter Zugriff: 23.3.2012].
[53] LFS 1986–2006, S. 185.
[54] Sander/Vollbrecht, Jugend [1998], S. 210.
[55] Zahlen nach: Ebd., S. 207.
[56] Nach: Year Book of Labour Statistics 1966, hrsg. vom International Labour Office, Bd. 26, Genf 1966, S. 32 (zu 1961); Year Book of Labour Statistics 1974, hrsg. vom International Labour Office, Bd. 34, Genf 1974, S. 36 (zu 1971): 65,3%; LFS 1964–1984, S. 489 (zu 1970): 57,9%; LFS 1970–1990, S. 493 (zu 1989): 41,6% männlich und 36,6% weiblich. Von Jahr zu Jahr treten in den Statistiken teilweise erhebliche Schwankungen auf, die wohl auch mit unterschiedlichen Zahlen an Schulentlassungen und Verschiebungen im Schuljahr zu tun haben.
[57] Vgl. die Hinweise in der vorigen Anmerkung.

Stellt man die eben skizzierte bundesdeutsche Entwicklung der jugendlichen Erwerbsquote in den 1970er und 1980er Jahren in einen westeuropäischen Kontext[58], dann ist zunächst festzustellen, dass sie im langfristig rückläufigen Trend aller OECD-Staaten lag[59]. In den westeuropäischen Staaten jedoch, die hier zum Vergleich herangezogen werden, gab es stark abweichende Tendenzen, die teilweise nationale Besonderheiten der statistischen Erfassung und der Bekämpfung von Jugendarbeitslosigkeit spiegeln. So wurde in den Niederlanden, wo die Quote der jugendlichen Erwerbstätigkeit von 1970 auf 1985 um rund 10% gesunken war, Ende der 1980er Jahre eine Beschäftigungsgarantie mit verpflichtender Stellenannahme für Schulabgänger eingeführt, was die Erwerbsquote deutlich steigerte[60].

In Frankreich, das wiederum genauer betrachtet werden soll, sank die amtlich registrierte Erwerbsquote der Altersgruppe von 15 bis 24 Jahren massiv ab, von rund 54% im Jahr 1970 auf etwa 36% im Jahr 1990[61]. Dabei fällt auf, dass – vor allem infolge der hier traditionell überwiegend schulisch absolvierten Berufsbildung – bereits das Ausgangsniveau jugendlicher Erwerbsarbeit deutlich niedriger lag als in der Bundesrepublik. Ganz ähnlich wie in der Bundesrepublik ist der Rückgang im Wesentlichen durch die massive Abnahme der 15- bis 19-jährigen Erwerbstätigen zu erklären[62].

Als Zwischenresümee lässt sich am Ende dieses Kapitels festhalten, dass eine steigende Jugendarbeitslosigkeit und eine faktisch sinkende jugendliche Erwerbsquote in der Bundesrepublik wie in vielen anderen westlichen Industrie- und Dienstleistungsstaaten zwei parallele Phänomene darstellten. Eine signifikante Abweichung der bundesdeutschen Entwicklung ergab sich insofern, als das Ausmaß der Jugendarbeitslosigkeit im Westen Deutschlands einen gemäßigteren Verlauf nahm als in den meisten anderen Staaten und nicht wesentlich von der Arbeitslosenquote der gesamten Erwerbsbevölkerung abwich.

Der langfristige Grundtrend einer sinkenden Bedeutung jugendlicher Erwerbsarbeit ist freilich auch in der Bundesrepublik festzustellen, wie sich in rückläufigen jugendlichen Erwerbsquoten zeigt. Da gleichzeitig auch die Erwerbsbeteiligung älterer Menschen deutlich zurückging, fand eine gewisse Verdichtung der Erwerbstätigkeit in den mittleren Altersgruppen der 25- bis 54-Jährigen statt – bei tendenzieller Annäherung männlicher und weiblicher Erwerbsquoten. Die Abnahme der jugendlichen Erwerbsarbeit resultierte primär aus dem Bemühen um eine demokratische Ausweitung der schulischen Bildung und

---

[58] Für die Zeit vom Ende des Zweiten Weltkriegs bis Ende der 1970er Jahre vgl. auch Beatrice Reubens/John A. Harrison/Kalman Rupp, The Youth Labor Force 1945–1995. A Cross-Nationale Analysis, Totowa (New Jersey) 1981. Der Titel des Buches ist irreführend, denn die 1980er und frühen 1990er Jahre können zum Zeitpunkt des Erscheinens nur als Ausblick behandelt werden.
[59] Vgl. die OECD-Zahlen für 1983 (58,9%) und 1995 (52,5%) nach OECD Employment Outlook 1997 und 1999, in: Wolfgang Ochel, Jugend auf der Verliererstraße, in: ifo-Schnelldienst 54 (10/2001), S. 31 f., hier S. 31, http://www.cesifo-group.de/pls/guest/download/ifo%20Schnelldienst/ifo%20 Schnelldienst%202001/ifosd_2001_10_6.pdf [letzter Zugriff: 28. 3. 2012].
[60] Vgl. einige Zahlen nach LFS 1966–1986, S. 486f., und LFS 1989–2009, S. 244: 1970: 59,1%; 1980: 48,7%; 1990: 61,4%. Zur Arbeitsmarktpolitik der Niederlande vgl. unten S. 125 mit Literaturangabe.
[61] LFS 1974–1994, S. 551.
[62] Bei männlichen Jugendlichen dieser Altersgruppe lag die Erwerbsquote in Frankreich 1970 noch bei rund 37%, 1980 nur mehr bei etwa 26% und 1990 bei 15%. Die analogen Zahlen für weibliche Jugendliche fielen von rund 27% im Jahr 1970 auf 18% im Jahr 1980 und 9% im Jahr 1990. Vgl. LFS 1970–1990, S. 490f.; Annuaire statistique 1981, S. 74; Annuaire statistique 1991-92, S. 103.

aus den wachsenden Qualifikationsanforderungen einer sich technologisch rasant fortentwickelnden Arbeitswelt, sekundär kam allerdings dem Problem der Jugendarbeitslosigkeit eine verstärkende Wirkung zu.

2. Soziale und regionale Differenzierungen

Das Problem der Jugendarbeitslosigkeit erfuhr während der 1970er und 1980er Jahre in der Bundesrepublik sehr unterschiedliche soziale und regionale Ausprägungen, die nicht selten durch den pauschalen Indikator der gesamtstaatlichen Quote verdeckt wurden. Im folgenden Kapitel geht es deshalb darum, einige wichtige Aspekte des Problemfeldes etwas genauer zu beleuchten.

Zunächst steht eine differenzierte Betrachtung der beiden jugendlichen Altersklassen im Mittelpunkt, von denen bereits im Hinblick auf die jugendliche Erwerbsbeteiligung die Rede war (15 bis 19 und 20 bis 24 Jahre); dies wird verbunden mit einer Analyse der geschlechterspezifischen Entwicklung von Jugendarbeitslosigkeit (a). Danach richtet sich die Aufmerksamkeit auf das Problem des Lehrstellenmangels, das in der öffentlichen Wahrnehmung von Jugendarbeitslosigkeit eine besondere Rolle spielte (b). In einem dritten Schritt werden der Einfluss des individuellen Bildungsstandes (c) und des Faktors „Migrationshintergrund"[63] auf das Auftreten von Jugendarbeitslosigkeit skizziert (d). Abschließend folgen einige Bemerkungen zur räumlichen Differenzierung der bundesdeutschen Jugendarbeitslosigkeit (e). Perspektivische Hinweise zur Entwicklung in den herangezogenen westeuropäischen Vergleichsstaaten dienen dabei wiederum der internationalen Kontextualisierung.

a) Differenzierung nach Alter und Geschlecht: Vorab ist nochmals zu betonen, dass der Begriff der Jugendarbeitslosigkeit in der Bundesrepublik traditionell meist nur auf die jüngere Altersklasse der 15- bis 19-Jährigen bezogen wurde. Erst nach und nach rückten während des untersuchten Zeitraums auch die 20- bis 24-Jährigen stärker ins Blickfeld der Politik und Ministerialbürokratien, der Arbeitsmarktforschung und der Öffentlichkeit. Verantwortlich hierfür waren zum einen die bereits erwähnten Altersverschiebungen beim Eintritt in das Erwerbsleben, in deren Verlauf die unter 20-Jährigen eine immer geringere Rolle auf dem Arbeitsmarkt spielten. Zum anderen kam aber auch der Einfluss der international üblichen Zuordnung von Jugendarbeitslosigkeit auf die Gesamtheit der unter 25-Jährigen zur Geltung, wobei – wie auch in den Labour Force Statistics – häufig zwischen den beiden genannten Altersgruppen differenziert wurde.

Ein Blick auf den Verlauf der jeweiligen Quoten (Abb. 6) zeigt zunächst, dass in der Bundesrepublik die registrierte Arbeitslosigkeit bei den 15- bis 19-Jährigen und 20- bis 24-Jährigen bis Mitte der 1970er Jahre in etwa auf derselben Höhe lag. Dabei gab es zwischen jungen Frauen und Männern kaum Unterschiede. Schon bald nach dem ersten großen Anstieg der Jugendarbeitslosigkeit Mitte der 1970er Jahre erfolgte jedoch eine gewisse Aufsplittung nach Alter und Geschlecht: Relativ am günstigsten entwickelte sich die Quote der 15- bis 19-jährigen Männer, anfangs auch jene der 20- bis 24-jährigen Män-

---

[63] Dieser Begriff war in den 1970er und 1980er Jahren noch nicht üblich. Stattdessen wurde von „Ausländern" gesprochen, was damals formal meist zutreffend war, da wenig Einbürgerungen stattfanden.

ner. Am stärksten von jugendlicher Arbeitslosigkeit betroffen waren hingegen bis Ende der 1980er Jahre die 20- bis 24-jährigen Frauen.

Abb. 6: *Quoten der Jugendarbeitslosigkeit in der Bundesrepublik nach Altersgruppen und Geschlecht, 1966–1990*[64]

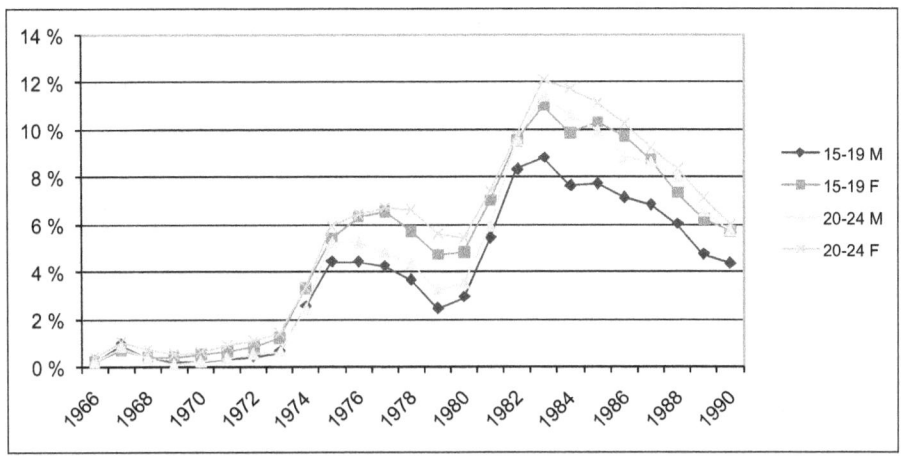

Bewertet man zunächst die grobe Entwicklung nach Altersklassen, dann ist festzustellen, dass sich die Situation für die „älteren" Jugendlichen insgesamt stärker verschlechterte als für die jüngeren. Die kontinuierliche Verlängerung der in Bildungseinrichtungen verbrachten Zeiten wirkte einerseits entlastend auf die Arbeitslosigkeit der unter 15- bis 19-Jährigen. Andererseits verschob sie das Problem der Jugendarbeitslosigkeit vielfach auf die 20- bis 24-Jährigen, weil die Schwierigkeiten des Übergangs von der Lehre oder aus einer weiterführenden Schule in das Erwerbsleben nun vielfach in diese Lebensspanne fielen. Hinzu kommt, dass Anfang der 1980er Jahre die 20- bis 24-Jährigen in der Hochphase des bundesdeutschen „Baby-Booms" um 1960 geboren worden waren (vgl. auch Abb. 8, unten S. 46). Die bundesdeutsche Generation der geburtenstarken Jahrgänge, die bereits durch den ersten Schub der Jugendarbeitslosigkeit Mitte der 1970er Jahre stark getroffen worden war, litt somit Anfang und Mitte der 1980er Jahre in besonderem Maße auch unter der zweiten großen Krisenphase auf dem jugendlichen Arbeitsmarkt seit der Beendigung des langen Nachkriegsbooms.

Richtet man den Blick über die Altersgrenze von 25 Jahren hinaus, so fällt auf, dass die Bundesrepublik während des untersuchten Zeitraums im Bereich der 25- bis 29-Jährigen eine relativ hohe Arbeitslosigkeit aufwies. Beispielsweise stellten diese Jahrgänge im Herbst 1984 mit 15,6% aller Arbeitslosen den zweithöchsten Anteil aller Altersgruppen (jeweils fünf Jahrgänge) – nach den 20- bis 24 Jährigen (18,9%) und mit deutlichem Abstand auf die 30- bis 34-Jährigen (11,7%). Die mittleren Altersgruppen der Erwerbsbevölkerung machten zu diesem Zeitpunkt hingegen lediglich 8,4 bis 8,9% aller registrierten Arbeitslosen aus[65]. Dies deutet darauf hin, dass die Probleme der Eingliederung junger

---

[64] Nach LFS 1964–1974, S. 480f.; LFS 1974–1994, S. 552f. – M = Männer, F = Frauen.
[65] ANBA 33 (1985), S. 292. Ähnliche Proportionen sind auf der ebd. zu findenden Tabelle für den gesamten dargestellten Zeitraum seit 1979 verzeichnet.

Menschen in das Erwerbsleben im Westen Deutschlands teilweise erst jenseits der statistischen Grenze der offiziellen Jugendarbeitslosigkeit auftraten. Hier liegt ein weiterer Faktor, der das auf den ersten Blick so günstige bundesdeutsche Bild der offiziellen Quoten der Jugendarbeitslosigkeit etwas relativiert[66]. Leider verzeichnen die standardisierten OECD-Berechnungen für die 25- bis 29-Jährigen keine spezifischen Arbeitslosenquoten, so dass hier kein direkter internationaler Vergleich möglich ist.

Junge Frauen waren in der Bundesrepublik während des untersuchten Zeitraums stärker von Arbeitslosigkeit betroffen als junge Männer. Allerdings hielten sich die Unterschiede insgesamt in Grenzen. Am klarsten traten sie hervor, als die Kurve der Jugendarbeitslosigkeit Mitte der 1970er und Anfang der 1980er Jahre ihre relativen Spitzen erreichte. So galten nach den Daten der Labour Force Statistics 1976 in der Bundesrepublik 4,4% der männlichen und 6,3% der weiblichen Jugendlichen von 15 bis 19 Jahren als arbeitslos. 1983 lag das Verhältnis in derselben Altersgruppe bei 8,8% zu 11,0%. Bei den 20- bis 24-Jährigen fielen die Differenzen etwas schwächer aus: 1976 waren Quoten von 5,2 und 6,4%, 1983 von 11,4 und 12,1% zu verzeichnen[67].

Die generell höhere Arbeitslosigkeit von jungen Frauen bildete eine strukturelle Konstante, die sich vor allem dadurch erklären lässt, dass weibliche Erwerbstätige vielfach geringer qualifizierte und stärker von Rationalisierungsmaßnahmen bedrohte Tätigkeiten ausübten. Die genannten Zahlen verweisen zudem auf eine erheblich schwierigere Position von jungen Frauen auf dem Lehrstellenmarkt, wovon später noch die Rede sein wird[68]. Bereits im Laufe der 1990er Jahre, dies sei als Ausblick angemerkt, veränderten sich die Geschlechterverhältnisse bei den jugendlichen Arbeitslosenquoten in der Bundesrepublik freilich grundlegend. Insbesondere im Bereich der 15- bis 19-Jährigen waren fortan die jungen Männer erheblich stärker vom Problem der Arbeitslosigkeit betroffen als die gleichaltrigen Frauen[69].

Je nach Geschlecht zeigten sich bestimmte Berufsbranchen besonders anfällig für Jugendarbeitslosigkeit. Allerdings gab es zeitlich durchaus Verschiebungen, so dass hier nur einige exemplarische Angaben erfolgen sollen. So waren 1980 unter den Absolventen von Ausbildungsberufen bei jungen Männern vor allem Maler, Lackierer, Kraftfahrzeugmechaniker, Gärtner und Einzelhandelskaufleute in überproportionalem Maße von Arbeitslosigkeit betroffen. Bei jungen Frauen standen oftmals Hauswirtschafterinnen, Friseurinnen und Arzthelferinnen vor besonderen Arbeitsmarktproblemen[70]. Ursächlich hierfür waren neben der Beliebtheit bestimmter Ausbildungsberufe unter anderem auch die vorherrschenden Betriebsgrößen. Jugendliche, die ihre Lehre in Kleinbetrieben unter 50 Beschäftigten absolviert hatten, trugen Anfang der 1980er Jahre ein höheres Risiko arbeitslos zu werden als Absolventen aus größeren Betrieben[71]. Im Jahr 1984 wurde die Statistik

---

[66] Vgl. auch die diesbezügliche Kritik an der statistischen Erfassung von Jugendarbeitslosigkeit in einem Gutachten der Hans-Böckler-Stiftung aus dem Jahr 1987: Hermann Budde/Klaus Klemm, Jugend – Ausbildung – Arbeit. Gutachten im Auftrag der Hans-Böckler-Stiftung, Düsseldorf 1987, S. 62f. Vgl. zudem: Schober, Ausbildungs- und Beschäftigungssituation Jugendlicher, S. 1653.
[67] LFS 1974–1994, S. 552f.
[68] Vgl. unten S. 32.
[69] So lag – um die deutlichste Abweichung in den OECD-Zahlen zu nennen – die Arbeitslosenquote der 15- bis 19-jährigen Männer im Jahr 2003 bei 12,3%, die der gleichaltrigen Frauen hingegen nur bei 7,1%. LFS 1996–2006, S. 184f.
[70] Vgl. Stooß, Jugendarbeitslosigkeit, S. 41.
[71] Ebd.

der „Arbeitslosen unmittelbar nach Lehrabschluß" bei den Männern von den „Kraftfahrzeuginstandsetzern", Tischlern, Groß- und Einzelhandelskaufmännern und Bürofachkräften angeführt, bei den Frauen von Verkäuferinnen, Bürofachkräften, Sprechstundenhelferinnen und Friseurinnen[72].

Im Hinblick auf die geschlechterspezifische Jugendarbeitslosigkeit ist festzustellen, dass es für die westeuropäischen Vergleichsstaaten unterschiedliche Befunde gibt[73]. In den Niederlanden und in Großbritannien waren während des untersuchten Zeitraums junge Frauen im Vergleich zu ihren männlichen Altersgenossen tendenziell von einer weniger hohen Arbeitslosigkeit betroffen, während in Italien und Frankreich die Arbeitslosenquoten der 15- bis 24-jährigen Frauen deutlich über jenen der gleichaltrigen Männer lagen. Die bundesdeutschen Befunde zur erhöhten Arbeitslosigkeit junger Frauen entsprechen hier demnach allenfalls einem in Teilen Westeuropas erkennbaren Trend.

b) Das Problem des Lehrstellenmangels: Jugendarbeitslosigkeit stand in den 1970er und 1980er Jahren in der Bundesrepublik in einem sehr engen Wahrnehmungskontext zum phasenweise akuten Lehrstellenmangel. Letzterer wird daher auch in der vorliegenden Untersuchung stets als ein Aspekt der Jugendarbeitslosigkeit begriffen. Angemerkt sei freilich, dass dies von den Definitionen der offiziellen Arbeitslosenstatistik abweicht. Denn Lehrstellensuchende wurden von dieser nicht erfasst und zählten somit offiziell gar nicht zum Problem der Jugendarbeitslosigkeit. Die amtliche Registrierung erfolgte erst, wenn sich nicht vermittelte Lehrstellenbewerber arbeitslos meldeten bzw. wenn Jugendliche ohne Lehre nach Beschäftigungsmaßnahmen oder nach prekären Beschäftigungsverhältnissen arbeitslos wurden.

Infolge der anhaltenden Bedeutung, die das duale System von Berufsschule und betrieblicher Lehre während des untersuchten Zeitraums in der Bundesrepublik besaß, bildete der Übergang von der Hauptschule – seltener auch von der Realschule oder vom Gymnasium – in ein betriebliches Ausbildungsverhältnis vielfach die, so eine beliebte Metapher, „erste Schwelle" auf dem Weg eines Jugendlichen in das Erwerbsleben. Da in anderen westeuropäischen Staaten mit Ausnahme von Österreich und der Schweiz ein ähnliches System nicht oder nur ansatzweise verbreitet war (und ist)[74], liegt hier eine Besonderheit, die – wie noch darzustellen sein wird – wohl erhebliche Relevanz für das im internationalen Vergleich relativ geringe Ausmaß der bundesdeutschen Jugendarbeitslosigkeit gewann.

In den Zeiten der „Vollbeschäftigung" seit Ende der 1950er Jahre waren Jahr für Jahr sehr viele Ausbildungsplätze unbesetzt geblieben – nach den rückblickenden Schätzungen des Berufsbildungsberichts der Bundesregierung aus dem Jahr 1977 bis zu 200 000[75]. Schwankungen in der Zahl der abgeschlossenen Ausbildungsverträge resultierten im Wesentlichen aus dem sich verändernden Angebot an Schulabgängern. Erst seit Anfang der

---

[72] Rudolf Werner/Thomas Clauß, Die Beschäftigung der Jugendlichen mit und ohne Berufsausbildung. Eine Analyse anhand sekundärstatistischer Daten, hrsg. vom Bundesinstitut für Berufsbildung, Berlin/Bonn 1986, S. 15.
[73] Nach LFS 1970–1990, passim; LFS 1974–1994, passim.
[74] Vgl. Dieter K. Reibold, Die Berufsausbildung in Europa – ein internationaler Vergleich. Ein Kurzüberblick über die allgemeine und berufliche Bildung in über 25 Staaten Europas, Renningen-Malsheim 1997.
[75] Vgl. Berufsbildungsbericht 1977, hrsg. vom Bundesminister für Bildung und Wissenschaft, München 1977, S. 17. Ebd. auch zum Folgenden.

1970er Jahre ergaben sich – bei einer zunächst relativ konstant bleibenden Größenordnung der Ausbildungsplätze (s. Tab. 3) – massive Probleme bei der Versorgung der aus demographischen Gründen zahlreicher gewordenen Interessenten. Dank einer deutlichen Vermehrung der Ausbildungsplätze seit Ende der 1970er Jahre und einer vorübergehenden Verbesserung der konjunkturellen Lage konnte der Lehrstellenmangel zeitweise überwunden werden. Von 1982 bis 1986 kehrte er in verstärkter Form wieder, obgleich die Zahl der abgeschlossenen Ausbildungsverträge bis Mitte der 1980er Jahre weiterhin leicht anstieg. Ende des Jahrzehnts trat dann, ähnlich wie beim Gesamtphänomen der Jugendarbeitslosigkeit, auch in diesem Bereich eine vor allem demographisch bedingte Entspannung ein.

Tab. 2: *Ausbildungsplätze in der Bundesrepublik, 1976–1989: Angebot und Nachfrage*[76]

Jahr	Neu abgeschlossene Ausbildungsverträge	Zum 30.9. nicht vermittelte Bewerber	Angebots- (+) bzw. **Nachfrageüberhang (–)**
1976	495 800	27 700	– 9 600
1977	558 400	27 000	– 1 500
1978	601 700	23 800	– 1 500
1979	640 300	19 700	+ 17 200
1980	650 000	17 300	+ 27 300
1981	605 636	22 140	+ 15 208
1982	630 990	34 180	– 14 185
1983	676 734	47 408	– 27 767
1984	705 652	58 426	– 37 292
1985	697 089	58 905	– 36 884
1986	684 710	46 270	– 15 100
1987	645 746	33 880	+ 10 661
1988	604 002	24 791	+ 37 171
1989	583 736	18 278	+ 66 635

Insgesamt ist seit Beginn der Arbeitsmarktkrise Mitte der 1970er Jahre eine erhebliche Zunahme der Lehrstellenverträge zu konstatieren. Während es 1976 knapp 496 000 waren, lag ihre Zahl 1984, als der Höhepunkt der „Ausbildungskurve" erreicht war, bei knapp 706 000[77], das ist ein Plus von über 40%. Einen erheblichen Beitrag zur Schaffung neuer Lehrstellen leistete seit Ende der 1970er Jahre das bundesdeutsche Handwerk; von 1973 bis 1985 ist hier eine Steigerungsgrate von 47% zu verzeichnen. Hingegen waren Handel und Industrie stärker von konjunkturellen Problemen betroffen und zeigten eine vergleichsweise weniger starke Ausbildungsbereitschaft; doch auch in diesen Bereichen stieg die Zahl der Ausbildungsplätze im Zeitraum von 1973 bis 1985 um 26% (s. Tab. 3).

---

[76] Vereinfacht nach: Berufsbildungsbericht 1990, hrsg. vom Bundesminister für Bildung und Wissenschaft, Bonn 1990, S. 13, Übersicht 3. Die ebd. zu findenden Angaben stützen sich auf die seit 1977 vorgelegten Berufsbildungsberichte; Angaben für die Zeit vor 1977 fehlen daher.
[77] Zu den Zahlen vgl. oben, Tab. 2.

Tab. 3: *Auszubildende in der Bundesrepublik, 1970-1989*[78]

Jahr	Gesamt	Industrie und Handel	Handwerk
1970	1 268 714	724 898	419 530
1971	1 271 612	729 636	405 163
1972	1 301 364	722 173	432 743
1973	1 331 239	694 068	465 434
1974	1 329 927	664 554	485 749
1975	1 328 925	633 958	504 662
1976	1 317 064	611 173	510 356
1977	1 397 354	643 817	556 088
1978	1 517 373	691 985	614 905
1979	1 644 619	748 400	676 215
1980	1 715 481	786 917	702 331
1981	1 676 877	771 347	673 564
1982	1 675 864	764 708	665 525
1983	1 722 416	791 895	674 903
1984	1 800 141	841 081	693 232
1985	1 831 501	874 614	687 454
1986	1 805 247	882 185	657 780
1987	1 738 687	865 963	617 823
1988	1 657 960	827 213	577 873
1989	1 552 534	783 274	532 546

Trotz einer deutlichen Steigerung der Ausbildungsplätze (s. Tab. 2 und 3) spiegeln die absoluten Zahlen aus der ersten akuten Krisenphase Mitte der 1970er sowie aus jener der frühen und mittleren 1980er Jahre hinsichtlich des Verhältnisses von Angebot und Nachfrage eine deutliche Verschlechterung der Lehrstellensituation (s. Tab. 2): Im Jahr 1976, als das Problem seine erste Spitze erreichte, blieben nach den Berechnungen des Bundesinstituts für Berufsbildung bis Ende September 27 700 Jugendliche ohne Ausbildungsplatz, der Nachfrageüberhang betrug 9 600 Stellen. Während der zweiten Phase des Lehrstellenmangels lagen die analogen Spitzenwerte bei 37 300 registrierten Jugendlichen ohne Lehrstelle im Jahr 1984 und bei 59 900 im Jahr 1984. Mitte der 1980er Jahre hatte das Problem ein solches Ausmaß angenommen, dass freie Lehrstellen ein kostbares Gut geworden waren; in Einzelfällen sollen freie Ausbildungsplätze sogar an Bewerber verkauft worden sein[79].

Infolge des Übergangs geburtenschwacher Jahrgänge in das Erwerbsleben und einer verbesserten wirtschaftlichen Lage entspannte sich Ende der 1980er Jahre trotz leicht sin-

---

[78] Vereinfacht nach: Statistisches Bundesamt (Hrsg.), Berufliche Bildung 1989, Stuttgart 1991, S. 17. Nicht berücksichtigt wurden oben die deutlich niedriger liegenden Ausbildungszahlen in Landwirtschaft, Öffentlichem Dienst, Freien Berufen, Hauswirtschaft und Seeschifffahrt.

[79] Vgl. Günther Schmid/Frank Oschmiansky, Arbeitsmarktpolitik und Arbeitslosenversicherung, in: Geschichte der Sozialpolitik in Deutschland seit 1945, Bd. 7: 1982–1989. Bundesrepublik Deutschland. Finanzielle Konsolidierung und institutionelle Reform, hrsg. von Manfred G. Schmidt, Baden-Baden 2005, S. 237–287, hier S. 265f.

kender Ausbildungszahlen die Situation auf dem Lehrstellenmarkt. Seit 1987 gab es gemäß der amtlichen Statistik wieder mehr Angebote als Bewerber – ein Zustand, der bis zur nächsten akuten Krise des Ausbildungsmarktes in der zweiten Hälfte der 1990er Jahren anhalten sollte.

Grundsätzlich ist zu berücksichtigen, dass auch ein bundesweit ausgeglichenes Verhältnis von Angebot und Nachfrage auf dem Lehrstellenmarkt regional erhebliche Disparitäten aufweisen kann. Ein generelles Problem liegt auch darin, dass Jugendliche bei einem knappen Angebot nicht selten Lehrstellen annehmen, die fern der ursprünglichen Berufswünsche liegen, was die Gefahr eines vorzeitigen Abbruchs des Ausbildungsverhältnisses und späterer Arbeitslosigkeit erhöht. Auch ein knappes Plus der Ausbildungsplätze gegenüber der Nachfrage spiegelt daher immer noch eine schwierige Lage auf dem Lehrstellenmarkt.

Junge Frauen hatten während des untersuchten Zeitraums in der Bundesrepublik auch auf dem Ausbildungsmarkt schlechtere Chancen als junge Männer, was zweifellos mit fortbestehenden geschlechterspezifischen Vorlieben bei der Lehrstellenwahl, aber auch mit Restriktionen bei der Lehrstellenbesetzung vor allem im „gewerblich-technischen Bereich" zu tun hatte[80]. Ende September 1983 waren, um ein Zahlenbeispiel zu nennen, von den rund 50 000 noch nicht vermittelten Bewerbern rund zwei Drittel weiblich[81].

Rein quantitativ besaß das Problem fehlender Lehrstellen in der Bundesrepublik während der Phasen eines akuten Ausbildungsplatzmangels in etwa die Größenordnung, mit der seit Mitte der 1970er Jahre im statistischen Durchschnitt ein Altersjahrgang vom Problem der Jugendarbeitslosigkeit betroffen war. So lag beispielsweise die absolute Zahl der als arbeitslos gemeldeten Jugendlichen im Alter von 15 bis 24 Jahren im Herbst 1976 bei rund 257 000[82]; im Durchschnitt waren dies für einen Jahrgang etwa 26 000. Im gleichen Jahr 1976 wurden knapp 29 000 nicht vermittelte Lehrstellenbewerber registriert. Ein ähnliches Zahlenverhältnis zeigt sich auf höherem Niveau für die zweite Welle des Lehrstellenmangels Anfang und Mitte der 1980er Jahre: Auf ihrem Höhepunkt im Jahr 1984 lag die Gesamtzahl der als arbeitslos gemeldeten 15- bis 24-Jährigen bei 574 000[83] – d. h. im Mittel für einen Jahrgang bei etwa 57 000. Gleichzeitig gab es gemäß der offiziellen Statistik rund 58 000 erfolglose Lehrstellenbewerber.

Mit der Konzentration der jugendlichen Arbeitsmarktprobleme auf die Gruppe der 20- bis 24-Jährigen verlor die bundesdeutsche Jugendarbeitslosigkeit teilweise ihren unmittelbaren Bezug zu den Problemen des Lehrstellenmarktes. Jugendarbeitslosigkeit wurde in den 1980er Jahren vor allem zu einer Krise derjenigen Jugendlichen, die nach ihrer Lehre auf die „zweite Schwelle" zum Erwerbsleben stießen[84] oder die nach langer Schul- und Studienphase in das Erwerbsleben eintreten wollten. „Der Übergang von der Ausbildung

---

[80] So die Analyse im Berufsbildungsbericht 1983, hrsg. vom Bundesminister für Bildung und Wissenschaft, Wolfenbüttel 1983, S. 5.
[81] PADB, Ausschuss für Arbeit und Sozialordnung, 10. Wahlperiode (WP), Protokoll der 12. Sitzung vom 7.11.1983, S. 12, Oberregierungsdirektor Wohlleben von der Bundesanstalt für Arbeit.
[82] Berechnet nach Tabelle in: BAK, B 149/139076, Ref. IIa 5, „Beitrag des Bildungswesens zur Verringerung und Vermeidung von Jugendarbeitslosigkeit" [Januar 1980].
[83] Nach Christoph Gütinger, Erklärungsversuche der Jugendarbeitslosigkeit. Internationaler Vergleich, Aachen 1998, S. 214.
[84] Zur Verlagerung der Arbeitslosigkeit von der Altersgruppe unter 20 auf die über 20 vgl. auch Karen Schober, Aktuelle Trends und Strukturen auf dem Teilarbeitsmarkt für Jugendliche, in: Mitteilungen aus der Arbeitsmarkt- und Berufsforschung (MittAB) 19 (1986), S. 365–370, hier S. 367.

in ein Beschäftigungsverhältnis", so stellte 1989 ein bundesdeutscher Handbuchbeitrag zur Jugendforschung resümierend fest, „ist für zunehmend mehr Jugendliche im Laufe der 80er Jahre durch die Erfahrung von Arbeitslosigkeit, Berufs- und Betriebswechsel sowie ausbildungsfremder und unterwertiger Beschäftigung gekennzeichnet"[85]. Dass diese Verschiebung der Problemfelder in der politischen und öffentlichen Wahrnehmung der Jugendarbeitslosigkeit nicht immer hinreichend nachvollzogen wurde, wird später noch zu analysieren sein[86].

c) Der Einfluss des Bildungsstandes: Die Gefahr, arbeitslos zu werden, nahm in der Bundesrepublik seit Mitte der 1970er Jahre insbesondere bei jenen Jugendlichen zu, die über eine unterdurchschnittliche Schul- und Berufsbildung verfügten. Eine derartige Entwicklung war bereits während der ersten Welle der Jugendarbeitslosigkeit Mitte der 1970er Jahre erkennbar und lag damit ganz im Trend anderer westeuropäischer Staaten. So kam bereits im Oktober 1975 ein Papier der Kommission der Europäischen Gemeinschaften, das angeforderte Auskünfte der Mitgliedsstaaten über das Problem der Jugendarbeitslosigkeit resümierte, zu dem Urteil: „Fast alle Berichte erwähnen die Tatsache, dass die Arbeitgeber in einer Periode der Rezession bei der Neueinstellung Jugendlicher wählerischer sein können. Somit trifft das Schicksal der Arbeitslosigkeit derzeit überdurchschnittlich stark Personen mit geringer Schulbildung und niedrigerem Qualifikationsniveau."[87]

Obgleich für die Bundesrepublik keine summarischen Arbeitslosenquoten vorliegen, die nach dem Bildungsstand differenziert werden, lässt sich das Grundproblem in zahlreichen unterschiedlich angelegten Erhebungen nachweisen. So ergaben im Jahr 1976 Schätzungen, dass für einen verheirateten Arbeiter deutscher Nationalität unter 25 Jahren das Risiko, arbeitslos zu werden, etwa 2% betrug, sofern er seine Schul- und Berufsausbildung abgeschlossen hatte. Das berechnete Risiko lag bei 5%, falls die Berufsausbildung nicht beendet worden war, und es stieg auf über 11%, falls es auch keinen Schulabschluss gab. Bei Arbeiterinnen – hier tritt die strukturelle Benachteiligung von jungen Frauen auf dem Arbeitsmarkt sehr deutlich hervor – lagen alle geschätzten Werte erheblich höher: rund 6% im günstigsten Fall, rund 9% bei fehlender Berufsausbildung und rund 24%, falls auch die Schule nicht beendet worden war[88].

Das Kriterium der nicht abgeschlossenen Berufsausbildung taucht in den Statistiken der Bundesanstalt für Arbeit immer wieder auf. So waren im Mai 1976 66,4% der registrierten jugendlichen Arbeitslosen unter 20 Jahren ohne Berufsabschluss und im September 1984 66,0% – also eine fast unveränderte Größenordnung[89]. Auch bei den 20- bis 25-Jährigen lag der Anteil der Arbeitslosen, die keinen Beruf erlernt hatten, im Jahr 1984

---

[85] Baethge, Erwerbstätige Jugend, S. 473.
[86] Vgl. unten S. 73.
[87] BAK, B 149/53094, Kommission der Europäischen Gemeinschaften, „Die Arbeitslosigkeit der Jugendlichen. Bericht über die von den Mitgliedstaaten angenommenen Massnahmen", 9.10.1975, S. 3.
[88] Vgl. Wolfgang Franz, Jugendarbeitslosigkeit: Eine kurze Episode oder eine permanente Gefahr, in: Wirtschaftsdienst 63 (1983), S. 139–142, hier S. 141, Tab. 2. Der Aufsatz stützt sich auf ders., Youth Unemployment in the Federal Republic of Germany. Theory, Empirical Results and Policy Implications. An Economic Analysis, Tübingen 1982.
[89] Die Angabe zu 1976 wurde berechnet nach BAK, B 189/22249, Protokoll der Sitzung des Bundesjugendkuratoriums (BJK) vom 23.5.1977, „Stellungnahme zum Problem ‚Jugendarbeitslosigkeit'", S. 31. Der Wert für 1984 wurde berechnet nach BAK, B 189/22279, „Angaben zur Jugendarbeitslosigkeit" [Sept. 1985], S. 3.

mit 43,9% sehr hoch[90]. Dieses Niveau blieb dann auch bei den älteren Jahrgängen erhalten: Der Anteil von Erwerbspersonen ohne Berufsabschluss an der Gesamtheit der bundesdeutschen Arbeitslosen sank zwar seit den frühen 1980er Jahren leicht, betrug Ende September 1984 aber immer noch 49,4%[91], was auch einen Beleg für die langfristigen Gefahren mangelnder Ausbildungsplätze darstellt.

Ein weiteres aufschlussreiches Kriterium für die Messung des Bildungsstandes unter Arbeitslosen stellt der Hauptschulabschluss dar. Im Mai 1976 waren 31,3% der Arbeitslosen unter 20 Jahren ohne eine derartige Qualifikation und im September 1984 26,9%[92]. Diese leicht sinkende Tendenz spiegelt einerseits eine Persistenz des Bildungsproblems, andererseits aber auch – wie gleich noch zu sehen sein wird – eine gewisse Ausweitung der Arbeitslosigkeit auf besser qualifizierte Jugendliche.

Mit der Verlängerung der Schulzeiten stieg seit den 1950er Jahren in der Bundesrepublik auch das durchschnittliche Niveau des Bildungsabschlusses. So hatten im Jahr 1950 rund 15% eines Altersjahrgangs zumindest die Realschule absolviert, 1970 waren es bereits knapp 38%, 1980 gut 54% und 1990 fast 69%[93]. Der Trend zu einer höheren schulischen Qualifikation setzte sich also während des untersuchten Zeitraums mit großer Dynamik fort. Indem das Bildungsniveau insgesamt stieg, verschlechterten sich bei den unteren Bildungsgruppen und insbesondere bei Jugendlichen ohne abgeschlossene Ausbildung, den „Kellerkindern der Bildungsexpansion"[94], die Aussichten auf dem Arbeitsmarkt. So hatten im September 1981 31,6% der arbeitslosen Jugendlichen unter 20 Jahren keinen Hauptschulabschluss[95]. Obwohl Jugendliche ansonsten in der Bundesrepublik meist nur relativ kurze Phasen der Arbeitslosigkeit hinnehmen mussten, wuchs hier auch die Gefahr der Langzeitarbeitslosigkeit[96]. Es bildete sich eine spezifische Gruppe von Benachteiligten aus, die vielfach aus den unteren Gesellschaftsschichten stammten, wo Kinder auf ihrem Bildungsweg oftmals nur wenig Unterstützung fanden. Die „zunehmende Labilisierung der Übergänge" in das Erwerbsleben war so mit einer „verschärften sozialen Selektion und Marginalisierung" verbunden[97]. Die Vergrößerung sozialer Differenzen entwickelte sich zu einem Grundproblem des bundesdeutschen Arbeitsmarktes für Jugendliche.

Mit fortschreitender Jugendarbeitslosigkeit verschoben sich die Arbeitsmarktprobleme teilweise aber auch auf ein höheres Bildungsniveau. Es entstand ein gewisses „Qualifikationsparadox", da Jugendliche nun im Vergleich zu früheren Altersjahrgängen „trotz besserer Bildung schlechtere Berufschancen" hatten[98]. Die Zahl der Jugendlichen, die nach

---

[90] Berechnet nach ebd.
[91] ANBA 33 (1985), S. 292.
[92] Zu 1976 s. BAK, B 189/22249, Protokoll der Sitzung des BJK vom 23.5.1977, „Stellungnahme zum Problem ‚Jugendarbeitslosigkeit'", S. 31. Die Angabe zu 1984 wurde berechnet nach BAK, B 189/22279, „Angaben zur Jugendarbeitslosigkeit" [Sept. 1985], S. 3.
[93] Berechnet nach: Handbuch der deutschen Bildungsgeschichte, Bd. VI, Erster Teilbd., Anhang, S. 648, Tab. 5.
[94] Klaus Klemm, Jugendliche ohne Ausbildung. Die „Kellerkinder" der Bildungsexpansion, in: Zeitschrift für Pädagogik 37 (1991), S. 887–898.
[95] BAK, B 149/113303, Ref. IIa 5 an Minister, „Betr. Jugendarbeitslosigkeit", 3.11.1982, S. 3.
[96] Vgl. Schmuhl, Arbeitsmarktpolitik und Arbeitsverwaltung, S. 504, sowie Pankoke, Arbeitsfrage, S. 196.
[97] Baethge, Erwerbstätige Jugend, S. 465.
[98] Sander/Vollbrecht, Jugend [1998], S. 209; der ebd. zitierte Begriff „Qualifikationsparadox" stammt von Dieter Mertens, Das Qualifikationsparadox. Bildung und Beschäftigung bei kritischen Arbeitsmarktperspektiven, in: Zeitschrift für Pädagogik 30 (1984), S. 439–555.

erfolgreichem Abschluss einer Lehre zunächst arbeitslos wurden, stieg Anfang der 1980er Jahre dramatisch von unter 10 000 (1980) auf über 60 000 (1983)[99]. Selbst Absolventen von Hoch- und Fachhochschulen stießen in den 1980er Jahren partiell auf Probleme, den gewünschten Einstieg in den Arbeitsmarkt zu finden. Besondere öffentliche Aufmerksamkeit erlangte die seit Mitte der 1970er Jahre ansteigende und Mitte der 1980er Jahre stark ausgeprägte Lehrerarbeitslosigkeit, die vor allem ausgebildete Lehrer nach dem Referendariat betraf[100]. So waren Ende September 1982 bei der Bundesanstalt für Arbeit über 18 000 arbeitslose Lehrer gemeldet, darunter über 3 000 Berufsanfänger[101]. Viele Betroffene wurden von den Statistiken der Jugendarbeitslosigkeit zudem gar nicht mehr erfasst, da sie bereits älter als 24 Jahre waren. Ähnliches gilt auch für andere hochqualifizierte Berufsgruppen: Die deutlich größte Altersgruppe unter den arbeitslosen „Jungakademikern" wurde von den 25- bis 29-Jährigen gestellt[102].

d) Faktor „Migrationshintergrund": Sieht man vom Sonderfall jugendlicher Schwerbehinderter ab[103], so bildeten im Westen Deutschlands zweifellos junge „Ausländer" sowie eingebürgerte Deutsche mit „Migrationshintergrund" die am stärksten vom Problem der Jugendarbeitslosigkeit betroffene gesellschaftliche Gruppe.

Trotz des Ende 1973 nach dem ersten Ölpreisschock verhängten Anwerbestopps für „Gastarbeiter" war die Zahl ausländischer Jugendlicher – d. h. hier vor allem Jugendliche, die aus Familien mit Migrationshintergrund stammen und keinen bundesdeutschen Pass besitzen – infolge von Familiennachzug seit Mitte der 1970er Jahre stark gestiegen. Genaue Zahlen liegen nur für die Altersklasse der 15- bis 20-Jährigen vor: Lebten im Jahr 1975 289 500 junge Ausländer diesen Alters in der Bundesrepublik, waren es Ende 1980 bereits 390 200 und im Jahr 1985 434 500[104]. Großen Anteil an dieser Entwicklung hatten junge Türken, deren Zahl sich von 88 900 im Jahr 1975 auf 172 500 im Jahr 1980 fast verdoppelte, um dann nach geringerer Zunahme im Jahr 1985 198 300 zu erreichen. Eingebürgerte Zuwanderer erlangten erst seit den späten 1980er Jahren einen wachsenden Anteil unter jungen Arbeitslosen, da nun zahlreiche deutschstämmige „Aussiedler" aus der Sowjetunion, Polen und anderen osteuropäischen Staaten ins Land kamen und in

---

[99] Werner/Clauß, Die Beschäftigungslage der Jugendlichen mit und ohne Berufsausbildung, S. 14, Schaubild 1. Die vom Bundesinstitut für Berufsbildung herausgegebene Studie bietet zahlreiche weitere Daten zum Problemfeld.
[100] Vgl. Sabina Enzelberger, Sozialgeschichte des Lehrerberufs. Gesellschaftliche Stellung und Professionalisierung von Lehrerinnen und Lehrern von den Anfängen bis zur Gegenwart, Weinheim u. a. 2001, S. 209 f.
[101] ANBA 31 (1983), S. 290.
[102] Nach ebd., S. 286, gehörten Ende September 1982 fast 19 500 Arbeitslose mit abgeschlossener Hochschulausbildung dieser Altersgruppe an, das sind 35,7%. Jünger als 25 Jahre waren hingegen nur 2,9%.
[103] Vgl. hierzu im Kontext der allgemeinen Arbeitsmarktprobleme für Behinderte: Wilfried Rudloff, Behinderte und Behindertenpolitik in der „Krise der Arbeitsgesellschaft", in: Thomas Raithel/Thomas Schlemmer (Hrsg.), Die Rückkehr der Arbeitslosigkeit. Die Bundesrepublik Deutschland im europäischen Kontext 1973 bis 1989, München 2009, S. 95–106, hier vor allem S. 102.
[104] Siehe die Zahlen aus dem Statistischen Jahrbuch der Bundesrepublik Deutschland, die leider nur für die Altersgruppe der 15- bis 20-Jährigen vorliegen: Statistisches Jahrbuch 1976, S. 65; Statistisches Jahrbuch 1981, S. 66; Statistisches Jahrbuch 1986, S. 68. Für die späten 1980er Jahre liefert das Statistische Jahrbuch keine Zahlen von Ausländern nach Altersgruppen.

den Arbeitsmarkt integriert werden mussten[105]. Einbürgerungen von jungen Menschen aus „Gastarbeiter"-Familien blieben hingegen in den 1980er Jahren noch extrem selten[106].

Da eine Erfassung der Arbeitslosenquote jugendlicher Ausländer seitens der Bundesanstalt für Arbeit in der Regel nicht stattfand, liegen für den untersuchten Zeitraum keine durchgehenden amtlichen Zahlen der registrierten Jugendarbeitslosigkeit unter Ausländern vor[107]. Einzelne statistische Momentaufnahmen vermitteln aber dennoch ein deutliches Bild vom Ausmaß dieses spezifischen Problems.

Die besondere Gefahr für junge Ausländer, arbeitslos zu werden, zeigte sich bereits während der ersten Welle der Jugendarbeitslosigkeit Mitte der 1970er Jahre. Ende Januar 1975 waren, so stellte beispielsweise eine Sonderuntersuchung der Bundesanstalt fest, über 109 000 deutsche und knapp 14 000 ausländische Jugendliche unter 21 Jahren arbeitslos. Dies ergibt einen Anteil der Ausländer unter allen erfassten arbeitslosen Jugendlichen von 11,1%[108]. Vergleicht man diesen Wert mit dem Anteil der jungen Ausländer (15 bis 20 Jahre) an der altersgleichen Gesamtbevölkerung (6,4%)[109], dann deutet dies auf eine stark überproportionale Arbeitslosigkeit ausländischer Jugendlicher.

Wie eine Erhebung der Bundesanstalt vom September 1981 zeigt, trat Arbeitslosigkeit von Ausländern besonders stark in den jüngsten Altersklassen der Erwerbsbevölkerung auf. So waren zu diesem Zeitpunkt fast 47% der 15-jährigen, etwa 38% der 16-jährigen und rund 28% der 17-jährigen Ausländer arbeitslos gemeldet. Bezogen auf alle registrierten Arbeitslosen unter 20 Jahren lag im September 1981 der Anteil von arbeitslosen Ausländern bei 17,6%[110], während der Ausländeranteil in diesen Altersgruppen nur knapp 5% ausmachte[111]. Etwas günstiger gestaltete sich die Lage bei den jugendlichen Ausländern zwischen 20 und 25 Jahren. Hier lag der Anteil an der Gesamtzahl der altersgleichen Arbeitslosen bei 11,7%[112].

Die Ursachen dieser Probleme können hier nur angedeutet werden. Generell sind zunächst die Erklärungen von Bedeutung, mit der Anfang 1975 die Nürnberger Bundesanstalt die erhöhte Arbeitslosenquote unter allen Ausländern begründete: zum einen die überdurchschnittliche Beschäftigung „in stärker saisonabhängigen Wirtschaftszweigen", zum anderen die Neigung von Firmen, beim Personalabbau „relativ häufiger Ausländer

---

[105] Vgl. Wilhelm Adamy, Die Integration von Aus- und Übersiedlern in den bundesdeutschen Arbeitsmarkt, in: Arbeit und Sozialpolitik 44 (1990), S. 254–257.
[106] Vgl. Bernard Schäfers/Wolfgang Zapf (Hrsg.), Handwörterbuch zur Gesellschaft Deutschlands, Opladen ²2001, S. 61; Michel Huber, Deutschland im Wandel. Geschichte der deutschen Bevölkerung seit 1815, Stuttgart 1998, S. 323f.
[107] Zu den statistischen Problemen bei der Erfassung vgl. Brigitte Gravalas, Die beruflichen und sozialen Chancen ausländischer Jugendlicher – Integration oder Segregation, in: Dies./Frank Braun, Die beruflichen und sozialen Chancen ausländischer Jugendlicher. Integration oder Segregation. Eine Dokumentation, hrsg. vom Bundesinstitut für Berufsbildung (Berlin/Bonn) und Deutschen Jugendinstitut (München), München 1982, S. 7–181, hier S. 97 und 159–161.
[108] Vgl. ANBA 23 (1975), S. 240 und 242.
[109] Berechnet nach: Statistisches Jahrbuch 1976, S. 65 (Zahl der jungen Ausländer 1975), und Statistisches Jahrbuch 1977, S. 59 (Gesamtbevölkerung der 15- bis 20-Jährigen 1975).
[110] ANBA 30 (1982), S. 327.
[111] Vgl. die Angaben zu den Altersklassen der 15- bis 17-Jährigen und der 18- bis 20-Jährigen in: Statistisches Jahrbuch 1982, S. 66.
[112] ANBA 30 (1982), S. 327. Der Anteil an der gleichaltrigen Gesamtbevölkerung ist nach dem Statistischen Jahrbuch 1982 nicht zu ermitteln, da hier für 1981 nur die Altersklasse von 21 bis 35 angegeben wird.

als Deutsche" freizusetzen[113]. Hinzu kommt aber in diesem Fall eine ganz wesentliche jugendspezifische Ursache: Junge Ausländer waren nur unterdurchschnittlich in das duale Berufsbildungssystem integriert. „Während von den arbeitslosen deutschen Jugendlichen", so stellte Anfang 1975 der bereits zitierte Sonderbericht der Bundesanstalt zur Jugendarbeitslosigkeit fest, „31,1% über eine abgeschlossene Berufsausbildung verfügten und 12,5% eine solche noch anstrebten, lagen die entsprechenden Quoten bei den ausländischen Jugendlichen bei 4,7% bzw. 3,8%"[114]. Ausländische Jugendliche gerieten bei der Vergabe von Lehrstellen oftmals ins Hintertreffen. Beispielsweise waren 1976 „nur 3,2% der in Ausbildung stehenden Jugendlichen […] Ausländer"[115], während der Prozentsatz von Ausländern unter den 15- bis 17-Jährigen der in der Bundesrepublik lebenden Wohnbevölkerung im selben Jahr bei etwa 4% lag[116]. 1982 war der Anteil der Ausländer unter allen Auszubildenden sogar auf rund 2,5% gefallen[117]. Zu berücksichtigen ist zudem, dass es in der Gruppe der Jugendlichen mit Hauptschulabschluss, die den Großteil der Auszubildenden stellte, zweifellos einen deutlich höheren Ausländeranteil gab als in der Gesamtheit der genannten Altersklassen[118] – junge Ausländer waren daher bei der Lehrstellenvergabe klarer benachteiligt, als es die angeführten Zahlen belegen.

Grundsätzlich bestätigt werden die eben skizzierten Eindrücke durch Erhebungen des Statistischen Amtes der Europäischen Gemeinschaften (Eurostat), die seit 1983 vorgenommen wurden und für den weiteren Verlauf der 1980er Jahre in der Bundesrepublik durchgehend eine im Vergleich zu deutschen Jugendlichen doppelt so hohe Arbeitslosenquote ausländischer Jugendlicher unter 25 Jahren ausweisen[119]. Auch amtliche bundesdeutsche Schätzungen gingen über die Jahre hinweg von einer etwa doppelt so hohen Quote aus[120]. Selbst dieser Wert dürfte allerdings noch deutlich zu niedrig liegen, denn unter jungen Ausländern gab es mit großer Wahrscheinlichkeit einen besonders hohen Anteil an nicht registrierten Arbeitslosen[121]. Dies hing unter anderem wohl auch damit zusammen, dass den ausländischen Jugendlichen – wie 1976 eine Stellungnahme des

---

[113] ANBA 23 (1975), S. 214.
[114] Ebd., S. 240.
[115] BAK, B 189/22249, Protokoll der Sitzung des BJK vom 24.11.1976, beigefügte „Stellungnahme des Bundesjugendkuratoriums zur Situation ausländischer Kinder und Jugendlicher in der Bundesrepublik Deutschland", S. 4. Nach ebd. lag der altersspezifische Bevölkerungsanteil ausländischer Jugendlicher etwa dreimal so hoch.
[116] Zum Altersanteil 1976 (114 600 von 2 915 000) s. Statistisches Jahrbuch 1978, S. 59 (Wohnbevölkerung Ende 1976), und Statistisches Jahrbuch 1977, S. 67 (Ausländer am 30.9.1976).
[117] Die Zahl der Auszubildenden lag 1982 bei 1 675 861; nach: Statistisches Bundesamt (Hrsg.), Berufliche Bildung 1982, Wiesbaden 1983, S. 11. Die Zahl der ausländischen Auszubildenden betrug im selben Jahr 42 239; nach: Statistisches Bundesamt (Hrsg.), Berufliche Bildung 1989, S. 14.
[118] Leider liegen diesbezüglich keine statistischen Daten vor.
[119] Heinz Werner, Integration ausländischer Arbeitnehmer in den Arbeitsmarkt. Vergleich von Frankreich, Deutschland, Niederlande und Schweden, in: MittAB 26 (1993), S. 348–361, hier S. 352, Tab. 4. Eine etwas ausführlichere Fassung dieses Beitrags findet sich in: Ders., Integration ausländischer Arbeitnehmer in den Arbeitsmarkt – Deutschland, Frankreich, Niederlande, Schweden (World Employment Programme Working Paper), Genf 1993.
[120] Vgl. z. B. BAK, B 189/22249, Protokoll der Sitzung des BJK vom 24.11.1976, beigefügte „Stellungnahme des Bundesjugendkuratoriums zur Situation ausländischer Kinder und Jugendlicher in der Bundesrepublik Deutschland", S. 4. Vgl. zudem einen internen Bericht des Ministeriums für Arbeit und Soziales: BAK, B 149/113303, Ref. IIa 5 an Minister, „Betr. Jugendarbeitslosigkeit", 3.11.1982, S. 3.
[121] Vgl. Gravalas, Die beruflichen und sozialen Chancen ausländischer Jugendlicher, S. 159f.

Bundesjugendkuratoriums formulierte – bei anhaltender Arbeitslosigkeit die Abschiebung „in ein Land" drohte, „das sie kaum kennen und wo sie keine Freunde und Bekannte haben"[122].

Insgesamt lassen alle verfügbaren Daten und Untersuchungen eine klare Tendenz zur Marginalisierung ausländischer Jugendlicher auf dem Arbeitsmarkt erkennen. „Fehlende soziale und schulische Voraussetzungen sowie keine oder nur eine schlechte berufliche Ausbildung", so resümiert eine 1983 erschienene Studie zum Thema Jugendarbeitslosigkeit, „,stellen' sie an das Ende der ,Warteschlange'. Auf sie trifft am stärksten die Bewertung ,strukturelle Beschäftigungslosigkeit' zu."[123] Dass in den 1980er Jahren in der Bundesrepublik, im Gegensatz etwa zu Großbritannien und Frankreich, eine Zuspitzung dieser Problematik ausblieb, ist wohl auch der relativ günstigen Entwicklung der allgemeinen Jugendarbeitslosigkeit seit Mitte der 1980er Jahre zu verdanken[124]. Infolge der verbesserten Nachfragesituation auf dem jugendlichen Arbeitsmarkt konnte sich die Lage für junge Ausländer offenbar leicht entspannen. Dies gilt auch für die Lehrstellensituation: 1989 waren bereits 5,4% aller Auszubildenden Ausländer[125].

Was die Arbeitsmarktsituation von jugendlichen Ausländern bzw. von Jugendlichen mit Migrationshintergrund anbelangt, so fällt der europäische Vergleich mangels verlässlicher Zahlen sehr schwer. Diese empirischen Defizite rühren vor allem daher, dass in Staaten, in denen eine relativ liberale Einbürgerungspraxis besteht, große Teile der jungen Erwerbsbevölkerung mit Migrationshintergrund statistisch nicht spezifisch ausgewiesen werden[126]. Grundsätzlich ist aber für die 1970er und 1980er Jahre davon auszugehen, dass die eben aufgezeigten Probleme im Prinzip in anderen Staaten, soweit dort wie in Großbritannien, Frankreich und den Niederlanden größere Migrantengruppen lebten, mindestens im gleichen Maße wie in der Bundesrepublik auftraten[127].

Hierauf deutet etwa auch ein Anfang der 1990er Jahre seitens des Nürnberger Instituts für Arbeitsmarkt- und Berufsforschung unternommener Versuch, Indikatoren für die Arbeitsmarktintegration von Ausländern in Frankreich, der Bundesrepublik, den Niederlanden und Schweden zu erstellen. So lagen die von 1983 bis 1991 betrachteten Arbeitslosenquoten ausländischer Erwerbstätiger in Frankreich und der Bundesrepublik ungefähr doppelt, in den Niederlanden und Schweden sogar rund dreimal so hoch wie bei „Einheimischen"[128]. Auch bei den verglichenen Arbeitslosenquoten jugendlicher Ausländer

---

[122] BAK, B 189/22249, Protokoll der Sitzung des BJK vom 24.11.1976, beigefügte „Stellungnahme des Bundesjugendkuratoriums zur Situation ausländischer Kinder und Jugendlicher in der Bundesrepublik Deutschland", S. 4. – Zur Institution des Bundesjugendkuratoriums vgl. unten S. 67.
[123] Gerlach, Jugend ohne Arbeit und Beruf, S. 167.
[124] Im Hinblick auf die Lehrstellenlage vgl. z. B. auch ANBA 37 (1989), S. 1334: „Auch für Ausländer ist der Ausbildungsstellenmarkt wesentlich ergiebiger als in den vorangegangenen Jahren."
[125] Statistisches Bundesamt (Hrsg.), Berufliche Bildung 1989, S. 14.
[126] Vgl. auch Werner, Integration ausländischer Arbeitnehmer in den Arbeitsmarkt. Vergleich von Frankreich, Deutschland, Niederlande und Schweden, S. 349.
[127] So lag in Großbritannien das Risiko der Arbeitslosigkeit 1996 für „weiße" Jugendliche bei 7,7% – gegenüber 17,6% bei anderer ethnischer Herkunft. Vgl. Niall O'Higgins, Die Herausforderung der Jugendarbeitslosigkeit, in: Internationale Revue für Soziale Sicherheit 50 (1997), S. 67-100, hier S. 78.
[128] Werner, Integration ausländischer Arbeitnehmer in den Arbeitsmarkt. Vergleich von Frankreich, Deutschland, Niederlande und Schweden, S. 353 und 360. Bei weiteren Indikatoren (Einkommensunterschiede und Erwerbstätigkeit bzw. Arbeitslosigkeit von Frauen) zeigten sich relativ ähnliche Probleme. Vgl. ebd., S. 355–359.

unter 25, die hier vor allem nach den Erhebungen von Eurostat berechnet wurden[129], zeigten sich in allen betrachteten Staaten deutliche Unterschiede zwischen eigenen Staatsbürgern und Ausländern (vgl. Tab. 4).

Tab. 4: Arbeitslosenquoten für „einheimische" und „ausländische" Jugendliche unter 25 Jahren in der Bundesrepublik, Frankreich, den Niederlanden und Schweden, 1983 und 1989[130]

	Arbeitslose Einheimische unter 25 1983	Arbeitslose Ausländer unter 25 1983	Arbeitslose Einheimische unter 25 1990	Arbeitslose Ausländer unter 25 1990
Bundesrepublik	10,1	18,2	5,2	9,9
Frankreich	19,1	30,0	19,0	27,9
Niederlande	20,5	33,7	12,5	32,7
Schweden	Keine Angabe	Keine Angabe	2,8	5,2

Im Falle Frankreichs und der Niederlande ist zu berücksichtigen, dass als „einheimische" Jugendliche auch junge Arbeitslose mit Migrationshintergrund gelten, die im Besitz der französischen bzw. niederländischen Staatsbürgerschaft sind. Bei einer ähnlich rigiden Einbürgerungspraxis wie in der Bundesrepublik wären hier die Differenzen zwischen den Quoten einheimischer und ausländischer Jugendlicher zweifellos noch größer gewesen. Der genauere Blick nach Frankreich zeigt, dass dort die Situation für die vergleichbare Gruppe von Jugendlichen zumeist nordafrikanischer Abstammung, die in der Regel die französische Staatsangehörigkeit besaßen, noch erheblich schlechter war als für die ausländischen Jugendlichen in der Bundesrepublik. Dies gilt insbesondere für die 1980er Jahre, als in Frankreich die allgemeine Jugendarbeitslosigkeit deutlich stärker zunahm als in der Bundesrepublik. In Kapitel II.3 wird hierauf zurückzukommen sein.

e) Räumliche Differenzierung: Eine genaue Analyse der bundesdeutschen Jugendarbeitslosigkeit hat, ähnlich wie in anderen westeuropäischen Staaten, auch ihre teilweise sehr unterschiedlichen regionalen Ausprägungen zu berücksichtigen. Bereits während der ersten Welle der Jugendarbeitslosigkeit Mitte der 1970er Jahre traten starke räumliche Abweichungen auf. So waren Ende September 1974 vor allem in Arbeitsamtsbezirken des Ruhrgebiets und des Saarlandes sowie an Standorten der chemischen Industrie am Rhein überdurchschnittliche Anteile von Arbeitslosen unter 20 Jahren festzustellen. Während diese Altersgruppe zum damaligen Zeitpunkt im Bundesdurchschnitt 12,4% aller Arbeitslosen stellte, waren es in den Bezirken Duisburg und Wesel jeweils 26,3% und in den Bezirken Saarlouis und Neunkirchen 22,2% und 20,1%[131]. Diese Zahlen belegen zum einen, dass die Konjunkturkrise nach dem ersten Ölpreisschock altindustrialisierte Gebiete besonders hart traf. Zum anderen zeigen sie, dass jugendliche Erwerbstätige oftmals als Ers-

---

[129] Vgl. ebd., S. 353.
[130] Nach ebd., S. 353, Auszüge aus Tab. 4. Die Berechnungen stützen sich im Falle der Bundesrepublik, Frankreichs und der Niederlande auf Eurostat-Zahlen, im Fall Schwedens auf nationale statistische Publikationen. Vgl. ebd., S. 353, Anm. 15.
[131] Vgl. BAK, B 149/103112, Ref. IIb 4, Vermerk „Betr.: Bildungssystem und Arbeitslosigkeit Jugendlicher", 28.2.1974, S. 1 mit Übersicht 5.

te ihren Arbeitsplatz verloren. Es ist auch davon auszugehen, dass der Anteil arbeitsloser ausländischer Jugendlicher in diesen Krisenregionen in der Regel sehr hoch lag.

Aber auch in peripheren strukturschwachen Räumen, in denen nur relativ wenige Migranten lebten, herrschte in den 1970er Jahren eine überproportional starke Jugendarbeitslosigkeit, wobei innerhalb eines Bundeslandes erhebliche Unterschiede auftreten konnten. Zum Beispiel betrug Ende September 1976 der Prozentsatz von Jugendlichen unter 20 Jahren an der registrierten Arbeitslosigkeit im Großraum München weniger als 5%, in den zur DDR und Tschechoslowakei hin gelegenen grenznahen nordbayerischen Regionen gab es hingegen teilweise Anteile zwischen 15 und 20%[132].

Während der zweiten Welle der Jugendarbeitslosigkeit Mitte der 1980er Jahre bildeten sich erneut markante regionale Unterschiede aus. Beispielsweise lagen im September 1985 die Arbeitslosenquoten für Jugendliche unter 25 in den Bezirken Schleswig-Holstein/Hamburg und Bremen/Niedersachsen bei 15,0% und 15,2%, in Südbayern und Baden-Württemberg erreichten sie dagegen nur 5,4% und 5,6%[133]. Ebenso markant waren die regionalen Differenzen hinsichtlich des Lehrstellenmangels: Ende 1983 hatten in Bremen 49,1% der Bewerber keinen Ausbildungsplatz gefunden, in Ludwigsburg und in Freising, einem Zentrum der „Boomregion München", waren es dagegen nur 0,3%[134]. Bis zum Ende des Jahrzehnts blieb die Lage in Baden-Württemberg und Bayern im Durchschnitt besonders gut, in den Stadtstaaten Hamburg und Bremen besonders schlecht[135].

Allerdings kann auch für diese Phase – im Gegensatz zur generellen Arbeitslosigkeit in der Bundesrepublik – nicht pauschal von einem Nord-Süd-Gefälle der Jugendarbeitslosigkeit gesprochen werden. So waren einige periphere Regionen Süddeutschlands erneut stark betroffen: Eine bundesweite Statistik der Arbeitsamtsbezirke mit den höchsten Anteilen von Jugendlichen unter 20 Jahren an allen Arbeitslosen – ein Wert, der im Bundesdurchschnitt damals 7,4% betrug – zeigte für den Herbst 1984 mit dem oberpfälzischen Weiden (13,5%), dem niederbayerischen Deggendorf (12,8%) und dem oberfränkischen Bamberg (12,4%) drei bayerische Arbeitsamtsbezirke auf den ersten drei Plätzen[136]. Die regionalen Disparitäten im Auftreten von Jugendarbeitslosigkeit lassen sich daher während des untersuchten Zeitraums nur partiell mit der generellen Verortung in bestimmten Bundesländern korrelieren. Von maßgeblicher Bedeutung war vielmehr die kleinräumiger zu definierende regionale Wirtschaftsstruktur und -kraft.

Zusammenfassend ist am Ende dieses Kapitels festzustellen, dass Jugendarbeitslosigkeit in der Bundesrepublik Deutschland im Laufe der 1970er und 1980er Jahre sehr unterschiedliche soziale und regionale Entwicklungen genommen hat und somit ein komplexes Erscheinungsbild aufwies. Einige grundlegende Trends sind jedoch klar erkennbar: Arbeitslosigkeit war in den 1970er und 1980er Jahren vor allem ein Problem von schlecht ausgebildeten und ausländischen Jugendlichen in altindustrialisierten und peripheren

---

[132] Vgl. Bayerisches Staatsministerium für Arbeit und Sozialordnung, Entwicklung und Struktur der Jugendarbeitslosigkeit in Bayern, in: Arbeit und Soziales 31 (1976), S. 8–16, hier S. 16, Grafik 2.
[133] ANBA 33 (1985), S. 1427.
[134] PADB, Ausschuss für Arbeit und Sozialordnung, 10. WP, Protokoll der 12. Sitzung vom 7.11.1983, S. 12, Oberregierungsdirektor Wohlleben von der Bundesanstalt für Arbeit.
[135] Vgl. Berufsbildungsbericht 1990, S. 15.
[136] Martin Koller/Herbert Kridde/Günter Masopust, Zur Struktur und Entwicklung regionaler Arbeitsmärkte, in: MittAB 18 (1985), S. 63–83, hier S. 70 (Karte) und 80 (Tab. 6).

strukturschwachen Räumen. Insgesamt waren junge Frauen während des untersuchten Zeitraums – im Gegensatz zur späteren Entwicklung seit den 1990er Jahren – etwas stärker betroffen als männliche Jugendliche. Was die Altersverteilung anbelangt, so gab es von den 1970er zu den 1980er Jahren eine gewisse Verschiebung der stärker von Arbeitslosigkeit erfassten Jahrgänge von den 15- bis 19-Jährigen zu den 20- bis 24-Jährigen. Diese Verlagerung hing vor allem mit der stetig fortschreitenden Verlängerung von Schulzeiten und dem steigenden Alter des Eintritts in das Erwerbsleben zusammen. Hinzu kam der Umstand, dass die Konjunkturprobleme nach der zweiten Ölpreiskrise erneut, wie bereits während der Krise Mitte der 1970er Jahre, die geburtenstarken Jahrgänge der um 1960 Geborenen besonders hart trafen. Die meisten der eben resümierten Entwicklungen, auch dies hat die obige Skizze gezeigt, unterschieden sich nicht grundlegend von den Vorgängen im westeuropäischen Gesamttrend, auch wenn es national abweichende Strukturen und partiell auch andere Entwicklungen gab. Freilich, dies gilt es erneut zu betonen: Die quantitative Krisenausprägung der Jugendarbeitslosigkeit lag in der Bundesrepublik deutlich unter den meisten anderen westeuropäischen Staaten.

3. Ursachen für nationale Unterschiede im Ausmaß der Jugendarbeitslosigkeit: Die Bundesrepublik und Frankreich im Vergleich

Wie bereits ausgeführt, besaß die registrierte Jugendarbeitslosigkeit in Frankreich während des untersuchten Zeitraums ein weitaus größeres Ausmaß als in der Bundesrepublik. Von einer leicht höheren Basis ausgehend erfolgte in den 1970er und 1980er Jahren zunächst ein ungebremster Anstieg der Quote bis über 25%; Ende der 1980er Jahre konnte der Wert dann auf knapp 20% gesenkt werden (s. Abb. 3, oben S. 16).

Die Feststellung, dass die französische Jugendarbeitslosigkeit in den 1970er und 1980er Jahren weit über der bundesdeutschen lag, gilt auch dann noch, wenn man ein ebenfalls schon skizziertes statistisches Problem[137] berücksichtigt: Die übliche Erfassung rechnet in der Bundesrepublik Auszubildende, die im Rahmen des dualen Systems von Berufsschule und Betrieb stehen, mit zur jugendlichen Erwerbsbevölkerung, was die Bemessungsgrundlage der Arbeitslosenquote vergrößert und die Quote selbst etwas senkt. In Frankreich hingegen fand (und findet) die Berufsausbildung zum allergrößten Teil in einem rein schulischen Rahmen statt. Die Arbeitslosenquote bezieht sich daher auf eine tendenziell geringere Gesamtzahl an jugendlichen Erwerbspersonen und fällt allein dadurch höher aus. Freilich hält sich die Verzerrung, die durch diese im jeweiligen Ausbildungssystem begründeten Abweichungen der statistischen Berechnung verursacht wird, in relativ engen Grenzen.

Neben der hohen Arbeitslosenquote bildet die – auch im europäischen Vergleich – extrem niedrige jugendliche Erwerbsquote ein weiteres Indiz für die schlechte Arbeitsmarktlage von Jugendlichen in Frankreich seit Mitte der 1970er Jahre. 1990 lag dieser Wert bei den 15- bis 24-Jährigen nur noch bei 36%. Noch deutlich niedriger war die Erwerbsquote in der jüngeren Teilgruppe der 15- bis 19-Jährigen: Hier wurden bei den männlichen 15% und bei den weiblichen Jugendlichen 9% erreicht[138].

---

[137] Vgl. oben S. 17.
[138] Vgl. oben S. 25, Anm. 62.

II. Entwicklungen der Jugendarbeitslosigkeit

In diesen Werten spiegeln sich zunächst die schulischen Grundstrukturen der französischen Berufsbildung. Hinzu kamen der weitere Ausbau schulischer Angebote als Maßnahme gegen die Jugendarbeitslosigkeit sowie eine bewusste Verzögerung des Eintritts in das Erwerbsleben durch Jugendliche, die von Arbeitslosigkeit bedroht waren[139]. Die Verlängerung der in Bildungseinrichtungen verbrachten Jugendzeit hat generell eine ambivalente Wirkung auf die jugendliche Arbeitslosenquote: Einerseits kann sie zur Vermeidung von Arbeitslosigkeit und damit zur Verringerung der Quote beitragen, andererseits senkt sie die Bezugsgröße der jugendlichen Erwerbsbevölkerung, was wiederum eine Erhöhung der Arbeitslosenquote nach sich zieht. Paradoxerweise konnte so in Frankreich, wie Gautié exemplarisch gezeigt hat, der Fall eintreten, dass von 1982 bis 1992 die absolute Zahl der jugendlichen Arbeitslosen im Jahresdurchschnitt von rund 700 000 auf 580 000 sank und die Quote gleichzeitig von 18,9% auf 20,9% anstieg[140].

Wegen seiner insgesamt stark von der Bundesrepublik abweichenden Entwicklung der Jugendarbeitslosigkeit – trotz relativ ähnlicher Dimensionen der Arbeitslosigkeit in der gesamten Erwerbsbevölkerung – ist Frankreich besonders gut geeignet, um als kontrastiver Vergleichsfall für Überlegungen zu den Ursachen der unterschiedlichen Größenordnungen von Jugendarbeitslosigkeit zu dienen[141]. Auf diese Weise kommen nicht allein spezifische Ursachenfelder der Jugendarbeitslosigkeit ins Blickfeld, sondern auch Faktoren ihrer Vermeidung bzw. Reduzierung. Jeder Versuch, Kausalitäten zu benennen, muss allerdings von der grundlegenden Einsicht ausgehen, dass es sich um ein extrem komplexes Erklärungsfeld handelt. Auf dem jugendlichen Arbeitsmarkt unterschiedlicher Staaten ist jeweils eine Vielzahl von Einflüssen unter oft nur schwer vergleichbaren Rahmenbedingungen wirksam, die teilweise tief in den jeweiligen wirtschaftlichen, gesellschaftlichen und kulturellen Strukturen verankert sind. Für unsere Darlegungen bedeutet dies, dass kaum mehr als eine thesenhafte Annäherung an eine Ursachenerklärung möglich ist.

Die Schwierigkeiten einer kausalen Analyse von Arbeitslosigkeit konnten bislang auch durch eine intensive arbeitsmarktpolitische und wirtschaftswissenschaftliche Forschung nicht beseitigt werden. Hier liegt einer der Erklärungsgründe dafür, dass wechselseitiges arbeitsmarktpolitisches „Lernen" unter den westeuropäischen Staaten wohl nur in sehr begrenztem Maße erfolgreich war und ist. Trotz vielfacher Bemühungen blieben die Dimensionen der Jugendarbeitslosigkeit in vielen Staaten seit den 1980er Jahren relativ stabil. Für den französischen Fall zeigt sich dies darin, dass die Quote der Jugendarbeitslosigkeit seit den 1970 Jahren trotz mancher Schwankungen eine letztlich steigende Gesamttendenz aufweist und inzwischen relativ dauerhaft über 20% liegt[142].

---

[139] In diesem Sinne vgl. auch Patrick Werquin, Frankreich, in: Ingo Richter/Sabine Sardei-Biermann (Hrsg.), Jugendarbeitslosigkeit. Ausbildungs- und Beschäftigungsprogramme in Europa, Opladen 2000, S. 27–56, hier S. 30f.

[140] Jérôme Gautié, Le chômage des jeunes en France, un problème de formation?, in: Futuribles 186 (1994), S. 3–23, hier S. 6.

[141] Eine wichtige Grundlage hierfür bietet der bereits zitierte gemeinsame Aufsatz eines französischen und zweier deutscher Arbeitsmarktexperten, der sich allerdings nur auf die 1980er Jahre bezieht: Benoit-Guilbot/Rudoph/Scheuer, Le chômage des jeunes. Eine mit Bezug auf die Bundesrepublik vergleichende Komponente besitzen auch die Überlegungen von Gautié, Le chômage des jeunes. Vgl. auch eine erste kurze Skizze des Verfassers in: Raithel, Jugendarbeitslosigkeit, S. 69–72.

[142] Saisonbereinigter Stand im Dezember 2011: 23,8%. Siehe eurostat pressemitteilung euroindikatoren 16/2012, http://epp.eurostat.ec.europa.eu/cache/ITY_PUBLIC/3-31012012-AP/DE/3-31012012-AP-DE.PDF [letzter Zugriff: 7.2.2012].

Im Folgenden werden vor allem die Unterschiede zwischen der bundesdeutschen und der französischen Entwicklung behandelt. Dies heißt freilich nicht, dass es keine Ähnlichkeiten gäbe – andernfalls wäre ein Vergleich zwischen beiden Staaten auch kaum sinnvoll. Die Analogien liegen vor allem darin begründet, dass in der Bundesrepublik Deutschland und in Frankreich während des untersuchten Zeitraums jeweils moderne Industrie- und Dienstleistungsgesellschaften existierten, die unter dem wachsenden Einfluss globaler Wandlungen standen. Die transnationale Dimension der Arbeitslosigkeit bzw. der Jugendarbeitslosigkeit zeigte sich in der Abhängigkeit von weltwirtschaftlichen Konjunkturschwankungen, aber auch in analogen Problemen des fortwährend notwendigen ökonomischen Strukturwandels, um den Anforderungen der Technologisierung und der sich beschleunigenden internationalen Verflechtung Genüge leisten zu können. Für den Übergang von Jugendlichen in den Arbeitsmarkt stellten sich somit zunehmende Herausforderungen hinsichtlich des Ausbildungsniveaus und der – vor allem von „jüngeren" Jugendlichen mit starker sozialer Bindung an den Heimatort oft nur schwer zu erfüllenden – räumlichen Mobilität. Aber auch die Bereitschaft von Unternehmen, jugendlichen Einsteigern in das Erwerbsleben das nötige Vertrauen entgegenzubringen, wurde nun einem erhöhten Druck ausgesetzt.

Die bundesdeutsche und französische Jugendarbeitslosigkeit war während des untersuchten Zeitraums in hohem Maße abhängig von der gesamtwirtschaftlichen Entwicklung und der damit einhergehenden Gesamtnachfrage nach Arbeitskräften[143]. Da diese Prozesse aber in beiden Staaten durchaus ähnlich verliefen, können sie für die erheblichen Differenzen im Ausmaß der Jugendarbeitslosigkeit kaum verantwortlich gemacht werden[144]. Bei einer Betrachtung der jährlichen Steigerungsraten des Bruttoinlandsprodukts (BIP) zeigt sich, dass die Konjunkturkrise Mitte der 1970er Jahre in der Bundesrepublik stärker zur Geltung kam als in Frankreich. Das bundesdeutsche BIP sank 1975 um 1,8%, das französische lediglich um 0,4%. Allerdings erholte sich die bundesdeutsche Wirtschaft etwas schneller als die französische. Das bundesdeutsche BIP betrug im Zeitraum von 1976 bis 1979 im Durchschnitt 4%, das französische 3,5%[145]. Während der 1980er Jahre lag das Wachstum des BIP dann in Frankreich mit Steigerungsraten von durchschnittlich 2,5% leicht über dem bundesdeutschen Wert von 2,1%[146].

Einen gewissen Einfluss auf die stärkeren Schwankungen der jugendlichen und allgemeinen Arbeitslosenkurven (s. Abb. 1 und 2) besaß wohl auch die größere Konjunkturabhängigkeit der stark exportorientierten bundesdeutschen Wirtschaft. Insgesamt ist jedoch festzustellen, dass die eklatanten bundesdeutsch-französischen Abweichungen bei der Entwicklung der Jugendarbeitslosigkeit kaum konjunkturelle Ursachen hatten. Zumindest in den 1980er Jahren scheint sich dagegen in Frankreich das raschere Ansteigen der volkswirtschaftlichen Produktivität – und damit der verringerte Bedarf an Arbeitskräften – als

---

[143] Die Gesamtnachfrage als wichtigste Determinante für die Entwicklung der Jugendarbeitslosigkeit betont mit weltweiter Perspektive nachdrücklich O'Higgins, Youth Unemployment and Employment Policy, S. 40–42 und 50–52; ders., Die Herausforderung der Jugendarbeitslosigkeit, S. 73f. und 77.
[144] In diesem Sinne vgl. auch Benoit-Guilbot/Rudoph/Scheuer, Le chômage des jeunes, S. 48, mit Blick auf die Differenzen der Jugendarbeitslosigkeit während der 1980er Jahre: „Les performances économiques des deux pays étant plutôt comparables, il faut chercher ailleurs l'explication de cet écart."
[145] Berechnet nach: Yearbook of National Account Statistics 1981, Volume II: International Tables, hrsg. von United Nations, New York 1983, S. 308f.
[146] Ebd.

ungünstig für die personelle Aufnahmefähigkeit des Arbeitsmarktes erwiesen zu haben[147].

Der folgende Versuch, Erklärungsfaktoren für die Unterschiede im Ausmaß der bundesdeutschen und der französischen Jugendarbeitslosigkeit zu benennen, konzentriert sich auf fünf strukturelle Ursachenfelder, die außerhalb der ökonomischen Entwicklungen liegen:
a) der demographische Faktor,
b) die Integrationsprobleme von Bevölkerungsgruppen mit „Migrationshintergrund",
c) arbeitsrechtliche Strukturen (Löhne, Kündigungsschutz, Ausscheiden älterer Arbeitnehmer aus dem Erwerbsleben),
d) Strukturen der Berufsbildung und der Eingliederung („insertion") von Jugendlichen in das Erwerbsleben sowie
e) die generelle gesellschaftliche Bedeutung von Jugend.

a) *Der demographische Faktor:* Inwieweit, so unsere grundlegende Frage, spielte die unterschiedliche Stärke von jugendlichen Alterskohorten[148] eine Rolle für das jeweilige Ausmaß der bundesdeutschen und französischen Jugendarbeitslosigkeit in den 1970er und 1980er Jahren?

Generell ist zunächst festzustellen, dass in beiden Staaten die Folgen eines Baby-Booms erhebliche demographische Bedeutung erlangten. Wie erwähnt, waren im Westen Deutschlands von Ende der 1950er bis zum vermeintlichen „Pillenknick" Mitte der 1960er Jahre überdurchschnittlich hohe Geburtenraten zu verzeichnen gewesen (vgl. Abb. 3 sowie die Bevölkerungspyramide aus dem Jahr 1989 in Abb. 7). Die bundesdeutsche Generation der „Baby-Boomer"[149] trat seit der ersten Hälfte der 1970er Jahre in die jugendliche Lebensphase ein, so dass es für einige Zeit einen relativ plötzlichen Zuwachs an jugendlicher Bevölkerung und somit auch eine verstärkte Nachfrage nach Lehrstellen und Arbeitsplätzen gab. Legt man die arbeitsmarktstatistisch übliche Abgrenzung (15 bis 24 Jahre) zugrunde, lebten in der Bundesrepublik 1970 rund 8 Millionen Jugendliche[150] und 1980 etwa 9,9 Millionen[151]. Diesem Plus von knapp zwei Millionen innerhalb eines Jahrzehnts stand ein nur halb so großes Wachstum der Gesamtbevölkerung gegenüber, die sich von 60,6 auf 61,6 Millionen erhöhte[152]. Die bundesdeutsche Gesellschaft wurde demnach von der Alterszusammensetzung her in den 1970er Jahren deutlich jugendlicher.

---

[147] In diesem Sinne vgl. Benoit-Guilbot/Rudoph/Scheuer, Le chômage des jeunes, S. 49.
[148] Allgemein zur demographischen Entwicklung vgl. Daniel Noin/Yvan Chauviré, La population de la France, Paris ⁷2004, S. 8–10 und 111–120; Josef Ehmer, Bevölkerungsgeschichte und historische Demographie 1800–2000, München 2004, S. 16–18. – Zur grundsätzlichen Bedeutung dieser Determinante vgl. auch Benoit-Guilbot/Rudoph/Scheuer, Le chômage des jeunes, S. 48; O'Higgins, Youth Unemployment and Employment Policy, S. 42; ders., Die Herausforderung der Jugendarbeitslosigkeit, S. 76f.
[149] Begriff nach Jean-François Sirinelli, Les baby-boomers. Une génération, 1945–1969, Paris 2003.
[150] Es handelt sich hierbei um einen interpolierten Wert aus den Angaben zu 1969 und 1971. Für 1970 liegen im Statistischen Jahrbuch keine Zahlen für die Altersgruppe der 20- bis 24-Jährigen vor. Vgl. Statistisches Jahrbuch 1971, S. 35; Statistisches Jahrbuch 1973, S. 45.
[151] Berechnet nach: Statistisches Jahrbuch 1982, S. 59.
[152] Statistisches Jahrbuch 1972, S. 25; Statistisches Jahrbuch 1982, S. 59.

3. Ursachen für nationale Unterschiede im Ausmaß der Jugendarbeitslosigkeit **45**

Abb. 7: Alterspyramide Frankreich – Bundesrepublik zum 1. Januar 1990[153]

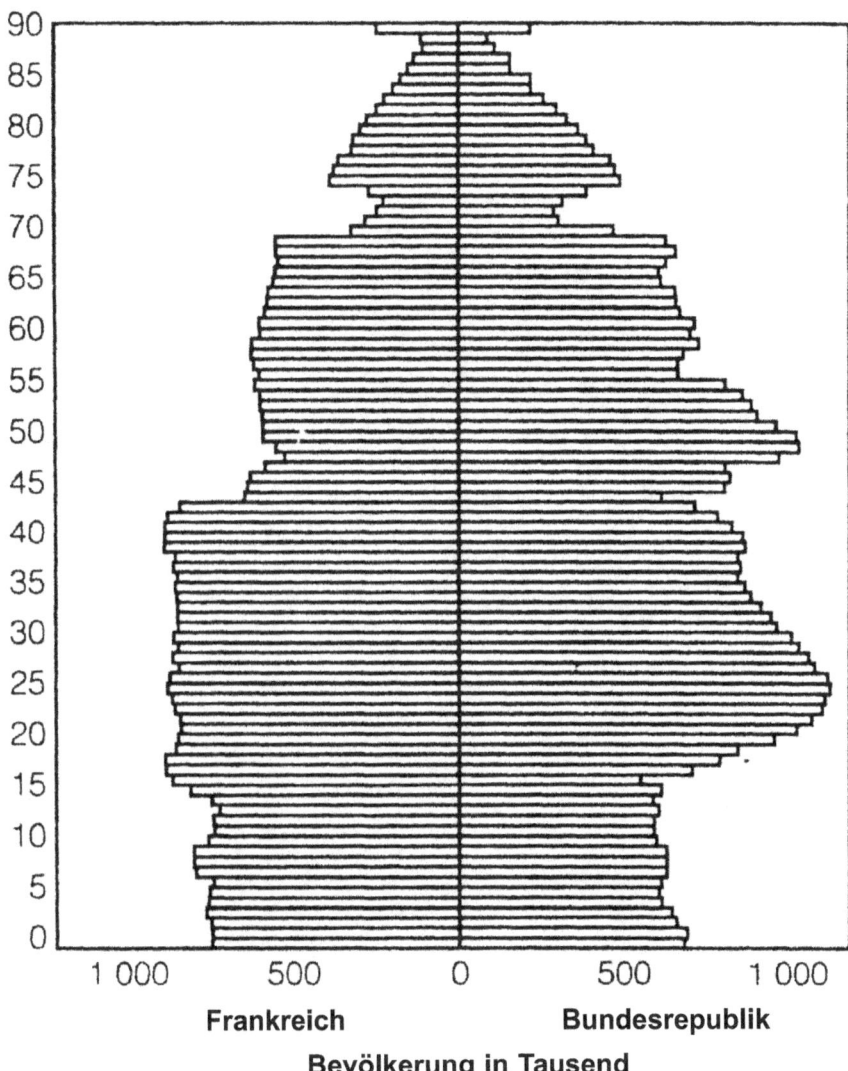

[153] Der graphische Kern stammt aus: Benoit-Guilbot/Rudoph/Scheuer, Le chômage des jeunes, S. 49. Hinweis: Bei der Bewertung des jeweiligen „Baby-Booms" ist die höhere Bevölkerungszahl der Bundesrepublik (1975: rund 62 Millionen) gegenüber Frankreich (rund 52 Millionen) zu berücksichtigen. Die graphische Darstellung der bundesdeutschen Spitze um 1960 fällt daher deutlicher aus als die lange französische Hochphase.

II. Entwicklungen der Jugendarbeitslosigkeit

Abb. 8.: Geburtenraten in der Bundesrepublik, 1950–1975[154]

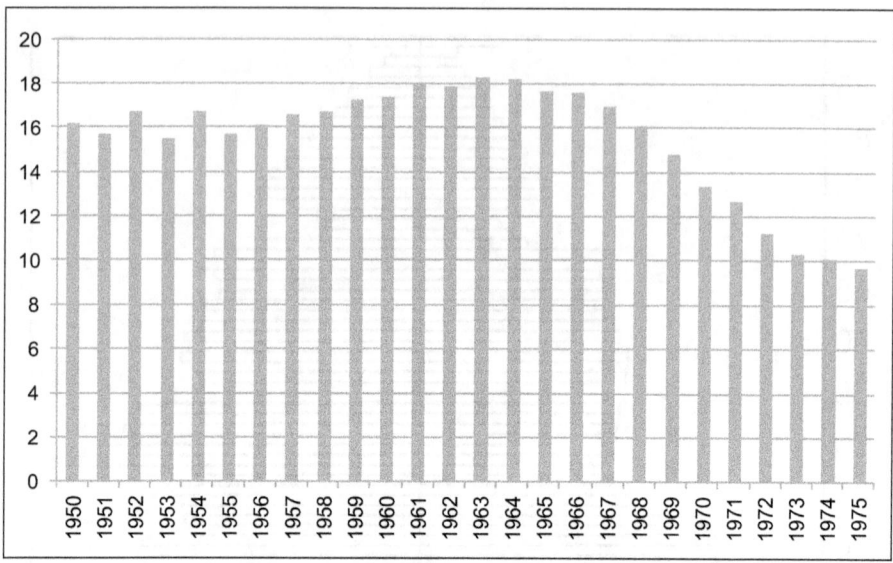

Abb. 9: Geburtenraten in Frankreich, 1950–1975[155]

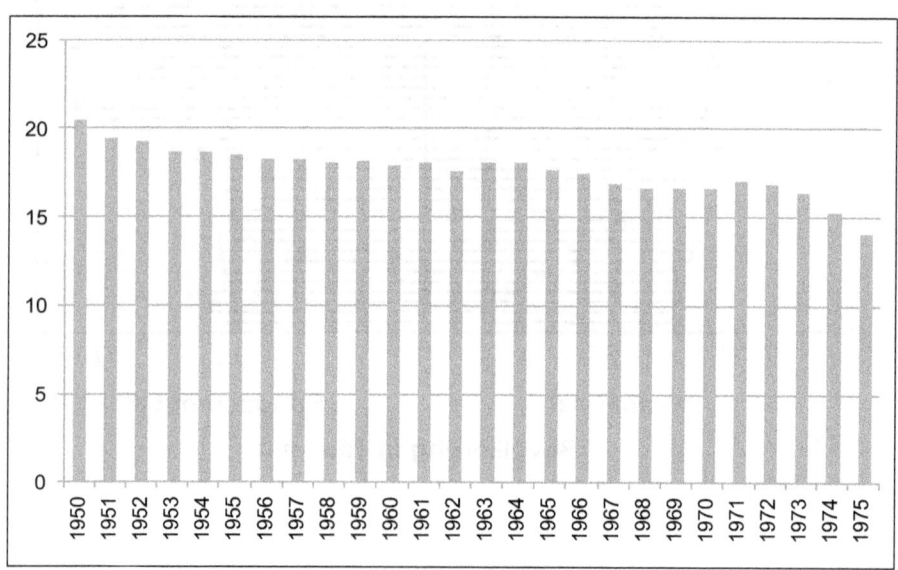

[154] Nach: Statistisches Jahrbuch 1970, S. 45; Statistisches Jahrbuch 1976, S. 67. Die Geburtenrate bezeichnet Lebendgeborene auf 1 000 Einwohner.

[155] Nach: Annuaire statistique 1964, S. 35; Annuaire statistique 1965, S. 42; Annuaire statistique 1966, S. 73; Annuaire statistique 1967, S. 47; Annuaire statistique 1970/71, S. 33; Annuaire statistique 1980, S. 45.

Im Laufe der ersten Hälfte der 1980er Jahre endete der Eintritt der geburtenstarken Jahrgänge in das Jugendalter, und die Gesamtzahl der in der Bundesrepublik lebenden Jugendlichen, die 1982 und 1983 einen zwischenzeitlichen Höchststand von 10,3 Millionen erreichte[156], nahm wieder ab. 1990 waren es im Westen Deutschlands noch 8,7 Millionen[157]. Die Entspannung auf dem bundesdeutschen Lehrstellenmarkt Ende der 1980er Jahre und der gleichzeitige Rückgang der Jugendarbeitslosigkeit hängen ganz wesentlich mit diesen demographischen Entwicklungen zusammen.

Deutlich anders verlief die Entwicklung in Frankreich. Hier setzte – wie die bundesdeutsch-französische Bevölkerungspyramide und die Kurve der Geburtenrate illustrieren (Abb. 7 und 9) – der Baby-Boom bereits unmittelbar nach dem Zweiten Weltkrieg ein, und er dauerte, ohne dass ein signifikanter „Pillenknick" aufgetreten wäre, bis in die erste Hälfte der 1970er Jahre an. Die Geburtenraten lagen dabei bis 1960 und dann wieder ab Ende der 1960er Jahre teils deutlich über den westdeutschen Werten. Geburtenstarke Jahrgänge traten in Frankreich von Anfang der 1960er bis Ende der 1980er Jahre in das Erwerbsleben ein, d. h. im Gegensatz zur Bundesrepublik fast über den gesamten untersuchten Zeitraum hinweg. Nur phasenweise – Ende der 1970er und Anfang der 1980er Jahre – waren die in das erwerbsfähige Alter kommenden Geburtsjahrgänge (1962-1967) in der Bundesrepublik minimal stärker als in Frankreich.

Relativ zur Gesamtbevölkerung gab es daher in Frankreich während des größten Teils der 1970er und 1980er Jahre eine erheblich höhere Zahl von Jugendlichen, die in das erwerbsfähige Alter kamen. So lag 1975 der Anteil der 15- bis 24-Jährigen in Frankreich bei 16,1 % der Gesamtbevölkerung, während er in der Bundesrepublik nur 13,8 % ausmachte[158]. Zur Konkretisierung: 1 % Bevölkerungsanteil bedeutete für den Westen Deutschlands mit seinen rund 62 Millionen Einwohnern (1975) eine absolute Zahl von rund 620 000 Jugendlichen, in Frankreich, das rund 52 Millionen Einwohner aufwies, einen Wert von 520 000. Erst Ende der 1980er Jahre war der entsprechende jugendliche Bevölkerungsanteil in Frankreich und der Bundesrepublik vorübergehend etwa gleichauf bei 15 %[159].

Ohne den demographischen Faktor überbewerten zu wollen: Die deutlichen Unterschiede im Ausmaß des etwa auf ein Jahrzehnt beschränkten bundesdeutschen und des über die „Trente glorieuses"[160] gestreckten französischen Baby-Booms der Nachkriegsjahrzehnte bilden zweifellos einen wichtigen Erklärungsfaktor für die abweichenden Entwicklungen der Jugendarbeitslosigkeit in beiden Staaten. Dies gilt insbesondere für das schon Anfang der 1970er Jahre erreichte höhere Niveau in Frankreich sowie für die markante Abweichung Mitte der 1980er Jahre (1983–1985), als die Kurve der bundesdeutschen Jugendarbeitslosigkeit auch wegen des Eintritts geburtenschwächerer Jahrgänge in das Erwerbsleben deutlich fiel, während in Frankreich die jugendliche Arbeitslosenquote weiter anwuchs (vgl. Abb. 1 und 2).

---

[156] Berechnet nach: Statistisches Jahrbuch 1984, S. 61; Statistisches Jahrbuch 1985, S. 61.
[157] Berechnet nach: Statistisches Jahrbuch 1992, S. 64.
[158] Berechnet nach: Demographic Yearbook – Annuaire démographique, hrsg. von United Nations, 27 (1975), New York 1976, S. 212.
[159] Berechnet nach: Demographic Yearbook – Annuaire démographique, hrsg. von United Nations, 42 (1990), New York 1992, S. 214. Danach fiel der Anteil in beiden Staaten ab, in Deutschland jedoch stärker als in Frankreich. Im Jahr 2001 lag er bei 13 bzw. 11 %. Berechnet nach: Demographic Yearbook – Annuaire démographique, hrsg. von United Nations, 53 (2001), New York 2003, S. 189f.
[160] Der inzwischen geläufige Begriff geht zurück auf Jean Fourastié, Les Trente glorieuses ou la Révolution invisible de 1946 à 1975, Paris 1979.

b) Integrationsprobleme von Bevölkerungsgruppen mit „Migrationshintergrund": Ein relativ hoher Anteil der in den 1970er und 1980er Jahren mit Arbeitslosigkeit konfrontierten Jugendlichen stammte aus Familien, die im Zuge von Migrationsprozessen in die Bundesrepublik und nach Frankreich gekommen waren. Die jeweiligen Schwierigkeiten bei der gesellschaftlichen Integration von Migranten bilden daher ein zweites wichtiges Erklärungsfeld für die abweichenden Entwicklungen der Jugendarbeitslosigkeit in der Bundesrepublik und in Frankreich. Allerdings ist festzustellen, dass es diesbezüglich erhebliche Defizite bei der empirischen Erfassung sowie eine auffallende Vernachlässigung durch die Arbeitsmarktforschung gibt[161].

In der Bundesrepublik erreichte die Arbeitslosigkeit unter jungen Ausländern und insbesondere unter Türken in den 1970er und 1980er Jahren ein deutlich höheres Maß als unter deutschen Staatsbürgern. Partiell vorliegende Zahlen und seriöse Schätzungen lassen, wie bereits ausgeführt, auf eine mindestens doppelt so hohe Arbeitslosenquote schließen[162]. Trotz dieser beachtlichen Größenordnung lagen die Dimensionen der jugendlichen Arbeitslosigkeit von Ausländern aber wohl spätestens seit den 1980er Jahren unter den analogen französischen Problemen[163].

Da in Frankreich beim Einbürgerungsrecht traditionell das „ius soli" ein starkes Gewicht besitzt – das heißt unter anderem, dass in Frankreich geborene Kinder in der Regel auch die französische Staatsbürgerschaft erhielten[164] – und da es zudem bereits in den 1980er Jahren eine große Gruppe von illegal in Frankreich lebenden Ausländern gab[165], würde hier die Erfassung oder Schätzung der Arbeitslosenquoten (registrierter) jugendlicher Ausländer methodisch in die Irre führen. Vergleichbar mit der bundesdeutschen Quote junger ausländischer Arbeitsloser wäre in Frankreich vielmehr die Arbeitslosenquote von allen jungen Menschen mit Migrationshintergrund. Verlässliche Zahlen liegen hierzu freilich nicht vor, und auch in der Literatur zum Thema Jugendarbeitslosigkeit in Frankreich fehlt es weitgehend an konkreten Einschätzungen. Eine wesentliche Rolle für die französische Problemwahrnehmung spielt zweifellos das republikanische Prinzip und Postulat der „égalité", das lange Zeit einer Differenzierung französischer Staatsangehöriger nach ethnischen Kriterien im Wege stand – und so gleichzeitig auch einen wesentlichen Faktor in der Kausalanalyse französischer Jugendarbeitslosigkeit ausblendete[166]. Dass

---

[161] Erstaunlicherweise fehlt dieser Erklärungsansatz auch in der Analyse von Benoit-Guilbot/Rudoph/Scheuer, Le chômage des jeunes. Bei Gautié, Le chômage des jeunes, ist er allenfalls angedeutet.
[162] Vgl. oben S. 36f. – Generell zur Thematik vgl. Gravalas/Braun, Die beruflichen und sozialen Chancen ausländischer Jugendlicher; Christoph Albrecht, Ausländische Jugendliche. Randgruppe des Arbeitsmarktes, Berlin 1983.
[163] Vgl. auch Klaus Manfrass, Türken in der Bundesrepublik, Nordafrikaner in Frankreich. Ausländerproblematik im deutsch-französischen Vergleich, Bonn/Berlin 1991, insbesondere S. 62-67.
[164] Zu den Bestimmungen während des untersuchten Zeitraums vgl. Catherine Wihtol de Wenden, Frankreich, in: Hubert Heinelt (Hrsg.), Zuwanderungspolitik in Europa. Nationale Politiken – Gemeinsamkeiten und Unterschiede, Opladen 1994, S. 255-271, hier S. 258f.
[165] Werner, Integration ausländischer Arbeitnehmer in den Arbeitsmarkt – Deutschland, Frankreich, Niederlande, Schweden, S. 23, Anm. 46, geht für Anfang der 1990er Jahre von „einige[n] Hunderttausend" aus.
[166] Seit einiger Zeit gibt es Ansätze einer differenzierteren Wahrnehmung. So analysieren etwa Silberman und Fournier mit Blick auf die späten 1980er und frühen 1990er Jahre eine komplexe Benachteiligung von „Migrantenkindern" nordafrikanischer Herkunft auf dem Arbeitsmarkt, die im Gegensatz steht zu den besseren Chancen von Kindern portugiesischer Einwanderer: Roxane Silberman/Irène Fournier, Les enfants d'immigrés sur le marché du travail. Les mécanismes d'une discrimination sélective, in: Formation emploi 65 (1999), S. 31-55.

diese bereits in den 1970er und 1980er Jahre vor allem innerhalb der Bevölkerung mit afrikanischen bzw. arabischen Wurzeln sehr hoch lag, scheint aber unbestritten.

Verschärft und verfestigt wurde das Problem in Frankreich vor allem durch die Gettobildung nordafrikanischer Einwanderer in den Vororten („banlieues") der großen Städte. Damit verbunden war eine soziokulturelle und ethnische Segregation urbaner Bevölkerung. In der Bundesrepublik erreichten analoge Vorgänge keine auch nur annähernd ähnliche Dimension. Es blieb hier bei gewissen Tendenzen zur Konzentration ausländischer, d. h. meist türkischstämmiger Bevölkerung in den Innenstädten[167]

In Frankreich waren seit den späten 1960er Jahren am Rande der Ballungsräume zahlreiche Großsiedlungen („grandes ensembles") als Wohngebiete für die Mittelschichten oder auch für die aus dem unabhängig gewordenen Algerien zurückkehrenden „pieds noirs" errichtet worden. Infolge der oftmals schlechten baulichen Qualität und einer unzureichenden Infrastruktur wandelten sich diese Siedlungen häufig in soziale Problemzonen, in der sich eine arabisch- bzw. afrikanischstämmige Bevölkerung konzentrierte[168]. Der Begriff „banlieue" entwickelte sich so zu einem „Synonym für den sozialen Niedergang in Stadtquartieren insgesamt"[169].

Akut wurde diese Problematik seit Ende der 1970er Jahre. Die ersten großen, von den „jeunes de la cité" getragenen und in der französischen Öffentlichkeit stark beachteten Krawalle („émeutes") fanden 1981 in der Siedlung „Les Minguettes" in der Banlieue von Lyon statt. Obgleich in den 1980er Jahren weitere größere Unruhen, auch infolge der sozial- und jugendpolitischen Anstrengungen der seit 1981 amtierenden Regierung von Sozialisten und Kommunisten, vorübergehend vermieden werden konnten[170], blieben die sozialen Folgen der räumlichen Problemkonzentration bestehen. Für zahlreiche Jugendliche brachte die Gettobildung in einem problembelasteten Umfeld eine extrem schlechte Ausgangsposition auf dem Arbeitsmarkt mit sich. Unzureichende Bildung, Aussehen und nicht zuletzt auch die bloße Adresse führten zu einer anhaltenden Stigmatisierung der „jeunes en difficulté"[171].

Das konkrete Ausmaß der Arbeitslosigkeit in den Banlieues ist für die 1970er und 1980er Jahre mangels genauerer Erhebungen kaum auszumachen. Gegenwärtige Schätzungen gehen für die rund 750 „zones urbaines sensibles", wie sie seit 1996 von der französischen Administration definiert wurden, von einer Jugendarbeitslosigkeit aus, die mit

---

[167] Vgl. Dietrich Thränhardt, Die Lebenslage der ausländischen Bevölkerung in der Bundesrepublik Deutschland, in: Aus Politik und Zeitgeschichte 35 (1995), S. 3–13.
[168] Wolfgang Neumann, Banlieue. Krise und Reformfähigkeit eines Integrationsmodells, in: Joachim Schild/Henrik Uterwedde (Hrsg.), Die verunsicherte Französische Republik. Wandel der Strukturen, der Politik – und der Leitbilder?, Baden-Baden 2009, S. 139–162, hier S. 139f.; Christian Bachmann/Nicole Le Guennec, Violences urbaines. Ascension et chute des classes moyennes à travers cinquante ans de politique de ville, Paris 1996, S. 326–332.
[169] Neumann, Banlieue, S. 139.
[170] Der nächste große Ausbruch von Jugendkrawallen fand 1990 in Vaux-en-Velin erneut in der „banlieue" von Lyon statt. Vgl. ebd.
[171] Angedeutet auch in Werner, Integration ausländischer Arbeitnehmer in den Arbeitsmarkt – Deutschland, Frankreich, Niederlande, Schweden, S. 29f. Zu der Anfang der 1980er Jahre entstandenen Kategorie „jeunes en difficulté" und ihrer Problematik vgl. Elisabeth Maurel, Les politiques de la jeunesse à l'épreuve de la question sociale, in: Cécile Baron/Elisabeth Dugué/Patrick Nivolle (Hrsg.), La place des jeunes dans la cité, Bd. I: De l'école à l'emploi, Paris 2005, S. 17–27. – Generell zum (erneuten) Scheitern des Modells der „republikanischen" Integration vgl. Ivan Jablonka, Les enfants de la République. L'intégration des jeunes de 1789 à nos jours, Paris 2010.

über 40% etwa doppelt so hoch liegt wie der französische Durchschnitt[172]. Berücksichtigt man, dass in den „sensiblen städtischen Zonen" nicht nur Jugendliche mit Migrationshintergrund leben, dann lässt dies für Jugendliche, die aus Migrantenfamilien stammen, auf eine noch höhere Arbeitslosenquote schließen.

Zusammenfassend ist festzuhalten, dass die in den 1970er und 1980er Jahren deutlicher werdenden Probleme der Integration von Migranten in beiden Staaten einen Faktor in der zunehmenden Ausbildung von Jugendarbeitslosigkeit darstellten. Trotz einer unzureichenden empirischen Basis deutet aber alles darauf hin, dass die Auswirkungen in Frankreich erheblich schwerwiegender waren.

c) Arbeitsrechtliche Strukturen: Ein weiteres mögliches Ursachenfeld für die abweichende Entwicklung der deutschen und französischen Jugendarbeitslosigkeit bilden Differenzen in den arbeitsrechtlichen Strukturen beider Länder. Dabei muss zwischen verschiedenen Faktoren unterschieden werden:

Gemäß der neoklassischen Wirtschaftstheorie sind die Lohnkosten eine wichtige Determinante für das Ausmaß von Arbeitslosigkeit[173]. Naheliegend ist daher zunächst die Frage, ob und inwieweit jugendliche Arbeitnehmer in Frankreich dem Arbeitgeber während des untersuchten Zeitraums deutlich höhere Kosten verursachten als in der Bundesrepublik und so möglicherweise ein Hindernis für die Einstellung von Jugendlichen darstellten.

Verschiedene empirische Analysen deuten allerdings darauf hin, dass dies nicht der Fall war[174]. So hat ein 1986 publizierter deutsch-französischer Lohnvergleich festgestellt, dass die Relation der Gehälter bei jugendlichen Arbeitnehmern auf der einen Seite und bei über 24-jährigen auf der anderen in der bundesdeutschen und französischen Industrie sehr ähnliche Werte besaß[175]. Auch die Existenz eines Mindestlohns in Frankreich (SMIC: „Salaire Minimum Interprofessionell de Croissance"), der ab dem 18. Lebensjahr unverändert ist, scheint auf die Dauer keine signifikante Erhöhung der von Jugendlichen verursachten Arbeitskosten bewirkt zu haben. Denn gleichzeitig wirkten staatliche Zuschüsse für Unternehmen, die Jugendliche einstellten, entlastend[176].

Die These, dass die in der Bundesrepublik weitaus stärkere Verbreitung der betrieblichen Lehre und die zunächst relativ geringe Entlohnung der Lehrlinge einen im Ver-

---

[172] Nach Observatoire national des zones urbaines sensibles, Rapport 2011, S. 188f., http://www.ladocumentationfrancaise.fr/var/storage/rapports-publics//114000646/0000.pdf [letzter Zugriff: 13. 2. 2012], betrug die Arbeitslosigkeit in den „zones urbaines sensibles" in der Altersklasse der 15- bis 24-Jährigen 2010 im Jahresschnitt 41,7%, während es in benachbarten urbanen Räumen 23,2% waren.
[173] Vgl. z. B. Gebhard Flaig/Horst Rottmann, Arbeitsmarktinstitutionen und die langfristige Entwicklung der Arbeitslosigkeit. Empirische Ergebnisse für 19 OECD-Staaten, in: Thomas Raithel/Thomas Schlemmer (Hrsg.), Die Rückkehr der Arbeitslosigkeit. Die Bundesrepublik Deutschland im europäischen Kontext 1973 bis 1989, München 2009, S. 37–53, hier S. 38–40.
[174] Die Darstellung folgt hier im Wesentlichen Benoit-Guilbot/Rudoph/Scheuer, Le chômage des jeunes, S. 49f.; skeptisch gegenüber diesem Erklärungsansatz sind z. B. auch Harten, Jugendarbeitslosigkeit in der EG, S. 13–15, sowie O'Higgins, Die Herausforderung der Jugendarbeitslosigkeit, S. 74–76.
[175] Vgl. Daniel Depardieu/Jean-François Payen, Disparités de salaires dans l'industrie en France et en Allemagne: des ressemblances frappantes, in: Economie et Statistique 188 (1986), S. 23–34, hier S. 27f.
[176] So Mitte der 1980er Jahre die Argumentation von Benoit-Guilbot/Rudoph/Scheuer, Le chômage des jeunes, S. 49f.

gleich zu Frankreich günstigen Kostenfaktor darstellten, besitzt ebenfalls wenig Überzeugungskraft. Zu berücksichtigen ist hier, dass die „Bruttokosten" der Lehrlingsausbildung deutlich höher liegen als die reinen Lohnkosten[177]. Die von jugendlichen Erwerbstätigen verursachten Arbeitskosten hatten daher in den 1970er und 1980er Jahren, so lassen sich die eben skizzierten Überlegungen resümieren, wohl keinen relevanten Einfluss auf die Abweichungen der jugendlichen Arbeitslosigkeit in beiden Staaten[178].

Generell gilt in der gegenwärtigen volkswirtschaftlichen Diskussion auch das System des Kündigungsschutzes als eine der „Institutionen" des Arbeitsmarktes, die eine nachweisbare Wirkung auf die Ausprägung der (allgemeinen) Arbeitslosenquote besitzen[179]. Allerdings wird ein negativer Effekt rigider Bestimmungen des Kündigungsschutzes vor allem im Hinblick auf ältere Arbeitslose gesehen[180].

Inwieweit in den 1970er und 1980er Jahren der in Frankreich etwas stärker als in der Bundesrepublik ausgebaute und mit weniger Ausnahmeregelungen versehene Kündigungsschutz[181] die Bereitschaft der Unternehmen zur Einstellung junger Erwerbstätiger behindert hat, ist bislang offenbar noch nicht Gegenstand empirischer Untersuchungen gewesen[182]. Dass diesem Faktor in Teilen des politischen Spektrums Frankreichs in jüngster Zeit ein relevanter Einfluss auf die Ausprägung von Jugendarbeitslosigkeit zugeschrieben wird, zeigte der Versuch der Regierung Villepin aus dem Jahr 2006, im Rahmen eines Programms gegen die Jugendarbeitslosigkeit einen neuartigen Arbeitsvertrag einzuführen, der für erstmals eingestellte Jugendliche keinen Kündigungsschutz vorsah. Nach massiven öffentlichen Protesten wurde dieses Vorhaben jedoch bald wieder zurückgenommen[183].

Vermutlich irrelevant für die Unterschiede im Ausmaß der bundesdeutschen und französischen Jugendarbeitslosigkeit waren Maßnahmen, die während des untersuchten Zeitraums darauf zielten, ältere Menschen aus dem Arbeitsmarkt zu nehmen und damit Platz für junge Erwerbstätige zu schaffen. Unter dem Eindruck der stark steigenden Jugendarbeitslosigkeit gab es diesbezüglich in beiden Staaten in der ersten Hälfte der 1980er Jahre weitgehende Regelungen, die freilich schon allein dadurch in ihrer Wirksamkeit be-

---

[177] Vgl. ebd., S. 50. An zusätzlichen Kosten fallen unter anderem Personalkosten für Ausbilder und Verwaltung sowie Gebühren an die Industrie- und Handwerkskammern an. Vgl. Stefan Grossmann/ Hans Ludwig Meyer, Berufsausbildung im Dualen System – eine lohnende Investition? Zur ökonomischen Rationalität der betrieblichen Ausbildungsbereitschaft, Frankfurt a. M. u. a. 2002, S. 33f.
[178] In diesem Sinn auch Benoit-Guilbot/Rudoph/Scheuer, Le chômage des jeunes, S. 50, resümierend zum Erklärungsansatz „coût de travail".
[179] Vgl. z. B. Heinz-Dieter Hardes, Allgemeiner Kündigungsschutz in ausgewählten europäischen Ländern. Ein internationaler Vergleich aus theoretischer und empirischer Sicht, in: Jahrbuch für Sozialwissenschaft 44 (1993), S. 78–103, hier S. 101; Flaig/Rottmann, Arbeitsmarktinstitutionen und die langfristige Entwicklung der Arbeitslosigkeit, S. 43 und 47–50.
[180] Vgl. Hardes, Allgemeiner Kündigungsschutz, S. 101.
[181] Im Hinblick auf die „Regulierungsdichte" des Kündigungsschutzes nahm Frankreich Ende der 1980er Jahre innerhalb der EG – nach Italien – einen Spitzenplatz ein. Vgl. Hardes, Allgemeiner Kündigungsschutz, S. 87–94.
[182] Was die Entwicklung in Spanien angeht, wurde das dortige restriktive Kündigungsrecht hingegen in der Forschung als eine der wesentlichen Ursachen für die hohe Jugendarbeitslosigkeit der 1970er und 1980er Jahre diskutiert. Vgl. Wallenborn, Jugendarbeitslosigkeit, S. 106.
[183] Vgl. Frieder Otto Wolf, Beginn eines erfolgreichen politischen Gegen-Handelns. Arbeitspolitische Konsequenzen aus dem Scheitern der „Villepin-Reform" in Frankreich, in: Gerd Peter (Hrsg.), Grenzkonflikte der Arbeit. Die Herausbildung einer neuen europäischen Arbeitspolitik, Hamburg 2007, S. 228–238, hier S. 229f.

schränkt waren, dass immer nur ein Teil der freigewordenen Arbeitsplätze wiederbesetzt wurde[184].

In der Bundesrepublik trat am 1. Mai 1984 das bis Ende 1988 befristete „Vorruhestandsgesetz" („Gesetz zur Förderung von Vorruhestandsleistungen") in Kraft, von dem in Kapitel III.4 ausführlicher die Rede sein wird. In Frankreich wurde zu Beginn des Jahres 1982, bald nach dem Machtantritt des neuen Staatspräsidenten François Mitterrand, vorübergehend – bis Ende 1983 – eine sehr weitgehende Regelung eingeführt. Sie eröffnete Unternehmen die Möglichkeit, im Rahmen eines Vertrages mit dem finanziell beteiligten Staat betriebsinterne Vereinbarungen für den Vorruhestand ab 55 Jahren zu treffen[185]. Noch im selben Jahr wurde dann mit Wirkung vom 1. April 1983 das reguläre Renteneintrittsalter von 65 auf 60 Jahre gesenkt[186]. Hinzu kamen traditionell zahlreiche Sonderregelungen, die insbesondere in Bereichen des öffentlichen Dienstes ein noch früheres Renteneintrittsalter vorsahen.

Die politischen Bemühungen, ein früheres Ausscheiden älterer Arbeitnehmer aus dem Erwerbsleben zu erreichen, trugen zweifellos zu der in beiden Staaten erkennbaren Senkung der Erwerbsquote älterer Bevölkerungsgruppen bei. In Frankreich fiel diese in den 1970er und 1980er Jahren deutlich stärker aus als in der Bundesrepublik. So betrug die Erwerbsquote der 55- bis 64-jährigen Männer in der Bundesrepublik 1975 69,8% und 1989 57,7%. In Frankreich sank der analoge Wert im gleichen Zeitraum von 68,9% auf 46,9%[187]. Die jeweils niedrigeren Erwerbsquoten der älteren Frauen zeigen in schwächerer Ausprägung eine ähnliche Tendenz. Bei den 55- bis 64-jährigen französischen Frauen ist ein relativ starker Rückgang der Erwerbsquote von 35,9% auf 31,4% festzustellen, während sie in der Bundesrepublik, auf noch niedrigerem Gesamtniveau, nur minimal von 25,4% auf 25,3% fiel.

Gäbe es einen direkten Zusammenhang zwischen dem Absinken – und dem bewussten Absenken – der Erwerbsquote älterer Arbeitnehmer sowie dem Abbau von Jugendarbeitslosigkeit, dann müsste die jugendliche Arbeitslosenquote in Frankreich während der 1980er Jahre eigentlich signifikant gefallen sein. Dies war jedoch gerade nicht der Fall. Die jeweiligen Bemühungen, ältere Menschen zum Ausscheiden aus dem Erwerbsleben zu bewegen, und die daraus resultierenden Regelungen können daher kaum als Erklärungsfaktor für die unterschiedliche Größenordnung der Jugendarbeitslosigkeit gesehen werden. Allenfalls wäre die These möglich, dass diese in Frankreich ohne die weitgehenden Möglichkeiten des vorzeitigen Renteneintritts noch höher gelegen hätte.

Insgesamt ist im Hinblick auf die eben diskutierten arbeitsrechtlichen Strukturen festzustellen, dass signifikante Einflüsse auf die bundesdeutsch-französischen Unterschiede

---

[184] Schätzungen für die bundesdeutsche Entwicklung Mitte der 1980er Jahre gehen lediglich von Wiederbesetzungsquoten zwischen 30 und 60% aus. Vgl. André Kremser, Einflußfaktoren und Wirkungsbereiche eines flexiblen Ruhestandsalters. Eine Literaturanalyse mit Experteninterviews, Konstanz 1994, S. 29f.
[185] Vgl. Bernard Casey, Vorruhestandsregelungen im internationalen Vergleich. Programme und Erfahrungen in Belgien, Frankreich, Großbritannien und der Bundesrepublik Deutschland, Wissenschaftszentrum Berlin. Discussion papers IIM/LMP, [Berlin] 1985.
[186] Vgl. Eugénia da Conceição-Heldt, France: The Importance of the Electoral Cycle, in: Ellen M. Immergut/Karen M. Anderson/Isabelle Schulze (Hrsg.), The Handbook of West European Pension Politics, Oxford/New York, S. 150–199, hier S. 177f.
[187] Vgl. LFS 1970–1990, S. 490–493. – Auch zum Folgenden vgl. ebd.

im Ausmaß der Jugendarbeitslosigkeit für die 1970er und 1980er Jahre bislang kaum nachweisbar sind.

d) Strukturen der Berufsbildung und der Eingliederung: Bereits in der zeitgenössischen Diskussion wurden die unterschiedlichen Strukturen der Berufsbildung und der Eingliederung von Jugendlichen in das Erwerbsleben[188] als eine der Hauptursachen für Differenzen im Ausmaß der Jugendarbeitslosigkeit angesehen. Auch in der bundesdeutschen und französischen Arbeitsmarktforschung hat dieser Erklärungsfaktor bis heute einen sehr hohen Stellenwert.

Das in einer korporatistischen Tradition stehende, Arbeitnehmerverbände wie Gewerkschaften gleichermaßen einbindende duale System der beruflichen Bildung in Betrieb und Berufsschule bietet in der Bundesrepublik eine ganze Reihe von Vorzügen. So sichert die praxisnahe Ausbildung eine angemessene berufliche Qualifizierung und intensive persönliche Erfahrungen im Erwerbsleben. Anerkannte und durch die Sozialpartner überwachte Ausbildungsordnungen und Abschlüsse geben ihren Absolventen auch nach einem eventuellen Verlassen des Ausbildungsbetriebes relativ gute Chancen auf dem Arbeitsmarkt. Und nicht zuletzt sorgt die Institution der Lehre für einen reglementierten und meist relativ flüssigen Übergang von der Schule in das Arbeitsleben. Dies liegt zweifellos auch daran, dass die jedes Jahr in Politik und Öffentlichkeit stark beachtete Phase der Lehrstellenbesetzung einen gewissen rituellen Druck auf die Ausbildungsbereitschaft der Wirtschaft erzeugt, der fallweise durch besondere politische Signale verstärkt werden kann. Gerade in schwierigen wirtschaftlichen Zeiten wies die bundesdeutsche Institution der Lehre so – trotz vorübergehender Probleme mit einer stark steigenden Ausbildungsnachfrage – ihre grundsätzliche Funktionstüchtigkeit nach. Dies zeigte sich unter anderem in den bereits erwähnten Steigerungsraten der Ausbildungsverträge. Dennoch artikulierten sich in dieser Epoche neuartiger Jugendarbeitslosigkeit und ungewohnten Lehrstellenmangels auch kritische Stimmen, welche die Arbeitsmarktprobleme von Jugendlichen dem betrieblichen Ausbildungswesen ankreideten. In Kapitel III.2 wird hierauf zurückzukommen sein.

In Frankreich erfolgt die Berufsausbildung gemäß einer etatistisch-bürokratischen Tradition meist innerhalb eines rein schulischen Rahmens[189]. Im Anschluss daran zeigen Unternehmen oftmals wenig Bereitschaft, beruflich unerfahrene Jugendliche einzustellen. „Débutants s'abstenir" – so formuliert manche Stellenanzeige ganz offen. Schulische Diplome gelten zwar als Kriterien bei der Rekrutierung, später aber zählt vor allem die Erfahrung im jeweiligen Betrieb[190]. Da es keinen jährlichen festen Schub von Jugendlichen in das Erwerbsleben gibt, der mit der deutschen Lehrstellenbesetzung vergleichbar wäre, kommt es gerade in Zeiten der Arbeitsmarktknappheit rasch zu besonderen Problemen für Jugendliche. Auf diese Weise entsteht eine Art „Warteschlangen-Phänomen" („chô-

---

[188] Einen Überblick zu den unterschiedlichen Typen beruflicher Bildung in Deutschland und Frankreich gibt Wolf-Dietrich Greinert (Hrsg.), Berufsqualifizierung und dritte Industrielle Revolution. Eine historisch-vergleichende Studie zur Entwicklung der klassischen Ausbildungssysteme, Baden-Baden 1999, insbesondere S. 33–45.
[189] Zur Geschichte des schulischen Ausbildungssystems in Frankreich vgl. Vincent Troger, Die Integration der beruflichen Bildung Jugendlicher in das französische Schulsystem: der Staat im Dienste der Unternehmen, in: Berufsbildung. Europäische Zeitschrift 31 (2004), S. 12–18.
[190] Vgl. Gautié, Le chômage des jeunes, S. 15.

mage de file d'attente"[191]), das die jüngsten Arbeitsuchenden zunächst einmal in die Arbeitslosigkeit verweist. Französische Unternehmen zeigen so oft wenig soziale Verantwortung für die Integration von Jugendlichen in das Erwerbsleben, und staatliche Unterstützungsleistungen für die Einstellung von Jugendlichen wurden daher zu einem wichtigen Instrument der französischen Arbeitsmarktpolitik[192]. Allerdings ist auch zu berücksichtigen, dass Jugendliche in Frankreich meist länger in ihren Familien leben, was vielfach für eine Abfederung der individuellen Probleme mit Jugendarbeitslosigkeit sorgt.

Forderungen und Versuche, das Berufsbildungssystem in Frankreich zugunsten einer verstärkten „alternance" zwischen schulischer und betrieblicher Ausbildung zu reformieren[193], hatten bis in die 1980er Jahre wenig Wirkung[194] und sind bis heute nur mühsam vorangekommen. Derartigen Bemühungen fehlen zum einen wichtige Voraussetzungen der bundesdeutschen Wirtschafts- und Sozialverfassung – insbesondere existiert keine analoge Sozialpartnerschaft von Gewerkschaften und Arbeitgebern –, zum anderen stoßen sie auf Widerstände des traditionellen französischen Verständnisses einer vom Staat getragenen „école républicaine"[195].

e) Die generelle gesellschaftliche Bedeutung von Jugend: Die bisher diskutierten Ansätze ziehen in Anlehnung an die vorliegende Arbeitsmarktforschung spezifische gesellschaftliche und bildungspolitische Faktoren heran, um so die massiven Abweichungen der bundesdeutschen und französischen Jugendarbeitslosigkeit zu erklären. In ihrer Summierung leisten sie zweifellos einen wesentlichen Beitrag zur Analyse der festgestellten Differenzen im Ausmaß der Jugendarbeitslosigkeit. Eine breite zeithistorische Analyse sollte jedoch, dies ist bislang in der Forschung noch kaum geschehen, auch grundsätzlicher fragen und eine im Kern kulturgeschichtliche Perspektive einbeziehen: Inwieweit hatte (und hat) die Ausprägung von Jugendarbeitslosigkeit auch etwas mit dem generellen Stellenwert zu tun, den „Jugend" in einem Gesellschaftssystem besitzt?

Zum Verständnis ist ein kurzer Rückblick unerlässlich: Die Abgrenzung einer spezifisch jugendlichen Lebensphase sowie das Bemühen um soziale Kontrolle insbesondere der gefürchteten proletarischen Jugend, aber auch die positive Mythisierung von Jugend hatten in Deutschland bereits im späten 19. und frühen 20. Jahrhundert an Bedeutung gewonnen[196]. Genannt seien hier nur die Stichworte „Wandervogel" und „Jugendbewegung".

---

[191] Ebd., S. 14.
[192] Vgl. unten S. 126f.
[193] Vgl. z. B. Centre des archives contemporaines, Fontainebleau, Commission des affaires culturelles, familiales et sociales, 1978–1981, 20060511/2, Protokolle der Sitzungen vom 23.11.1978 und 6.6.1979. Deutlich wurden dort auch die Befürchtungen, dass eine Lehre nach deutschem Vorbild das öffentliche Schulsystem Frankreichs gefährden könnte.
[194] Vgl. Alain Lattard, Das Prinzip Alternanz. Zum Versuch der Modernisierung des bürokratischen Ausbildungsmodells, in: Greinert, Berufsqualifizierung, S. 120-131. Vgl. auch das lebhafte publizistische Plädoyer für einen Bedeutungsgewinn der Lehre in: Christian Cambon/Patrick Butor, La bataille de l'apprentissage. Une réponse au chômage des jeunes, Paris 1993.
[195] Vgl. Anm. 193.
[196] Zur Geschichte der Jugend und ihrer Wahrnehmung in Deutschland vgl. vor allem: Lutz Roth, Die Erfindung des Jugendlichen, München 1983, S. 114-130; Michael Mitterauer, Sozialgeschichte der Jugend, Frankfurt a. M. 1986; Barbara Stambolis, Mythos Jugend. Leitbild und Krisensymptom. Ein Aspekt der politischen Kultur im 20. Jahrhundert, Schwalbach im Taunus 2003; Dieter Baacke, Jugend und Jugendkulturen. Darstellung und Deutung, Weinheim u. a. ^{4}2004 [zuerst 1987], S. 227-236; Albert Scherr, Jugendsoziologie. Einführung in Grundlagen und Theorien, Wiesbaden ^{9}2008, S. 89-109.

Möglicherweise spielten bei der Etablierung des deutschen Jugendbegriffs und der Entfaltung eines vielfältigen jugendlichen Verbandswesens auch die Verbreitung völkischer Vorstellungen und die damit verbundene Wahrnehmung der Jugend als Zukunftsgarant des deutschen Volkes eine Rolle. Auch für den NS-Staat und seinen totalitären Zugriff auf die Gesellschaft besaß der Bezug auf die Jugend einen hohen Stellenwert.

Nach 1945 schärften im Westen Deutschlands die Erinnerungen an die (oftmals jugendliche) Massenarbeitslosigkeit in der Endphase der Weimarer Republik, an die massenhafte Zuwendung junger Menschen zur Bewegung des Nationalsozialismus und an die Instrumentalisierung von Jugend im NS-Regime das Sensorium für die sozialen Probleme von Jugend im Allgemeinen und von „Jugendberufsnot"[197] im Besonderen. Die Befindlichkeit der Jugend erlangte in der frühen Bundesrepublik zunächst auch deshalb breite gesellschaftliche Aufmerksamkeit, weil sie als Indikator für die Stabilität der jungen Demokratie galt[198] – exemplarisch genannt sei hier nur Helmut Schelskys Studie über die „skeptische Generation" aus dem Jahr 1957[199]. Aber auch die unter angloamerikanischem Einfluss stehenden Ansätze zu einem Ausbrechen jugendlicher „Halbstarker" aus den vorgegebenen gesellschaftlichen Bahnen wurden seit Ende der 1950er Jahre in der Bundesrepublik sehr sorgsam registriert[200]. Dieses hohe politische und öffentliche Interesse an „Jugendfragen" – so ein beliebter Begriff – zeigte sich beispielsweise im Stellenwert der institutionalisierten „Jugendhilfe"[201] oder auch im massiven Ausbau der bundesdeutschen Jugendforschung, was unter anderem zur Gründung des publizistisch überaus aktiven und politisch stark nachgefragten Deutschen Jugendinstituts (DJI) in München im Jahr 1961 führte[202]. Jugend war zu einem „kaum übersehbaren ‚deutsche[n]' Thema" geworden"[203].

In den späten 1970er und frühen 1980er Jahren sorgte dann die in hohem Maße von Jugendlichen geprägte und in der Bundesrepublik stark entwickelte Protest- und Alternativbewegung für gesellschaftliches und politisches Aufsehen. Hinzu kam, dass seit Mitte der 1970er Jahre – parallel zur ersten Welle der Jugendarbeitslosigkeit – geburtenstarke Jahrgänge in die Jugendphase eintraten. Die Probleme von Jugendlichen auf dem Ar-

---

[197] So der traditionelle Begriff.
[198] Vgl. Friedhelm Boll, Jugend im Umbruch vom Nationalsozialismus zur Nachkriegsdemokratie, in: Archiv für Sozialgeschichte 37 (1997), S. 482–520, hier S. 496.
[199] Helmut Schelsky, Die skeptische Generation. Eine Soziologie der deutschen Jugend, Düsseldorf 1957.
[200] Vgl. Wilfried Breyvogel, Provokation und Aufbruch der westdeutschen Jugend in den 50er und 60er Jahren. Konflikthafte Wege der Modernisierung der westdeutschen Gesellschaft in der frühen Bundesrepublik, in: Ulrich Herrmann (Hrsg.), Protestierende Jugend. Jugendopposition und politischer Protest in der deutschen Nachkriegsgeschichte, München 2002, S. 445–460.
[201] Zur Geschichte vgl. Detlev J. K. Peukert/Richard Münchmeier, Historische Entwicklungsstrukturen und Grundprobleme der Deutschen Jugendhilfe, in: Detlev J. K. Peukert (Hrsg.), Jugendhilfe – Historischer Rückblick und neuere Entwicklungen. Materialien zum 8. Jugendbericht, Bd. 1, Weinheim/München 1990, S. 1–49.
[202] Zur Geschichte vgl. Fuchs, Wagnis Jugend; ebd., S. 33–109, auch zur Vorgeschichte von Jugendhilfe und Jugendforschung in der frühen Bundesrepublik.
[203] Markefka, Jugend und Jugendforschung in der Bundesrepublik, S. 19: „Jugend ist in Deutschland häufiger als in anderen Ländern Arbeitsgegenstand der Sozialwissenschaften, somit ein kaum übersehbares ‚deutsches' Thema". Der Autor greift mit dieser Aussage einen bereits bestehenden Topos auf und bezieht sich unter anderem auf Erwin K. Scheuch, Untersuchungen über die heutige Situation der deutschen Jugend, in: Kölner Zeitschrift für Soziologie und Sozialpsychologie 8 (1956), S. 124–142.

beitsmarkt stießen so, wie in Kapitel III.3 genauer gezeigt werden soll, auf einen überaus großen Resonanzraum. All dies erklärt nicht nur den hohen politischen Stellenwert des Themas „Jugendarbeitslosigkeit". Auch die durchaus vorhandene Bereitschaft bundesdeutscher Arbeitgeber, an der Integration von Jugendlichen in das Erwerbsleben über das jeweilige kurzfristige Unternehmensinteresse hinaus mitzuwirken, lässt sich in diesem Kontext zumindest partiell erklären.

In Frankreich hingegen fehlt eine lange Vorgeschichte des soziokulturellen Bedeutungsgewinns von Jugend. Die Besonderheiten der „jeunesse" weckten erst seit Mitte des 20. Jahrhunderts größeres öffentliches Interesse[204]. Als die ersten Generationen der Nachkriegs-Baby-Boomer seit Anfang der 1960er Jahre in das jugendliche Alter eintraten und in der „Yé-Yé-Bewegung" – einer französischen Variante der von britischer Beatmusik inspirierten Jugendkultur – eigenständige Ausdrucksformen fanden, erlebte das Phänomen der „Jugend" auch im gesellschaftlichen und politischen Leben Frankreichs einen gewissen Aufschwung. Die auf einer relativ breiten gesellschaftlichen Basis stehende französische 68er-Bewegung wurde daher teilweise auch als politische Zuspitzung der jugendlichen Unruhe empfunden. Nach dem Scheitern des Mai 1968 und der Überwindung der kurzzeitigen Staatskrise verlor das Thema Jugend allerdings wieder an öffentlichem Stellenwert, was sich im Vergleich zur Bundesrepublik beispielsweise im relativ geringen Interesse des Parlaments und der politischen Wochenpresse ablesen lässt[205]. Von erheblicher Bedeutung hierfür war wohl auch, dass die transnational auftretende jugendliche Alternativ- und Protestbewegung der 1970er und frühen 1980er Jahre in Frankreich – sowohl auf Grund unterschiedlicher soziokultureller Gegebenheiten als auch infolge einer völlig abweichenden innenpolitischen Konstellation – schwächer ausfiel als in der Bundesrepublik[206]. Da das Thema Jugend im Frankreich der 1970er und 1980er Jahre somit nur einen relativ beschränkten gesellschaftlichen Stellenwert besaß, fehlte der Diskussion über Jugendarbeitslosigkeit im Vergleich zur Bundesrepublik ein analoger Diskursrahmen. Dies scheint in Teilen der französischen Gesellschaft einer gewissen Indifferenz gegenüber den Arbeitsmarktproblemen von Jugendlichen Vorschub geleistet zu haben[207]. Angesichts der relativ günstigen Arbeitslosenquoten älterer Erwerbstätiger[208] drängt sich umgekehrt die These auf, dass diese in Frankreich – wenn sie die großzügigen Angebote des frühen Rückzugs aus dem Erwerbsleben *nicht* annahmen – auf dem Arbeitsmarkt deutlich mehr Wertschätzung genossen als Jugendliche.

Zusammenfassend lässt sich feststellen: Trotz der Notwendigkeit, die statistischen Berechnungen der Arbeitslosenquote von Jugendlichen gerade im Falle der Bundesrepublik und Frankreichs einer gewisser Relativierung zu unterwerfen, stehen die großen Unterschiede

---

[204] Vgl. hierzu und zum Folgenden: Jean-François Sirinelli, Les jeunes, in: Jean-Pierre Rioux/Jean-François Sirinelli (Hrsg.), La France d'un siècle à l'autre 1914–2000. Dictionnaire critique, Paris 1999, S. 435–442, sowie ausführlich ders., Les baby-boomers.
[205] Diese Aussage stützt sich auf eine Sichtung der Register der Assemblée Nationale sowie des Nouvel Observateur.
[206] Vgl. Claus Leggewie, Propheten ohne Macht. Die neuen sozialen Bewegungen in Frankreich zwischen Resignation und Fremdbestimmung, in: Karl-Werner Brand (Hrsg.), Neue soziale Bewegungen in Westeuropa und den USA. Ein internationaler Vergleich, Frankfurt a. M./New York 1985, S. 83–139.
[207] Zur deutlich geringeren öffentlichen Aufmerksamkeit für das Problem vgl. unten S. 62f.
[208] Vgl. oben S. 18f.

in den Ausmaßen der bundesdeutschen und französischen Jugendarbeitslosigkeit während der 1970er und 1980er Jahre außer Zweifel. Diese Differenzen lassen sich nur in einer Verbindung unterschiedlicher Kausalfaktoren erklären. Grundlegend und evident sind die demographischen Folgen der jeweiligen Geburtenentwicklung nach dem Zweiten Weltkrieg. Hohen Erklärungswert besitzen auch die Unterschiede in den vorherrschenden Systemen der beruflichen Bildung und der Eingliederung von Jugendlichen in das Erwerbsleben. Die Differenzen, die sich hierbei im Umgang mit Jugendlichen spiegeln, sind wohl nur vor dem Hintergrund der generellen gesellschaftlichen Bedeutung des Phänomens „Jugend", wie sie in beiden Staaten historisch gewachsen war, zu verstehen – ein Forschungsfeld, auf dem es noch erheblichen Nachholbedarf gibt. Letzteres gilt auch für die plausible, allerdings empirisch noch nicht hinreichend belegte These, dass Probleme der Integration von Migranten und insbesondere die räumliche Segregation in der städtischen Banlieue einen besonders ungünstigen Einfluss auf die Entwicklung der französischen Jugendarbeitslosigkeit genommen haben. Allenfalls geringe Auswirkungen hatten nach dem bisherigen Wissensstand bundesdeutsch-französische Unterschiede in den arbeitsrechtlichen Strukturen einschließlich der jeweiligen Regelungen zum Ausscheiden älterer Arbeitnehmer aus dem Erwerbsleben.

Es bleibt die schwer zu beantwortende Frage, welchen Einfluss politisches Handeln in den 1970er und 1980er Jahren auf die abweichenden Entwicklungen der bundesdeutschen und französischen Jugendarbeitslosigkeit gewonnen hat. Diese Frage soll an späterer Stelle nochmals aufgegriffen werden[209]. Die obenstehenden Ausführungen dürften allerdings bereits verdeutlicht haben, dass die Spielräume für eine kurz- und mittelfristig erfolgreiche Bekämpfung struktureller Jugendarbeitslosigkeit angesichts der Komplexität ihrer Ursachen und der Bedeutung langfristiger, tief in den sozialen und mentalen Traditionen verwurzelter Einflussfaktoren sehr beschränkt waren.

---

[209] Vgl. unten S. 124f. und 127.

III. Jugendarbeitslosigkeit in der gesellschaftlichen und politischen Wahrnehmung und Auseinandersetzung der Bundesrepublik

1. Diskurs- und Aktionsebenen

Mit dem Anschwellen von Jugendarbeitslosigkeit trat in der Bundesrepublik seit Mitte der 1970er Jahre ein breites Spektrum von gesellschaftlichen und politischen Akteuren in Erscheinung, die sich in irgendeiner Form mit diesem Problem beschäftigten: Jugendverbände, Jugendämter, Wohlfahrtsverbände, lokale Initiativen und Vereine, Kirchen, Gewerkschaften, Arbeitgeberverbände, Handwerks-, Industrie- und Handelskammern, wissenschaftliche Einrichtungen, die Bundesanstalt für Arbeit und die ihr zugehörigen Dienststellen, Kommunen, Bundesländer, politische Parteien und die verschiedenen bundespolitischen Instanzen. Nicht ohne Bedeutung waren zudem die in die Bundesrepublik hineinwirkenden arbeitsmarktpolitischen Initiativen internationaler Instanzen: die Organisation für wirtschaftliche Zusammenarbeit und Entwicklung (Organization for Economic Co-operation and Development: OECD)[1], die Internationale Arbeitsorganisation (International Labour Organization: ILO)[2] sowie – mit langsam wachsenden Gestaltungsansprüchen – verschiedene Organe der EWG[3].

Ohne Anspruch auf Vollständigkeit soll im Folgenden ein Überblick über wichtige Ebenen in der bundesdeutschen Auseinandersetzung mit Jugendarbeitslosigkeit gegeben werden. Dabei wird der Bogen von den betroffenen Jugendlichen (a) über die politische Öffentlichkeit und die wissenschaftliche „Fachwelt" (b) zu den involvierten bundespolitischen Institutionen (c) geschlagen.

a) Die Betroffenen: Die unmittelbarste Wahrnehmung von Arbeitslosigkeit besitzen die davon Betroffenen. Die Frage, wie Arbeitslose diese Erfahrung in den 1970er und 1980er Jahren verarbeitet haben, beschäftigte vor allem die sozialpsychologische Forschung. Tendenziell wurden dabei die mit dem Schlagwort von der „Deprivation" belegten negativen sozialen und psychischen Folgen von Arbeitslosigkeit – bis hin zum Auftreten von Depressionen – bestätigt, die bereits 1933 in der klassischen Studie über die Arbeitslosen des nahe Wien gelegenen Ortes Marienthal nachgewiesen worden waren[4]. Die sozial-

---

[1] Genannt sei hier nur die wichtige statistische Grundlage der Labour Force Statistics (LFS). Daneben gab die OECD immer wieder auch Studien in Auftrag.
[2] Allgemein zu den Aktivitäten der ILO im Kampf gegen Jugendarbeitslosigkeit, die bereits 1919 begonnen haben und in den 1960er und 1970er Jahren intensiviert wurden, vgl. O'Higgins, Youth Unemployment and Employment Policy, S. 50–61.
[3] Die bereits in den 1970er und 1980er Jahren starke Beschäftigung europäischer Instanzen mit Fragen der Jugendarbeitslosigkeit spiegelt sich immer wieder in den Akten des Bundesministeriums für Arbeit und Soziales (BAK, B 149). Insgesamt besteht zu dieser Frage erheblicher Forschungsbedarf. Barbara Tham, Jugendarbeitslosigkeit in der europäischen Union. Integration oder Marginalisierung?, Bonn 1999, geht nur auf die 1990er Jahre ein, als die Beschäftigungspolitik innerhalb der EU weiter an Bedeutung gewann.
[4] Marie Jahoda/Paul F. Lazarsfeld/Hans Zeisel, Die Arbeitslosen von Marienthal. Ein soziographischer Versuch über die Wirkungen langandauernder Arbeitslosigkeit. Mit einem Anhang zur Geschichte der Soziographie, Frankfurt a. M. [4]1982. Zur Weiterentwicklung der sogenannten Deprivationstheorie

psychologische Forschung ging jedoch lange Zeit meist davon aus, dass die negativen Folgen von Arbeitslosigkeit bei Jugendlichen in der Regel nicht so stark ausgeprägt sind wie bei Erwerbstätigen mittleren Alters, die oftmals in der Verantwortung für eine Familie stehen[5].

Neuere Forschungen sind freilich teilweise zu anderen Einschätzungen gelangt und werten „das Jugendalter [...] als eine Phase besonderer Verletzlichkeit gegenüber den negativen sozialen Auswirkungen der Arbeitslosigkeit"[6]. Auch charakteristische soziale Folgen der Arbeitslosigkeit wie der schwierige Umgang mit der nicht ausgefüllten Zeit, der Verlust von sozialen Kontakten sowie familiäre Konflikte sind für Jugendliche wohl häufig besonders problematisch[7].

Die Frage, ob die von Arbeitslosigkeit betroffenen oder bedrohten Jugendlichen während der 1970er und 1980er Jahre in der Bundesrepublik einen relevanten Faktor der gesellschaftlichen und politischen Auseinandersetzung mit Jugendarbeitslosigkeit darstellten, ist nach dem bisherigen Forschungsstand überwiegend zu verneinen. Unmittelbares politisches Aufsehen erlangten zeitweise Demonstrationen von Jugendlichen, die auf Probleme bei der Suche nach einer Lehr- oder Arbeitsstelle stießen (s. auch Titelbild und Abb. 10). Dass hierbei in der Regel gewerkschaftliche Initiativen oder Unterstützung eine Rolle spielten, ist anzunehmen; allerdings geriet die gewerkschaftliche Jugendarbeit angesichts der anhaltenden Jugendarbeitslosigkeit selbst in eine schwierige Situation[8].

Ansonsten blieb die politische Mobilisierung arbeitsloser Jugendlicher aber gering. Sie waren in den 1970er und 1980er Jahren eher Objekte der politischen Diskussion und Auseinandersetzung sowie konkreter Maßnahmen der Arbeitsmarkt- und Bildungspolitik sowie der Jugendhilfe. Bereits Mitte der 1970er Jahre beklagte ein Erfahrungsbericht über politische Seminare mit arbeitslosen Jugendlichen, die im evangelischen und im gewerkschaftlichen Milieu stattfanden, charakteristische Reaktionen der Apathie und Resigna-

---

vgl. Marie Jahoda, Wieviel Arbeit braucht der Mensch? Arbeit und Arbeitslosigkeit im 20. Jahrhundert, Weinheim 1983. Einen Überblick zur neueren Forschung gibt Steffen Jaksztadt, Der Beitrag der Sozialpsychologie zur Arbeitslosenforschung, in: Thomas Raithel/Thomas Schlemmer (Hrsg.), Die Rückkehr der Arbeitslosigkeit. Die Bundesrepublik Deutschland im europäischen Kontext 1973 bis 1989, München 2009, S. 137–148.

[5] Vgl. z. B. Beatrix Broutschek/Steffen Dauer/Sabine Schmidt, Macht Arbeitslosigkeit krank oder Krankheit arbeitslos? Psychologische Theorien zur Beschreibung von Arbeitslosigkeit, in: Steffen Dauer/Heinz Hennig (Hrsg.), Arbeitslosigkeit und Gesundheit, Halle 1999, S. 72–92, hier S. 81; Klaus Moser/Karsten Paul, Arbeitslosigkeit und seelische Gesundheit, in: Verhaltenstherapie & psychosoziale Praxis 33 (2001), S. 431–442, hier S. 435.

[6] So ebd., S. 436.

[7] Vgl. Karen Schober, Die soziale und psychische Lage arbeitsloser Jugendlicher, in: MittAB 20 (1987), S. 453–478. Vgl. auch Klaus Heinemann, Arbeitslose Jugendliche. Ursachen und individuelle Bewältigung eines sozialen Problems. Eine empirische Untersuchung, Darmstadt/Neuwied 1978, S. 141–162.

[8] Vgl. z. B. Hanns Brauser, Jugend und gewerkschaftliche Jugendarbeit, in: Gewerkschaftliche Monatshefte 32 (1981), S. 157–164. Ebd., S. 160, wird etwa festgestellt: „Die betrieblichen Auswirkungen der Krise stellen die Gewerkschaftsjugend als Interessenvertretung der arbeitenden Jugend vor große Probleme. Ging es bis Mitte der 70er Jahre noch vorwiegend darum, die betriebliche Durchsetzung bestimmter Gesetze zu erzwingen, die Qualität der Ausbildungs- und Arbeitsbedingungen in einer Zeit des Mangels an Auszubildenden zu verbessern und – in einem gesellschaftlichen Reformklima – an der Formulierung neuer Gesetze mitzuwirken, so steht die gewerkschaftliche Jugendarbeit heute bei der Lösung von zentralen Problemen wie dem der Jugendarbeitslosigkeit mit dem Rücken an der Wand."

Abb. 10: Auszubildende der Stadt Duisburg demonstrieren im Februar 1986 für ihre Übernahme[9]

tion[10]. Angesichts der konstatierten „geringe[n] verbale[n] Artikulationsmöglichkeit" von arbeitslosen Jugendlichen setzte beispielsweise ein kirchliches Seminar 1975 auf Zeichnungen, um die Empfindungen arbeitsloser Jugendlicher sichtbar zu machen[11]. Ebenso wie bei älteren Arbeitslosen gab es auch unter Jugendlichen in den 1970er und 1980er Jahren – trotz anfänglicher Hoffnungen in der Frühphase des Problems[12] – kaum Ansätze

---

[9] Foto: Manfred Vollmer, SZ Photo.
[10] Bernhard Schön u. a., Politische Bildung mit arbeitslosen Jugendlichen, in: deutsche jugend 23 (1975), S. 159–168, hier S. 168.
[11] Manfred Gessat, Ev. Kirche und Jugendarbeitslosigkeit. Was erwartet uns schon? – Erfahrungen aus Seminaren, in: b:e betrifft: erziehung 8 (1975/9), S. 45–49, hier S. 46f.
[12] Vgl. etwa das Kapitel „Jugendarbeitslosigkeit – Was tun die Betroffenen selber?", in: Sybille Laturner/Bernhard Schön (Hrsg.), Jugendarbeitslosigkeit. Materialien und Analysen zu einem neuen Problem, Reinbek bei Hamburg 1975, S. 152–178.

zu eigener organisierter Interessenvertretung[13]. Verbindungen zwischen der politisierten Lehrlingsbewegung der 68er-Zeit und den jugendlichen Protesten gegen Lehrstellenmangel und Jugendarbeitslosigkeit scheinen nicht bestanden zu haben[14]. Die eigenständige Artikulation von jugendlichen Arbeitslosen innerhalb etablierter Organisationen wie Parteien, Gewerkschaften und Kirchen blieb relativ schwach.

Eine latente politische Wirksamkeit entfalteten die im Zuge der Alternativbewegung und eines vermeintlichen gesellschaftlichen „Ausstiegs" erfolgten Gründungen von „selbstverwalteten" Kleinbetrieben[15]. Als jugendliche Reaktion auf das sich verstetigende Problem der Jugendarbeitslosigkeit ist zudem die langfristige Veränderung von Verhaltensmustern im Übergang von der Schule in das Erwerbsleben zu sehen: das Aufschieben der Berufswahl bzw. das möglichst lange Offenhalten unterschiedlicher Optionen[16].

b) Öffentlichkeit und Fachwelt: Insgesamt herrschte in der bundesdeutschen Öffentlichkeit ein lebhaftes Interesse am Phänomen der Jugendarbeitslosigkeit, was den ohnehin hohen politischen Druck, der hiervon ausging, noch verstärkte. Schon mit dem ersten massiven Anstieg der registrierten Zahlen Mitte der 1970er Jahre wurde das Problemfeld zu einem wichtigen Thema in der bundesdeutschen Publizistik. Bereits für das Jahr 1975 lassen sich im Katalog der Deutschen Nationalbibliothek 12 selbständige, in der Bundesrepublik erschienene Publikationen nachweisen, die sich aus behördlicher, politischer, journalistischer oder sozialwissenschaftlicher Perspektive mit Jugendarbeitslosigkeit beschäftigen[17]. Darunter war auch eine erste, vom Deutschen Jugendinstitut (DJI) herausgegebene Bibliographie, die neben kurzen Presseartikeln und diversen Verlautbarungen auch zahlreiche Aufsatztitel enthält[18].

Erneut sei Frankreich, wo die Zahl der arbeitslosen Jugendlichen noch sehr viel deutlicher in die Höhe schnellte, als Vergleichsfolie herangezogen: 1975 erschien hier offenbar keine einzige Publikation zur Thematik der Jugendarbeitslosigkeit[19]. Diese Dis-

[13] Nach Andreas Gallas, Politische Interessenvertretung von Arbeitslosen. Eine theoretische und empirische Analyse, Köln 1994, S. 297f., war die bundesdeutsche Interessenvertretung von Arbeitslosen nur marginal (unter 1%) und – bis auf kommunalpolitische Belange – wenig effektiv. Harald Rein, Proteste von Arbeitslosen, in: Roland Roth/Dieter Rucht (Hrsg.), Die sozialen Bewegungen in Deutschland seit 1945. Ein Handbuch, Frankfurt a. M./New York 2008, S. 593–611, hier S. 594, bestätigt, dass bis in die 1990er Jahre „von sichtbaren Protesten oder gar Unruhen nicht die Rede sein konnte"; allerdings gebe es seit den 1970er Jahren „ein Netz von Arbeitslosen- und Sozialhilfeinstitutionen", „gekennzeichnet durch ihre Unstetigkeit, ihre kaum sichtbare Arbeit und ihre bundesweite Mobilisierungsschwäche"; ebd., S. 595f.
[14] So verweist die Lokalstudie von David Templin, „Lehrzeit – keine Leerzeit!". Die Lehrlingsbewegung in Hamburg 1968–1972, München/Hamburg 2011, S. 148, nur kurz auf die neuartigen Probleme für Lehrlinge seit 1973/74. Der Niedergang der Hamburger Lehrlingsbewegung wird bereits für 1971 konstatiert.
[15] Vgl. hierzu ausführlicher unten S. 115f.
[16] Vgl. Sander/Vollbrecht, Jugend [1998], S. 209.
[17] Nach Recherchen im Online-Katalog der Deutschen Nationalbibliothek.
[18] Alois Weidacher (Bearb.), Bibliographie zur Jugendarbeitslosigkeit, München 1975; insgesamt werden über 300 Titel aufgeführt. Der Nachfolgeband aus dem Jahr 1980 enthielt bereits über 2 300 Titel: Frank Braun/Brigitte Gravalas, Bibliographie Jugendarbeitslosigkeit und Ausbildungskrise, Bd. I: Situationsanalysen, Maßnahmen, politische Diskussion, hrsg. vom Bundesinstitut für Berufsbildung (Berlin/Bonn) und Deutsches Jugendinstitut (München), München 1980. Bd. II, München 1980, ist der „Diskussion um die Berufsbildungsreform 1974–1978" gewidmet.
[19] Nach Schlagwortrecherchen in den Online-Katalogen der Bibliothèque Nationale de France und des französischen Verbundsystems SUDOC (Système Universitaire de Documentation).

krepanz blieb im Prinzip während des gesamten weiteren Untersuchungszeitraums bestehen: Obwohl die Problemdimension in der Bundesrepublik deutlich niedriger lag als in Frankreich, gab es erheblich mehr diesbezügliche Veröffentlichungen. So verzeichnet die Deutsche Nationalbibliothek[20] für die 1970er Jahre 87 Publikationen, die den Begriff Jugendarbeitslosigkeit im Titel tragen, für die 1980er sind es 105 – die Zahl der thematisch einschlägigen Arbeiten ohne direkte Nennung des Begriffs liegt noch deutlich höher. Die Bibliothèque Nationale de France[21] enthält für die 1970er und 1980er Jahre hingegen insgesamt nur rund 20 Titel, in denen die Wendung „chômage des jeunes" auftaucht. Auch wenn man berücksichtigt, dass in Frankreich die Thematik teilweise eher unter Begriffen wie „emploi des jeunes" abgehandelt wurde, liegen die Publikationen mit insgesamt rund 40 für den untersuchten Zeitraum weit unter den bundesdeutschen Dimensionen. Obwohl diese Gegenüberstellung nur grobe Hinweise geben kann, vermag sie die Differenzen im publizistischen Interesse doch deutlich zu belegen.

Ähnliche deutsch-französische Unterschiede zeigen sich beim Blick in führende Presseorgane: Beispielsweise lassen Stichproben im Spiegel und im Nouvel Observateur, einem vergleichbaren französischen Nachrichtenmagazin, sehr schnell erkennen, dass das Thema Jugendarbeitslosigkeit auf deutscher Seite erheblich häufiger und intensiver behandelt wurde als auf französischer[22]. Inwieweit sich hier auch generelle deutsch-französische Unterschiede in der Wahrnehmung von Arbeitslosigkeit spiegeln, die vor allem historisch bedingt sind[23], bedürfte einer eigenständigen Klärung.

Neben anderen Faktoren, die in der Bundesrepublik das öffentliche Interesse für das Thema Jugendarbeitslosigkeit stimulierten, spielte wohl auch die enge Verknüpfung mit dem Problem des Lehrstellenmangels eine Rolle. Infolge des dualen Ausbildungssystems war stets eine anschauliche Konkretisierung der Eingliederungsprobleme von Jugendlichen präsent. Nach den jährlichen Schulentlassungen im Sommer und Herbst trat die Diskussion um das Lehrstellenangebot jedes Jahr in schon fast ritualisierter Form in den Vordergrund. Zudem bildete die Ausbildungsplatzfrage eine Thematik, die in besonderer Weise zur Dramatisierung einlud. So warnte der Spiegel Ende 1975 während der ersten großen Lehrstellenkrise, gestützt auf ein Zitat der FDP-Politikerin Hildegard Hamm-Brücher, vor der astronomischen Zahl von bald einer Million Jugendlicher ohne Ausbildungs-

---

[20] Zugänglich über: https://portal.dnb.de.
[21] Zugänglich über: http://catalogue.bnf.fr.
[22] Vgl. z. B. Der Spiegel 1974/28, 8.7., Titel: „Schulentlassen – arbeitslos? 100 000 Lehrstellen zu wenig" mit den zugehörigen Artikeln S. 29f.: „Schulentlassen. Noch viele hängen rum" und S. 30–46: „Die Katastrophe ist da"; sowie Der Spiegel 1982/35, 30.8., Titel: „Aus der Schule – arbeitslos" mit dem Artikel S. 29–37: „Sonst ist man einfach Abschaum".
[23] Vgl. in diesem Sinne Miard-Delacroix, Im Zeichen der europäischen Einigung, S. 254: „[…] müssen diese Traumata der 1920er und 1930er Jahre unterschiedliche Vorstellungen hinterlassen haben, denn während die Franzosen sich selbst über hohe Arbeitslosenzahlen keine übertriebenen Sorgen machten, empfanden die Bundesbürger sie als untrügliche Anzeichen einer Krise und als Vorboten für den Zusammenbruch der Wirtschaft, wenn nicht gar der Demokratie." – Vgl. auch Thomas Raithel, Der Glaube an die Planbarkeit. Arbeitsmarkt und Arbeitsmarktpolitik der 1960er Jahre in der Bundesrepublik Deutschland und in Frankreich, in: Bernhard Gotto/Horst Möller/Jean Mondot/Nicole Pelletier (Hrsg.), Krisen und Krisenbewusstsein in Deutschland und Frankreich in den 1960er Jahren, München 2012, S. 139–152, hier S. 151f., zum Stellenwert von Arbeitsmarktpolitik Ende der 1960er Jahre, der in der Bundesrepublik höher war als in Frankreich.

platz; gleichzeitig wurde der Bonner Regierung bescheinigt, „bislang ratlos" „auf die wachsende Jugendarbeitslosigkeit" zu reagieren[24].

Die politische Öffentlichkeit und auch die später zu skizzierenden bundespolitischen Instanzen standen bei ihrer Beschäftigung mit dem Problem der Jugendarbeitslosigkeit in vielfacher Weise in Kontakt mit Experten aus Wissenschaft und Praxis[25]. Generell sei vor allem auf die Entwicklung der Jugendforschung, der Pädagogik und der Arbeitsmarktforschung verwiesen, die sich von unterschiedlichen Zugängen her mit Jugendarbeitslosigkeit befassten. Zahlreiche Fachzeitschriften dieser Disziplinen boten hierfür ein wissenschaftliches Forum[26].

Die immer differenziertere Erfassung und Analyse der Jugendarbeitslosigkeit durch die Nürnberger Bundesanstalt für Arbeit bzw. das Institut für Arbeitsmarkt- und Berufsforschung (IAB), eine seit 1967 rasch wachsende Abteilung innerhalb der Bundesanstalt[27], lieferte die statistischen Grundlagen für die fachliche Diskussion und die darauf aufbauende Politikberatung durch Experten. Das starke politische Bemühen zur Nutzbarmachung von Sachverstand konnte Mitte der 1970er Jahre, als das Problem der Jugend- wie jenes der Massenarbeitslosigkeit erstmals seit Jahrzehnten wieder bedrohliche Dimensionen annahm, vom Ausbau einschlägiger Forschungs- und Beratungskapazitäten profitieren, die bereits in den Jahren zuvor geschaffen worden waren. Eine herausgehobene Bedeutung sowohl für die öffentliche Diskussion als auch für die Politikberatung kam dem 1961 gegründeten und in München ansässigen Deutschen Jugendinstitut (DJI) zu[28]. Das 1970 auf der Basis des Berufsbildungsgesetzes eingerichtete und unter Beteiligung von Arbeitgeberverbänden und Gewerkschaften korporatistisch strukturierte Bundesinstitut für Berufsbildung (BIBB) in Berlin spielte ebenfalls eine wichtige Rolle[29]. Darüber hinaus gewannen auch wissenschaftliche Analysen anderer sozial- oder wirtschaftswissenschaft-

---

[24] Der Spiegel 1975/53, 29.12., S. 18–20, „Nix zu machen". Die oben wiedergegebenen Aussagen sind effektvoll in den fett gedruckten Zeilen zu Beginn des Artikels platziert. Im weiteren Verlauf, ebd., S. 19, folgt nur eine kurze Wiederholung mit dem Zitat: „Rund eine Million Jugendliche', errechnete die freidemokratische Bildungsexpertin Hildegard Hamm-Brücher, ‚sind demnächst ohne Ausbildungsplatz.'" – Wie diese absolut irreale Berechnung zustande kam, bleibt offen. 1976 betrug die Zahl der nicht vermittelten Lehrstellenbewerber zum 30.9. rund 28 000 – bei knapp 500 000 abgeschlossenen Ausbildungsverträgen. Für 1975 liegen hierzu keine gesicherten Zahlen vor. Vgl. oben S. 30, Tab. 2.

[25] Zur analogen Entwicklung der „Verwissenschaftlichung" der bundesdeutschen Wirtschaftspolitik vgl. Tim Schanetzky, Die große Ernüchterung. Wirtschaftspolitik, Expertise und Gesellschaft in der Bundesrepublik 1966-1982, Berlin 2007, S. 64–81.

[26] Vgl. z.B.: Mitteilungen aus der Arbeitsmarkt- und Berufsforschung (MittAB); deutsche jugend. Zeitschrift für Jugendfragen und Jugendarbeit; Die Deutsche Berufs- und Fachschule; betrifft: erziehung; Berufsausbildung, Jugendarbeitslosigkeit; Jugend, Beruf, Gesellschaft (Zeitschrift für Jugendsozialarbeit).

[27] Zur Entstehung und frühen Geschichte des IAB vgl. Werner Karr, Die Gründung des IAB im Jahre 1967, in: Christian Brinkmann/Werner Karr/Jürgen Kühl/Gerd Peters/Friedemann Stooß (Hrsg.), 40 Jahre IAB. Ein Rückblick auf Forschung und Politikberatung, Nürnberg 2007, S. 63–119; Schmuhl, Arbeitsmarktpolitik und Arbeitsverwaltung, S. 465–470; Altmann, Aktive Arbeitsmarktpolitik, S. 147–149.

[28] Vgl. oben S. 55.

[29] Der ursprüngliche Name war Bundesinstitut für Berufsbildungsforschung; mit dem Ausbildungsplatzförderungsgesetz erfolgte 1976 die Umbenennung. Zur Frühphase und Organisationsstruktur vgl. Hermann Schmidt/Helmut Pütz/Manfred Kremer, Wer wir waren – wer wir sind – was wir wollen, in: 40 Jahre BIBB. 40 Jahre Forschen – Beraten – Zukunft gestalten, hrsg. vom Bundesinstitut für Berufsbildung, Bonn 2010, S. 20–58, hier S. 21–23.

licher Forschungsinstitute wie etwa des Soziologischen Forschungsinstituts Göttingen politischen Einfluss; teilweise wurden diese Studien durch politische Stellen finanziell gefördert[30].

Auch gesellschaftliche Gruppen und Verbände oder die mit dem Problem der Arbeitslosigkeit befassten internationalen Institutionen rekrutierten immer wieder einschlägiges Fachwissen. Eine allgemein zum Themenfeld Jugend in der bundesdeutschen Öffentlichkeit und Politik stark beachtete Instanz bildeten die in Abstand von mehreren Jahren durch unterschiedliche Expertengruppen erarbeiteten und vom Jugendwerk des Mineralölkonzerns Shell finanzierten Studien zur Lage der Jugend[31]. Die in den zuständigen Bundestagsausschüssen (Arbeit und Soziales, Jugend, Bildung) regelmäßig abgehaltenen Expertenanhörungen stellten eine spezifisch parlamentarische Form der Mobilisierung von Sachverstand dar[32].

Allerdings ist auch zu berücksichtigen, dass der Geist der Wissenschaftsgläubigkeit und Planungseuphorie, der vor allem die späten 1960er und frühen 1970er Jahre beherrscht hatte, mit Beginn der großen Arbeitsmarktkrisen schon etwas an Kraft verloren hatte. Zumindest teilweise machte er einer gewissen Verunsicherung angesichts kritischer oder auch widerstreitender Sachverständiger Platz[33]. Was blieb, war die Infrastruktur und Kultur einer intensiven Heranziehung von Experten.

c) Parteien, Parlament, Bundesministerien und Bundesregierung: Jugendarbeitslosigkeit wurde seit Mitte der 1970er Jahre in der Bundesrepublik sehr schnell zu einem parteipolitisch wichtigen und notwendigerweise umstrittenen Thema. Beides zeigte sich auch in der intensiven parlamentarischen Beschäftigung mit diesem Problemfeld. Seit dem Frühjahr 1975 – eine erste große Diskussion fand im März dieses Jahres statt[34] – tauchte es immer wieder in Plenardebatten des Bundestags, in Anfragen und Anträgen sowie in Ausschusssitzungen auf – weit häufiger als etwa in der französischen Nationalversammlung, um erneut den Vergleich mit Frankreich anzulegen[35]. Infolge der notwendigen Beteiligung des Bundesrats an Gesetzesvorhaben, die dem Kampf gegen Arbeitslosigkeit im Allgemeinen und Jugendarbeitslosigkeit im Besonderen dienten, war auch die bundesdeutsche Länderkammer immer wieder mit der Thematik beschäftigt. Gleiches gilt für die Länderparlamente und -regierungen, die an der Ausarbeitung länderspezifischer Programme gegen

---

[30] Vgl. z. B. Martin Baethge/Eva Brumlop/Hannelore Faulstich-Wieland/Frank Gerlach/Jürgen Müller, Ausbildungs- und Berufsstartprobleme unter den Bedingungen verschärfter Situationen auf dem Arbeits- und Ausbildungsstellenmarkt. Abschlußbericht, Göttingen 1980. Als Auftraggeber für das von 1977 bis 1979 betriebene Projekt hatten die Bundesministerien für Bildung und Wissenschaft, für Jugend, Familie und Gesundheit sowie der Deutsche Gewerkschaftsbund (DGB) fungiert.
[31] Aufsehen erregte vor allem die 1981 vorgelegte Studie. Vgl. hierzu unten S. 100.
[32] Als Beispiel sei die Ausschussanhörung von Sachverständigen zum Thema „Bildungs- und Beschäftigungssystem" am 14. 9. 1977 angeführt. PADB, Ausschuss für Bildung und Wissenschaft, 8. WP, Protokoll der 15. Sitzung.
[33] Grundlegende Literatur zum Planungsdenken vgl. unten S. 109, Anm. 257. Den Prozess der „Verwissenschaftlichung" und die nachfolgende Erosion des Glaubens an die Experten analysiert für das Feld der Wirtschaftspolitik Schanetzky, Die große Ernüchterung, vor allem S. 64–81 und 184–192.
[34] Verhandlungen des Deutschen Bundestages (Verh. BT), Bd. 92, 7. WP, 156. Sitzung, 14. 3. 1975.
[35] Dies ergibt eine Sichtung der Register (Tables générales des documents et débats parlementaires). Allerdings ist relativierend zu berücksichtigen, dass das Parlament im semipräsidentiellen System Frankreichs generell eine geringere Rolle spielt als im parlamentarischen System der Bundesrepublik.

Jugendarbeitslosigkeit beteiligt waren[36]. Auf Bundesebene war zudem die Arbeitsgemeinschaft der Obersten Landesjugendbehörden aktiv[37].

In der bundespolitischen Auseinandersetzung mit Jugendarbeitslosigkeit spiegelte sich von Anfang an eine Rollenverteilung zwischen Regierungslager und Opposition, die ganz in der Logik des parlamentarischen Systems lag. Während die Regierung die Situation eher in einem günstigen Licht erscheinen ließ und die Erfolge der eigenen Politik herausstellte, forderte die Opposition eine Intensivierung des Kampfes gegen Jugendarbeitslosigkeit. Bereits im Januar 1975 – das Problem hatte gerade erst angefangen, Konturen zu gewinnen – brachte die damals oppositionelle CDU/CSU-Fraktion im Bundestag ein „Dringlichkeitsprogramm zur Überwindung des Lehrstellenmangels und zur Verringerung der Jugendarbeitslosigkeit" ein und beantragte wenige Monate später (erfolglos) die Einsetzung eines „Sonderausschusses zur Bekämpfung der Jugendarbeitslosigkeit"[38]. Umgekehrt bestand eine der ersten Aktionen der SPD-Fraktion nach dem Regierungswechsel vom Oktober 1982 und den Neuwahlen vom März 1983 darin, die Bundesregierung mit einem umfangreichen eigenen „Sofortprogramm zur Bekämpfung der Jugendarbeitslosigkeit" zu konfrontieren[39]. Mit dem Einzug der Partei der Grünen in den Bundestag im Jahr 1983 bekamen dann auch alternative arbeitsmarktpolitische Vorstellungen, die beispielsweise „Ausbildungsmöglichkeiten in selbstverwalteten und kooperativen Unternehmen" forderten[40], eine oppositionelle parlamentarische Stimme.

Im Zuständigkeitsbereich der Bundesregierung nahmen sich – unter verschiedenen Blickwinkeln – nicht weniger als drei Ministerien des Themas der Jugendarbeitslosigkeit an. Der Schwerpunkt lag dabei im Bundesministerium für Arbeit und Sozialordnung[41], das für die kontinuierliche Bestandsaufnahme von Jugendarbeitslosigkeit und für ihre arbeitsmarktpolitische Bekämpfung zuständig war. Innerhalb der Abteilung II „Arbeitsmarktpolitik, Arbeitslosenversicherung, Ausländische Arbeitnehmer" beschäftigte sich vor allem die Unterabteilung II a (Arbeitsmarktpolitik) mit Jugendarbeitslosigkeit[42]. Auffallend ist die hohe personelle Kontinuität, die teilweise im Ministerialapparat herrschte: Als Leiter des für Fragen der Jugendarbeitslosigkeit zentralen Referats („Berufsberatung, Ausbildungsstellenvermittlung, Ausbildungsförderung"[43]) fungierte von

---

[36] So wurden z. B. 1975 in Baden-Württemberg und Nordrhein-Westfalen Landesprogramme zur Bekämpfung der Jugendarbeitslosigkeit geschaffen. Zu Ersterem vgl. Material im BAK, B 149/129985; zu Letzterem vgl. den teilweisen Abdruck in Günter Cremer (Hrsg.), Jugend ohne Arbeit. Analysen, Stellungnahmen, Programme, München 1976, S. 62–69. – Auf die landespolitische Ebene kann in dieser Untersuchung nur am Rande eingegangen werden.
[37] Vgl. den hier nicht herangezogenen Quellenbestand im BAK, B 371.
[38] Verh. BT, Anlagen-Bd. 201, Drs. 7/3196, 30.1.1975; Verh. BT, Anlagen-Bd. 204, Drs. 7/3507, 15.4.1975.
[39] Verh. BT, Drs. 10/189, 22.6.1983.
[40] So etwa im 1986 verabschiedeten Bundesprogramm der Grünen: Umbau der Industriegesellschaft. Schritte zur Überwindung von Erwerbslosigkeit, Armut und Umweltzerstörung; als Programm verabschiedet von der Bundesdelegiertenkonferenz der Grünen in Nürnberg (26.–28. September 1986), Bonn 1986, S. 79. Zum Bedeutungsgewinn alternativer Optionen in der Schaffung von Arbeitsplätzen für Jugendliche vgl. unten S. 115f.
[41] Der Name des Ministeriums von 1957 bis 2002; seither trägt es den Titel Bundesministerium für Arbeit und Soziales.
[42] Vgl. auch Heinz Hoffmann (Bearb.), Die Bundesministerien 1949–1999. Bezeichnungen, amtliche Abkürzungen, Zuständigkeiten, Aufbauorganisation, Leitungspersonen, Koblenz 2003, S. 297f.
[43] So der Name ab 1980. Vgl. Die Bundesrepublik Deutschland. Staatshandbuch. Teilausgabe Bund 1980, Köln u. a. 1980, S. 285. 1977 war der Referatsname noch auf „Berufsberatung" beschränkt. Vgl.

Mitte der 1970er bis Mitte der 1990er Jahre – über den „Machtwechsel" von 1982 hinweg – der Regierungsdirektor und spätere Ministerialrat Dr. Christoph Leverkus. Auch gegen kritische Stimmen in Opposition und Öffentlichkeit gab er der Politik seiner jeweiligen Minister (1969-1976 Walter Arendt/SPD, 1976-1982 Herbert Ehrenberg/SPD, 1982 Heinz Westphal/SPD, 1982-1998 Norbert Blüm/CDU) argumentativen Rückhalt.

Das Bundesministerium für Jugend, Familie und Gesundheit[44] (seit 1986 Bundesministerium für Jugend, Familie, Frauen und Gesundheit[45]) befasste sich mit Fragen, die das Problem der Jugendarbeitslosigkeit für die Jugendhilfe und Jugendsozialarbeit schuf. Dabei ging es insbesondere um die sogenannte „Jugendberufshilfe" in Form von Beratungs-, Bildungs- und Ausbildungsangeboten im Übergang von der Schule zum Erwerbsleben[46]. Des Weiteren war das Bundesministerium für Jugend, Familie und Gesundheit Mitte der 1980er Jahre im Rahmen der generellen Jugendkooperation zwischen der Bundesrepublik und Frankreich für ein gemeinsames deutsch-französisches Projekt zur Bekämpfung der Jugendarbeitslosigkeit zuständig – ein von französischer Seite initiiertes Vorhaben, das angesichts wechselseitiger Probleme bei der Festlegung des Aufgabenbereichs allerdings nicht über die Planungsebene hinauskam[47].

In enger Beziehung zum „Jugendministerium" stand das seit 1961 als korporatistisches Beratungsgremium für die Bundesregierung tätige Bundesjugendkuratorium, dem vor allem Vertreter von Jugend- und Wohlfahrtsverbänden, Verwaltung, Tarifpartnern und Wissenschaft angehörten[48]. Jugendarbeitslosigkeit wurde hier seit Mitte der 1970er Jahre

---

Die Bundesrepublik Deutschland. Staatshandbuch. Teilausgabe Bund 1977/78, Köln u. a. 1977, S. 276.

[44] So der Name seit 1969.

[45] Dieser Name war bis 1991 gültig.

[46] Zum Stand der traditionellen bundesdeutschen „Jugendberufshilfe" zu Beginn des untersuchten Zeitraums vgl. Artikel „Jugendberufshilfe" in: Pädagogisches Lexikon in zwei Bänden, hrsg. von Walter Horney, Johann Peter Ruppert und Walter Schultze, Bd. 1, Gütersloh 1970, S. 1359f.

[47] Das Vorhaben war in der Rede des französischen Staatspräsidenten François Mitterrand vor dem deutschen Bundestag am 20.1.1983 angeregt worden, offenbar im Rahmen der Offensive gegen Jugendarbeitslosigkeit seit dem Amtsantritt der sozialistisch-kommunistischen Regierung im Jahr 1981. In der Planungsphase des deutsch-französischen Projekts gab es erhebliche Probleme: So stieß beispielsweise der französische Vorschlag, ein Förderprogramm für Animateure zu installieren, auf deutscher Seite auf Unverständnis. Vgl. hierzu BAK, B 189/18677: Deutsch-französische Maßnahmen zur Bekämpfung der Jugendarbeitslosigkeit mit Unterstützung des Europäischen Sozialfonds, Bd. 1-3.

[48] Das Bundesjugendkuratorium war 1961 mit der Novellierung des Jugendwohlfahrtsgesetzes als Nachfolger des seit 1950 existierenden Kuratoriums für Jugendfragen geschaffen worden. Vgl. http://www.bundesjugendkuratorium.de/geschichte.html [letzter Zugriff: 21.4.2012]. Ein Mitgliederverzeichnis vom 16.4.1985 führt beispielsweise Vertreter folgender Organisationen auf: Bund der Deutschen katholischen Jugend, Sozialistische Jugend Deutschlands – Die Falken, Arbeitsgemeinschaft der Evangelischen Jugend in der Bundesrepublik Deutschland und Berlin West, Junge Union Deutschlands, Deutsche Sportjugend, Diakonisches Werk EKD, Deutscher Caritasverband, Arbeiterwohlfahrt Bundesverband, Bundesvereinigung der kulturellen Jugendbildung, Wannseeheim für Jugendarbeit, Internationaler Bund für Sozialarbeit – Jugendsozialwerk, Deutscher Gewerkschaftsbund Bundesvorstand, Bundesvereinigung der Deutschen Arbeitgeberverbände, Deutscher Städtetag, Deutscher Landkreistag. Hinzu kam eine Reihe von ausgewiesenen Fachleuten, darunter Prof. Dr. Rita Süssmuth, Erziehungswissenschaftlerin (und bald Bundesministerin für Jugend, Familie und Gesundheit), Prof. Dr. Roman Bleistein, Professor für Pädagogik, und Prof. Dr. Hans Bertram, Soziologe und Direktor des DJI. Vgl. BAK, B 189/22281.

zu einem Schwerpunktthema der regelmäßigen Sitzungen. Der praktische Einfluss der hier erarbeiteten Analysen und Handlungsvorschläge blieb allerdings gering[49].

In die Verantwortung des Bundesministeriums für Jugend, Familie und Gesundheit fiel auch die Erstellung der „Jugendberichte", die das Jugendwohlfahrtsgesetz aus dem Jahr 1961 eingeführt hatte[50]. Seit 1965 musste die Bundesregierung den Bundestag einmal in jeder Legislaturperiode „über Bestrebungen und Leistungen der Jugendhilfe" informieren. Die jeweils in mehrjähriger Arbeit von einer durch das Ministerium eingesetzten Sachverständigenkommission verfassten Berichte gaben teils eine allgemeine Bestandsaufnahme, teils waren sie thematisch spezifiziert. Die Regierung stellte ihnen jeweils einen eigenen Kommentar voraus, nicht zuletzt auch deshalb, weil die Sachverständigenexpertisen mehrfach einen sehr kritischen Ton angeschlagen hatten. Fragen der jugendlichen Erwerbsarbeit spielten in den Jugendberichten von Anfang an eine Rolle, das Problem der Jugendarbeitslosigkeit wurde während des untersuchten Zeitraums wegen der langen Vorlaufzeiten allerdings erst im 5. Jugendbericht aus dem Jahr 1980 ausführlich behandelt[51].

Auch das Bundesministerium für Bildung und Wissenschaft[52] war partiell mit jugendlichen Arbeitsmarktproblemen befasst. Seine Zuständigkeit erstreckte sich seit 1972 auch auf das gesamte Gebiet der beruflichen Bildung[53]. Die „Sicherung des Ausbildungsplatzangebots"[54] gehörte während des untersuchten Zeitraums zu den Aufgaben dieses Ressorts. Damit wurde dem noch von der Großen Koalition verabschiedeten Berufsbildungsgesetz von 1969[55] Rechnung getragen, das berufliche Bildung in verstärktem Maße in den Bereich staatlicher Verantwortung rückte und ihr so auch ein erhöhtes Maß an öffentlicher Aufmerksamkeit sicherte. Mitte der 1970er Jahre war die Problematik fehlender Lehrstellen in der politischen Tätigkeit des Ministeriums noch eng mit dem sozialliberalen Vorhaben einer grundsätzlichen Reform der beruflichen Bildung verbunden. Nach und nach traten dann aber eher pragmatische Aspekte in den Vordergrund, etwa im Hinblick auf überbetriebliche Ausbildungsplätze für benachteiligte Jugendliche oder die Förderung der Ausbildungsbereitschaft von Unternehmen.

---

[49] Vgl. auch Stimmen der Unzufriedenheit in BAK, B 189/22277, Protokoll der Sitzung des BJK vom 9.6.1982, S. 2.
[50] Gemäß § 25 Abs. 2 des Gesetzes über Jugendwohlfahrt vom 11.8.1961; Bundesgesetzblatt (BGBl.) 1961/I, S. 1206–1219, hier S. 1210. Ebd. auch das folgende Zitat. – Allgemein zur Entwicklung der Jugendberichte vgl. Walter Hornstein/Christian Lüders, Jugendberichterstattung zwischen Wissenschaft und Politik, in: Helmut Richter/Thomas Coelen (Hrsg.), Jugendberichterstattung. Politik, Forschung, Praxis, Weinheim/München 1997, S. 33–47.
[51] Verh. BT, Drs. 8/3684 (Stellungnahme der Bundesregierung und Kurzfassung des Berichts) und Drs. 8/8635 (Bericht über Bestrebungen und Leistungen der Jugendhilfe. Fünfter Jugendbericht). – Der bereits 1972 in Auftrag gegebene vierte Jugendbericht hatte dem Thema „Sozialisationsprobleme der arbeitenden Jugend in der Bundesrepublik Deutschland" gegolten und war der Bundesregierung erst 1976 vorgelegt worden.
[52] So der Name von 1969 bis 1994.
[53] Vgl. Einleitung zum Findbuch „Berufliche Bildung" im Bestand BAK, B 138, S. XII. Vorher waren das Arbeits- und das Wirtschaftsministerium für die berufliche Bildung zuständig.
[54] So der Titel einer umfangreichen Aktenserie im Bestand BAK, B 138/49548–49556 und B 138/107728f.
[55] Vgl. Antonius Lipsmeier, Berufsbildung, in: Handbuch der deutschen Bildungsgeschichte, Bd. VI: 1945 bis zur Gegenwart, Erster Teilbd.: Bundesrepublik Deutschland, hrsg. von Christoph Führ und Carl-Ludwig Furck, München 1998, S. 447–489, hier S. 448–451.

Zu einem wichtigen Aufgabenfeld des Bildungsministeriums wurde der auf der Grundlage des Ausbildungsplatzförderungsgesetzes von 1976 erstmals im Jahr 1977 erstellte „Berufsbildungsbericht" „über die regionale und sektorale Entwicklung des Angebots an und der Nachfrage nach Ausbildungsplätzen"[56]. Unter Mitwirkung des Bundesinstituts für Berufsbildung wurde dieser Bericht fortan im Jahresrhythmus vorgelegt. Dies hatte nicht allein eine verbesserte Erfassung der Ausbildungsplatzlage zur Folge, sondern auch eine weitere Fokussierung der öffentlichen Aufmerksamkeit auf diese „erste Schwelle" im Übertritt zahlreicher Jugendlicher von der Schule in das Erwerbsleben.

Im Zuständigkeitsbereich des Bundesministeriums für Wirtschaft scheint das Thema Jugendarbeitslosigkeit nur eine marginale Rolle gespielt zu haben[57]. Hingegen lässt sich die bundespolitische Bedeutung des Problemfeldes auch auf der Ebene des Bundeskanzleramtes nachweisen. In der hier kontinuierlich geführten Aktenserie zur „Allgemeinen Lage des Arbeitsmarktes", die vor allem statistisches Material enthält, gehörte Jugendarbeitslosigkeit seit Mitte der 1970er Jahre zu den mit besonderer Aufmerksamkeit verfolgten Aspekten[58]. Weiterhin unklar muss bleiben, welcher Stellenwert dem Thema in den Kabinettssitzungen der Bundesregierungen zukam bzw. wie sich dieser Stellenwert auch im Lauf der Jahre veränderte. Die vom Bundesarchiv besorgte Publikation der Sitzungsprotokolle kam bislang noch nicht über das Jahr 1968 hinaus; archivalischer Zugang zu den späteren Protokollen ist nicht möglich.

Das hohe öffentliche Interesse, die breite institutionelle Beschäftigung und die große Zahl an involvierten Fachleuten sicherten dem Problem der Jugendarbeitslosigkeit während der 1970er und 1980er Jahre in der Bundesrepublik einen umfangreichen gesellschaftlichen Resonanzraum. Wie im folgenden Kapitel weiter zu verfolgen sein wird, begünstigte dies einen intensiven Krisendiskurs, aber auch die Entstehung ganz unterschiedlicher Akzente in der Problembewertung.

2. Entwicklungen und Aspekte des Krisenbewusstseins

Das Phänomen der Jugendarbeitslosigkeit war in der Bundesrepublik seit Mitte der 1970er Jahre mit einem intensiven gesellschaftlichen und politischen Krisenbewusstsein verbunden. Eine sozialwissenschaftliche Studie aus dem Jahr 1990 spricht in diesem Zusammenhang von einem „übereinstimmend gesellschaftlich als besonders gravierend eingeschätzte[n] Problemsyndrom"[59]. Bereits im vorigen Kapitel wurde dargelegt, welch hohen Stellenwert dieses Thema in der bundesdeutschen Öffentlichkeit genoss und wie vielfältig die Beschäftigung mit dem Problem auf bundespolitischer Ebene war. Freilich, auch dies wurde schon angedeutet, traten in der Bewertung der Krisendimensionen durchaus mar-

---

[56] Berufsbildungsbericht 1977, S. 7.
[57] Dies erbrachte eine Sichtung des Bestandsverzeichnisses B 102 des Bundesarchivs.
[58] Häufig finden sich Informationsmaterial der Bundesanstalt für Arbeit, hin und wieder auch Belege für die direkte Befassung des Bundeskanzlers mit dem Thema. So enthält z. B. BAK, B 136/8827, vorbereitendes Material für ein Gespräch des Bundeskanzlers mit Vertretern des Bundesjugendrings am 1. 6. 1976, bei dem es unter anderem auch über das Problem der Jugendarbeitslosigkeit ging.
[59] Jürgen Krüger/Manfred Pojana/Roland Richter, Lokale Handlungsebene und Jugendarbeitslosigkeit. Ein Forschungsbeitrag zur wohlfahrtsstaatlichen Dezentralisierungsdebatte, München 1990, S. 229.

kante Unterschiede auf. Im Folgenden soll nun ein Überblick über Entwicklungen und Aspekte des bundesdeutschen Diskurses zum Thema Jugendarbeitslosigkeit sowie des dahinterstehenden Krisenbewusstseins gegeben werden. Dabei wird zunächst vom Krisenbegriff selbst auszugehen sein.

Der Terminus „Krise", der von dem altgriechischen Wort κρίσις (Entscheidung) abgeleitet ist, meint in seinem heutigen Sinne sowohl die gefährliche Zuspitzung einer bestimmten Entwicklung als auch eine allgemein schwierige Situation[60]. Angesichts des beschleunigten historischen Wandels seit dem Durchbruch der Industrialisierung in der westlichen Welt und angesichts der vielfältigen wirtschaftlichen, gesellschaftlichen, kulturellen und politischen Umbrüche, die hieraus folgten, entwickelte sich der Krisenbegriff im 20. Jahrhundert zu einer gängigen sprachlichen Münze der Zeitdiagnose. Krisenempfinden wurde zu einem verbreiteten soziokulturellen Zustand. Pointiert hat der Soziologe Gerhard Schulte daher vor kurzem von einer „Krisenkultur" der Moderne gesprochen[61]. Akute Umbruchs- und Entscheidungssituationen sowie längerfristige „Störungen" einer – durchaus unterschiedlich zu definierenden – „Normalität"[62] überlagerten sich dabei immer wieder in vielfacher Weise.

Dies gilt auch für die seit Mitte der 1970er Jahre auftretenden Probleme der Massenarbeitslosigkeit und der zu beobachtenden Veränderungen der Arbeitswelt, die in der Bundesrepublik seit Anfang der 1980er Jahre häufig unter den Schlagworten „Krise" oder „Ende" der „Arbeitsgesellschaft" erörtert wurden[63]. Dass sich in der Konstatierung einer Krisenlage fast immer „objektive", auf reale Entwicklungen bezogene Faktoren und ein „subjektives" Krisenempfinden vermischen, das vom jeweiligen Erfahrungs- und Erwartungshorizont sowie vom verfügbaren Interpretationsrahmen abhängt, zeigt sich gerade in dieser Diskussion sehr deutlich. Die Frage, inwieweit es wissenschaftlich sinnvoll ist, die komplexen Wandlungen der 1970er und 1980er Jahre als „Krise" zu fassen, bleibt bislang umstritten[64] und soll hier nicht entschieden werden. Wenn im Folgenden vom Begriff der Krise die Rede ist, dann meint er vorrangig das subjektive Krisenempfinden und den damit verbundenen Krisendiskurs.

Grundsätzlich ist zu berücksichtigen, dass der seit Mitte der 1970er Jahre entstehende arbeitsmarktpolitische Krisendiskurs im größeren Kontext eines Stimmungswandels stand,

---

[60] Zur Semantik von „Krise" s. Duden. Das große Wörterbuch der deutschen Sprache in acht Bänden, 2., völlig neu bearb. und stark erw. Aufl., hrsg. und bearb. vom Wissenschaftlichen Rat und den Mitarbeitern der Dudenredaktion unter der Leitung von Günther Drosdowski, Bd. 4, Mannheim u. a. 1994, S. 2004. Zur Entstehung des modernen Krisenbegriffs vgl. Reinhart Koselleck, Krise, in: Geschichtliche Grundbegriffe. Historisches Lexikon zur politisch-sozialen Sprache in Deutschland, hrsg. von Otto Brunner, Werner Conze und Reinhart Koselleck, Bd. 3: H–Me, Stuttgart 1982, S. 617–650. Allgemein zum Krisenbegriff vgl. auch Helga Scholten, Einführung in die Thematik. Wahrnehmung und Krise, in: Dies. (Hrsg.), Die Wahrnehmung von Krisenphänomenen. Fallbeispiele von der Antike bis in die Neuzeit, Köln u. a. 2007, S. 5–11.

[61] Gerhard Schulze, Krisen. Das Alarmdilemma, Frankfurt a. M. 2011, S. 43.

[62] Zur dialektischen Beziehung zwischen „Krise" und „Normalität" und zu unterschiedlichen „Normalitätsmodellen" vgl. ebd., vor allem S. 84–89 und 104–141.

[63] Vgl. oben S. 5. Schon seit Mitte der 1970er Jahre war der Krisenbegriff auf die „Industriegesellschaft" bezogen worden, vgl. etwa: Krise und Reform in der Industriegesellschaft, Bd. 1: Materialien der IG-Metall-Tagung vom 17. bis 19. Mai in Köln, Bd. 2: Protokoll der IG-Metall-Tagung vom 17. bis 19. Mai in Köln, Frankfurt a. M./Köln 1976.

[64] Vgl. z. B. die Kritik von Winfried Süß, Der keynesianische Traum und sein langes Ende. Sozioökonomischer Wandel und Sozialpolitik in den siebziger Jahren, in: Konrad H. Jarausch (Hrsg.), Das Ende der Zuversicht? Die siebziger Jahre als Geschichte, Göttingen 2008, S. 120–137, hier S. 133f.

der die bundesdeutsche Politik und Öffentlichkeit in dieser Epoche prägte. Die verbreitete Aufbruchs- und Reformeuphorie der „Nach 68er"- Zeit und der Anfangsphase der sozialliberalen Koalition kippte angesichts der schwierigen Umsetzung von Reformen, der seit 1973 wachsenden ökonomischen und sozialen Schwierigkeiten und nicht zuletzt auch des 1974 vollzogenen Kanzlerwechsels vom Hoffnungsträger Willy Brandt zum pragmatischen Helmut Schmidt in einen langwierigen Prozess der Desillusionierung. Die ungewohnten Konjunktur-, Haushalts- und Arbeitsmarktprobleme ließen den „kurzen Traum immerwährender Prosperität"[65], der sich seit den 1950er Jahren in einer langen Phase des wirtschaftlichen Wiederaufbaus verbreitet hatte, recht unvermittelt platzen. Schon bald kam es zu einer grundlegenden sozialpolitischen Diskussion, bis hin zur Postulierung einer „Neuen Sozialen Frage" durch die CDU-Opposition[66]. Mitte der 1980er Jahre erlebte diese Debatte unter umgekehrten innenpolitischen Vorzeichen eine Neuauflage, als der DGB eine vehemente regierungskritische Kampagne gegen die „Neue Armut" führte[67].

Hinzu kamen weitere Entwicklungen, die auf unterschiedlichen politischen Feldern eine Krisenstimmung hervorriefen: Die wachsende Bedrohung durch den nationalen und internationalen Terrorismus und die damit verbundene staatliche Bekämpfung des Terrorismus erreichten im „deutschen Herbst" des Jahres 1977 einen tristen Höhepunkt und steigerten den Krisendiskurs punktuell zu einer Bürgerkriegsrhetorik[68]. Im Laufe der 1970er Jahre entstand in Teilen der bundesdeutschen Öffentlichkeit erstmals ein breites ökologisches Krisenbewusstsein, das sich vor allem in der an Stärke gewinnenden Anti-Atom-Bewegung manifestierte. Seit Ende der 1970er Jahre, als sich die Konfrontation der großen weltpolitischen Blöcke nach einer Entspannungsphase wieder verstärkte und der sogenannte NATO-Doppelbeschluss auch die Stationierung neuer westlicher Mittelstreckenraketen vorsah, verbreitete sich in Teilen der Öffentlichkeit erneut die Furcht vor einem fatalen atomaren Wettrüsten. Die in diesem Zusammenhang an Kraft gewinnenden Neuen Sozialen Bewegungen wie die Umwelt- und Friedensbewegung, Veränderungen im Bereich der Jugendkultur sowie ein schon seit längerem intensivierter gesellschaftlicher Wertewandel[69] erzeugten umgekehrt in bürgerlich-konservativen Kreisen erhebliches Un-

---

[65] Burkart Lutz, Der kurze Traum immerwährender Prosperität: Eine Neuinterpretation der industriell-kapitalistischen Entwicklung im Europa des 20. Jahrhunderts, Frankfurt a. M. 1984.
[66] Vgl. anknüpfend an die auf dem CDU-Parteitag im November 1975 verabschiedete „Mannheimer Erklärung" eine Buchpublikation von Heiner Geißler, Exponent des CDU-Arbeitnehmerflügels und zum damaligen Zeitpunkt Minister für Soziales, Gesundheit und Sport in Rheinland-Pfalz: Die Neue Soziale Frage. Analysen und Dokumente, Freiburg im Breisgau 1976. Vgl. hierzu auch Süß, Umbau am „Modell Deutschland", S. 225; Marcel Boldorf, Die „Neue Soziale Frage" und die „Neue Armut" in den siebziger Jahren. Sozialhilfe und Sozialfürsorge im deutsch-deutschen Vergleich, in: Konrad H. Jarausch (Hrsg.), Das Ende der Zuversicht? Die siebziger Jahre als Geschichte, Göttingen 2008, S. 138–156, hier S. 139 f.
[67] Vgl. Winfried Süß, Massenarbeitslosigkeit, Armut und die Krise der sozialen Sicherung seit den 1970er Jahren. Großbritannien und die Bundesrepublik Deutschland im Vergleich, in: Thomas Raithel/Thomas Schlemmer (Hrsg.), Die Rückkehr der Arbeitslosigkeit. Die Bundesrepublik Deutschland im europäischen Kontext 1973 bis 1989, München 2009, S. 55–66, hier S. 64–66. Die Anfänge dieser Debatte lagen bereits Ende der 1970er und Anfang der 1980er Jahre. Vgl. Boldorf, Die „Neue Soziale Frage" und die „Neue Armut", S. 140.
[68] Vgl. Andreas Musolff, Bürgerkriegs-Szenarios und ihre Folgen. Die Terrorismusdebatte in der Bundesrepublik 1970–1993, in: Wolfgang Kraushaar (Hrsg.), Die RAF und der linke Terrorismus, Bd. 2, Hamburg 2006, S. 1171–1184.
[69] Zu diesen Aspekten vgl. unten S. 89–91.

behagen und förderten hier einen kulturpessimistischen Krisendiskurs. „Die bürgerlichen Werte sinken ab" – so klagte beispielsweise die Meinungsforscherin Elisabeth Noelle-Neumann im Jahr 1978 und konstatierte gleichzeitig einen „Verfall der Arbeitsfreude"[70].

Jugendarbeitslosigkeit war zweifellos ein besonders wichtiger Aspekt der seit Mitte der 1970er Jahre herrschenden arbeitsmarktpolitischen Krisenstimmung. So sah eine frühe Quellenpublikation aus dem Jahr 1976 in ihr die „wohl erschreckendste Seite" der „Massenarbeitslosigkeit unserer Tage"[71]. Besonders in plakativen Buchtiteln wurde sie auch immer wieder explizit mit dem Krisenbegriff in Verbindung gebracht[72]. Jugendarbeitslosigkeit erschien in der Regel als Störung eines vermeintlichen Normalzustands jugendlicher Vollbeschäftigung – eine Unterbrechung, die es so bald als möglich zu überwinden galt. Dass die Erschütterung vermeintlicher Normalitäten jugendlicher Erwerbsarbeit freilich bereits seit längerem im Gange war, zeigt ein Begriffswandel, der Mitte der 1970er Jahre weit fortgeschritten war. Statt der ursprünglichen und in den frühen 1950er Jahren vielgebrauchten Wendungen „Berufsnot der Jugend" oder „Jugendberufsnot", die vom Idealbild einer festen jugendlichen Berufswahl ausgingen, wurde nun in der Regel[73] die offenere Bezeichnung der Jugendarbeitslosigkeit verwendet. Die alte Begrifflichkeit überlebte meist nur in dem sozialpädagogischen Fachterminus der „Jugendberufshilfe"[74].

Welches Ausmaß der durch das Phänomen jugendlicher Arbeitslosigkeit hervorgerufenen Störung zugeschrieben und mit welchen Maßstäben sie bewertet wurde, hing von verschiedenen Faktoren ab. So war neben dem Zeitpunkt der Äußerung – in akuten Krisenphasen unterschied sich der Diskurs deutlich von Perioden, in denen es weniger Problemdruck oder gar Entspannungssymptome gab – auch die jeweilige politische und professionelle Position des Redners oder Autors von Bedeutung: Im Regierungsapparat wurden die Dinge meist anders gesehen als in der Opposition, von einem in der Jugendhilfe engagierten Publizisten anders als von einem Ökonomen.

Erstaunlicherweise blieb im bundesdeutschen Diskus über Jugendarbeitslosigkeit in den 1970er und 1980er Jahren oftmals unklar, welche Altersgruppe eigentlich genau gemeint war. Der traditionelle bundesdeutsche Bezug des Begriffs „Jugendarbeitslosigkeit" auf das Alter von 15 bis (einschließlich) 19 Jahren prägte, vor allem in den 1970er Jahren,

---

[70] Elisabeth Noelle-Neumann, Werden wir alle Proletarier? Wertewandel in unserer Gesellschaft, Zürich 1978, S. 10 und 59. Auch zitiert in: Axel Schildt, „Die Kräfte der Gegenreformation sind auf breiter Front angetreten". Zur konservativen Tendenzwende in den 1970er Jahren, in: Archiv für Sozialgeschichte 44 (2004), S. 449–478, hier S. 473. Zum Kontext vgl. ebd., S. 472–476.
[71] Cremer, Jugend ohne Arbeit, Klappentext.
[72] Vgl. z. B. Schober/Hochgürtel, Bewältigung der Krise oder Verwaltung des Mangels?; Reinhard Crusius, Krise von Jugend, Ausbildung und Beruf: Was sagt die Wissenschaft dazu? Antworten und Defizite der „zuständigen Wissenschaften" und Änderungsvorschläge für die Berufspädagogik, München 1985; Elke von der Haar/Heinrich von der Haar, Ausbildungskrise. Eine Bilanz von 10 Jahren Berufsbildung, Berlin 1986; Martin Baethge/Brigitte Hantsche/Wolfgang Pelull/Ulrich Voskamp: Jugend und Krise. Eine empirische Untersuchung zur Bedeutung von krisenhaften Arbeitsmarktentwicklungen für Arbeitsbewußtsein, Arbeitsverhalten und Interessenorientierung von Jugendlichen/jungen Erwachsenen, Göttingen 1987.
[73] Beispiele für die Verwendung des alten Begriffs noch Mitte der 1970er Jahre bieten: BAK, B 189/22375, „Die Jugendpolitik der Bundesregierung 1969–1976 – Eine Bilanz in Schlagzeilen" mit dem Kapitel „Jugendberufsnot", S. 41–43; Frank Braun/Alois Weidacher, Materialien zur Arbeitslosigkeit und Berufsnot Jugendlicher. Mit Bibliographie, München 1976; interessanterweise taucht der Begriff „Berufsnot" innerhalb des Bandes kaum noch auf.
[74] Zum Stand zu Beginn des untersuchten Zeitraums vgl. „Jugendberufshilfe", in: Pädagogisches Lexikon in zwei Bänden, Bd. 1, S. 1359f.

auch die amtlichen Statistiken und Analysen der Bundesanstalt für Arbeit bzw. des dortigen IAB noch sehr stark. Diese wiederum bildeten die Basis für die ministerielle Beschäftigung mit dem Thema. Gerade in der ersten akuten Krise der Jugendarbeitslosigkeit 1975/76 fehlen in den einschlägigen Publikationen wie insbesondere den „Amtlichen Nachrichten der Bundesanstalt für Arbeit" (ANBA) Zahlen für die unter 25-Jährigen fast vollständig. Noch 1982 sah die Publikation eines IAB-Mitarbeiters die „Festlegung" in Kraft, „zu den jugendlichen Arbeitslosen lediglich jene zu rechnen, die noch keine 20 Jahre alt sind"[75].

Daneben war, mit insgesamt zunehmender Tendenz, freilich auch der international übliche breitere Bezug auf die gesamte Altersgruppe der 15- bis (einschließlich) 24-Jährigen verbreitet. Selbst in ministeriellen Vorlagen ist oftmals nur schwer zu erkennen, ob gerade der zeitlich engere oder der breitere Begriff der Jugendarbeitslosigkeit verwendet wird. Erfolgten Präzisierungen, dann wurde teilweise auch explizit zwischen „jugendlichen" Arbeitslosen (unter 20) und „jungen" Arbeitslosen (20- bis 24-Jährigen) unterschieden.

Das partielle Festhalten an einem zeitlich engeren Begriff der Jugendarbeitslosigkeit konnte in den 1980er Jahren erhebliche Folgen für die Krisendiagnose gewinnen: Denn dadurch geriet aus dem Blick, dass sich nun das Problem der jugendlichen Arbeitslosigkeit vor allem auf die älteren Jahrgänge der 20- bis 24-Jährigen verschob. Hin und wieder drängt sich der Verdacht auf, dass von politischer Seite daher mit einer gewissen Absicht am engen Begriffsgebrauch festgehalten wurde, der mit günstigeren Arbeitslosenquoten einherging. Das Problem war von fachlicher Seite auch zeitgenössisch bereits erkannt. So wurde in einer Sitzung des Bundesjugendkuratoriums am 2. Februar 1982 bemängelt, dass in einer Bestandsaufnahme des Bundesministeriums für Jugend, Familie und Gesundheit („Jugend in der Bundesrepublik heute – Aufbruch oder Verweigerung"[76]) die Beschreibung und Bewertung des Problems der Jugendarbeitslosigkeit „zu schwach ausgefallen [sei], weil man mit den amtlichen Statistiken nur die unter 20 Jährigen in den Blick genommen habe. Der Sache gerecht würde man aber nur, wenn man die Zahl der jungen Arbeitslosen unter 25 Jahren zur Grundlage der Überlegungen mache"[77].

Das in den 1980er Jahren gewichtigere Problem der „älteren" Jugendarbeitslosigkeit wurde auch insofern nicht immer in vollem Umfang wahrgenommen, als weiterhin in Politik und Öffentlichkeit die Lehrstellenproblematik den wichtigsten Gesichtspunkt der Jugendarbeitslosigkeit darstellte. Ein Papier mit „Empfehlungen" des Bundesjugendkuratoriums zum Thema Jugendarbeitslosigkeit vom 28. Oktober 1985 machte genau auf diesen Aspekt aufmerksam: „Während die öffentliche Diskussion das Phänomen der Jugendarbeitslosigkeit nach wie vor an der Zahl der fehlenden Ausbildungsplätze mißt, haben sich die Probleme quantitativ rasant verlagert. Einem nicht vermittelten Ausbildungsplatzsuchenden stehen derzeit fast 10 arbeitslose junge Menschen unter 25 Jahren gegenüber, von denen mehr als die Hälfte bereits eine Ausbildung abgeschlossen hat."[78] Die starke Fixierung von Öffentlichkeit und Politik auf das spezielle Problem des Lehrstellenmangels hatte, was die Problemlage der Jugendarbeitslosigkeit betrifft, freilich nicht nur einen

---

[75] Stooß, Jugendarbeitslosigkeit, S. 33.
[76] Vollständiges Manuskript der vom Staatssekretär im Bundesministerium für Jugend, Familie und Gesundheit Prof. Georges Fülgraff ausgearbeiteten, auf den 2.11.1981 datierten Schrift in: BAK, B 189/22277, Protokoll der Sitzung des BJK vom 25.11.1981, Anlage 2.
[77] BAK, B 189/22277, Protokoll der Sitzung des BJK vom 2.2.1982, S. 2.
[78] BAK, B 189/22279, Protokoll der Sitzung des BJK vom 28.10.1985, Anlage zu TOP 4, BJK, Empfehlungen zum Problem „Jugendarbeitslosigkeit".

ablenkenden Effekt. Umgekehrt verschaffte sie dem Gesamtthema immer wieder öffentliche Aufmerksamkeit und trug somit – wie sich in der akuten Krisensituation der Jahre 1983 und 1984 zeigte – wohl auch dazu bei, die Ausbildungsbereitschaft der Arbeitgeber zu erhöhen.

Mit einigem analytischen und abstrahierenden Abstand lassen sich in dem vielstimmigen und in der Sache nicht selten diffusen bundesdeutschen Diskurs über Jugendarbeitslosigkeit während des untersuchten Zeitraums zwei Haupttendenzen erkennen: eine eher optimistische und eine eher pessimistische Grundhaltung.

Die optimistische Grundhaltung konnte zunächst an Wahrnehmungen der frühen 1970er Jahre anknüpfen. So gab es vor der ersten Ölpreiskrise von 1973 in der Bundesrepublik offenbar keinerlei Vorstellung davon, dass es in absehbarer Zeit zu einer Rückkehr von Massenarbeitslosigkeit kommen könnte. Die Konjunktur- und Arbeitsmarktkrise von 1966/67 war im Bereich der jugendlichen Erwerbsbevölkerung ohne ernsthafte Folgen geblieben. Die Krise konnte zudem sehr schnell überwunden werden, was auch dem demonstrativen Einsatz eines keynesianischen Instrumentariums der „Globalsteuerung" zugeschrieben wurde. Als ein Bericht der Europäischen Kommission für das Jahr 1969 im Westen Deutschlands eine „angespannte Arbeitsmarktlage" konstatierte, bezog sich dieses Urteil auf den Mangel an Arbeitskräften angesichts einer stark gestiegenen Zahl offener Stellen[79].

Dank des 1969 noch von der Großen Koalition verabschiedeten Arbeitsförderungsgesetzes (AFG), das in Vielem ein charakteristisches Produkt der damals herrschenden Planungseuphorie war, schien die bundesdeutsche Politik nun auch über Steuerungskapazitäten zu verfügen, die ein ausgeglichenes Verhältnis von Angebot und Nachfrage auf dem Arbeitsmarkt sicherten[80]. Wie eine 1973 im Auftrag der Bayerischen Staatsregierung publizierte Studie des US-amerikanischen Battelle-Planungsinstituts zur künftigen Arbeitsmarktentwicklung zeigt, galten die planerischen und politischen Sorgen noch unmittelbar vor dem „Ölpreisschock" eher dem weiterhin als hoch eingeschätzten Arbeitskräftebedarf der bundesdeutschen Volkswirtschaft sowie dem für notwendig gehaltenen Einsatz ausländischer Arbeitskräfte[81].

Speziell im Hinblick auf das Phänomen der Jugendarbeitslosigkeit kam anfangs hinzu, dass diesbezüglich in westeuropäischen Nachbarstaaten wie Italien und Frankreich oder auch Großbritannien bereits mehr oder minder deutliche Probleme auftraten, während es in den frühen 1970er Jahren in der Bundesrepublik kaum existierte. Noch im Frühjahr 1973, als das britische Arbeitsministerium die deutsche Botschaft in London um eine „Analyse der Jugendarbeitslosigkeit in Deutschland" bat, lautete die aus dem Bundesministerium für Arbeit und Sozialordnung übermittelte Antwort: „Die Bundesrepublik kennt im Grunde genommen keine Beschäftigungsprobleme Jugendlicher." Gleichzeitig wurde darauf hingewiesen, dass es hier „keiner speziellen Politik der Überwindung einer Arbeitslosigkeit von Jugendlichen" bedürfe, „da es eine typische Erscheinung der Jugendar-

---

[79] Die Arbeitsmarktlage in der Gemeinschaft 1970, hrsg. von der Kommission der Europäischen Gemeinschaften, o. O. [1970], S. 14.
[80] Vgl. Altmann, Aktive Arbeitsmarktpolitik, S. 184–191.
[81] Analyse und Prognose der Arbeitsmarktentwicklung in Bayern. Zusammenfassung wesentlicher Ergebnisse des vom Battelle-Instituts e.V., Frankfurt a. M., erstellten Forschungsgutachtens, hrsg. vom Bayerischen Staatsministerium für Arbeit und Sozialordnung, Gräfeling 1973. Für 1985 – dem Höhepunkt der geburtenstarken Jahrgänge – wurde hier ein Saldo von rund 250 000 Arbeitskräften errechnet, für 1990 sogar ein Fehlbedarf von über 400 000. Vgl. ebd., S. 29.

beitslosigkeit nicht" gebe. „Die auf Vollbeschäftigung und eine ausgewogene Wirtschaftsstruktur gerichtete Wirtschaftspolitik dient", so heißt es weiter, „ebenso wie die aktive Arbeitsmarktpolitik nach dem Arbeitsförderungsgesetz vom 25. Juni 1969 Angehörigen anderer Altersgruppen und Jugendlichen gleichermaßen."[82] Der im Bundestagswahlkampf 1972 von der SPD plakatierte Slogan „Deutsche, wir können stolz sein auf unser Land"[83] galt, zumindest im sozialliberalen Regierungslager, auch für die anfängliche Beurteilung von Jugendarbeitslosigkeit.

Als infolge der Wirtschaftskrise von 1974/75 die Quoten der registrierten Jugendarbeitslosigkeit überraschenderweise auch in der Bundesrepublik stark anstiegen und es gleichzeitig zu einem Mangel an Lehrstellen kam, erschien diese Entwicklung in Regierungsperspektive in erster Linie als Ausdruck einer rasch vorübergehenden konjunkturellen Krise. So meinte, wie das Sitzungsprotokoll berichtet, ein Vertreter des Bundesministeriums für Bildung und Wissenschaft am 29. Januar 1975 im Bildungsausschuss des Deutschen Bundestags: „Die Bundesregierung sei der Meinung, daß sich die Lage im Zuge des allgemeinen Aufschwungs sehr schnell ändern werde. In mittel- und längerfristiger Perspektive sei kaum mit einem Sonderproblem Jugendarbeitslosigkeit zu rechnen."[84] Auch in amtlichen Verlautbarungen der Nürnberger Bundesanstalt[85] wurde Jugendarbeitslosigkeit Mitte der 1970er Jahre, als sich in Presse und Publizistik bereits alarmierende Berichte häuften[86], noch als überwiegend konjunkturelle und daher bald vorübergehende Erscheinung gesehen. Generell spielte bei derartigen Einschätzungen auch eine Rolle, dass der Glaube an die makroökonomischen Steuerungskapazitäten der Wirtschaftspolitik bei den zuständigen Regierungsstellen noch weitgehend ungebrochen war – ebenso wie der Glaube an die bald wieder hergestellte „Normalität" von Vollbeschäftigung[87].

Als Garant für die rasche Auflösung des Problems mussten, vor dem Hintergrund der immer noch präsenten Erwartung eines drohenden Arbeitskräftemangels, auch die demographischen Entwicklungen dienen. War der aktuelle Problemschub beim Lehrstellenangebot und generell auf dem Arbeitsmarkt für Jugendliche (allein) dem Eintritt geburtenstarker Jahrgänge in das Erwerbsleben geschuldet, so ließen das prognostizierte Stagnieren der gesamten Erwerbsbevölkerung und der 1973 in Kraft gesetzte Anwerbungsstopp für „Gastarbeiter" mittelfristig einen Rückgang der Jugendarbeitslosigkeit erwarten. So jedenfalls ar-

---

[82] BAK, B 149/53094, Abteilung VI, Ministerialrat Echterhölter, an die Abteilung II, 7.3.1973, mit Anlage 2, S. 2f.
[83] Wahlplakat „Deutsche, wir können stolz sein auf unser Land", http://www.hdg.de/lemo/objekte/pict/KontinuitaetUndWandel_plakatBrandt1972/index.html [letzter Zugriff: 21.4.2012].
[84] PADB, Ausschuss für Bildung und Wissenschaft, 7. WP, Protokoll der 48. Sitzung vom 29.1.1975, S. 8.
[85] Vgl. z.B. Zur Situation der Arbeitslosigkeit unter Jugendlichen. Ergebnisse der Sonderuntersuchung von Ende Mai 1975, in: ANBA 19/1975, S. 897–902, hier S. 897: „Insgesamt gesehen ist für den Grad der Arbeitslosigkeit bei Jugendlichen ebenso wie bei der Entwicklung der Gesamtarbeitslosigkeit maßgebend die konjunkturelle Abschwächung. Dies bedeutet, dass sich mit der angestrebten wirtschaftlichen Belebung gerade auch für die Jugendlichen die Beschäftigungssituation normalisieren wird."
[86] Vgl. z.B. Die Zeit, 17.1.1975, „Von der Schule auf die Straße"; Der Spiegel, 1975/53, 29.12., S. 18–20, „Arbeitslose: Bald eine Million Jugendliche ohne Ausbildungsplatz?".
[87] Vgl. z.B. BAK, B 149/103112, Bericht des Bundesministers für Bildung und Wissenschaft über „Jugendarbeitslosigkeit und Ausbildungsstellensituation", 20.1.1975. Der Beginn eines „Vorschlag[s] für eine Erklärung des Kabinetts", ebd. S. 6, lautet: „Das Kabinett erwartet, daß sich die Arbeitslosigkeit bei den Jugendlichen im Zuge der durch die konjunkturbelebenden Maßnahmen eingeleiteten Wirtschaftsaufschwungs rasch wieder normalisieren wird."

gumentierte im Mai 1975 eine im Arbeitsministerium angefertigte „Aufzeichnung über Fragen der Jugendarbeitslosigkeit": „Anzeichen für eine anhaltende strukturelle Jugendarbeitslosigkeit" seien „insgesamt nicht erkennbar, zumal auf mittlere und längere Sicht der Arbeitskräftemangel wegen der Stagnation der Erwerbspersonenzahl und der eingeleiteten Konsolidierungspolitik im Bereich der Ausländerbeschäftigung fortdauern wird."[88]

Während dieser kaum zu erschütternde Optimismus Mitte der 1970er Jahre vor allem im Ministerialapparat zu finden war, bemühten sich Regierungsvertreter in der Öffentlichkeit eher um vorsichtig-beschwichtigende Stellungnahmen[89], verbunden mit der Aussicht auf eine grundlegende Reform der beruflichen Bildung und einer daraus resultierenden Lösung der Lehrstellenproblematik[90]. Seitens der parlamentarischen Opposition von CDU/CSU hingegen wurde der sozialliberalen Bundesregierung in dieser Phase Untätigkeit vorgeworfen – gemäß jenem in Deutschland traditionell beliebten und nicht selten parlamentarismuskritisch instrumentalisierten Topos, dass „Taten" stets besser seien als „Worte"[91]. So führte der CDU-Abgeordnete Anton Pfeifer am 14. März 1975 vor dem Bundestag aus: „Es ist jetzt höchste Zeit, meine Damen und Herren, daß Bundesregierung und Parlament über diese Probleme – Jugendarbeitslosigkeit und Sicherung des Lehrstellenangebots – nicht mehr nur reden, sondern daß endlich auch gehandelt wird."[92]

Dieses aktionistische Pathos kann nur unschwer verbergen, dass Mitte der 1970er Jahre auch in den Reihen der Opposition, die zu diesem Zeitpunkt ein bereits erwähntes „Dringlichkeitsprogramm" auf den Weg zu bringen suchte[93], letztlich noch eine relativ optimistische Grundeinschätzung anzutreffen war. Denn gerade hier trat der Glaube an einfache Rezepte zur Problemlösung sehr deutlich zu Tage, war doch ein Hauptpunkt des vorgelegten Programms ein Prämiensystem zur Subventionierung von Lehrstellen[94]. Die Regierungsparteien hielten der CDU/CSU daher den nicht ganz unberechtigten Vorwurf entgegen, „ein gesellschaftliches Problem mit einigen kurzfristigen Maßnahmen sozusagen aus dem Handgelenk lösen" zu wollen[95].

Eine besondere Konsequenz der optimistischen Krisenbewertung bestand darin, den von Arbeitslosigkeit betroffenen Jugendlichen die Verantwortung für ihre Lage selbst zuzuschreiben. Von derart moralisierenden Schuldzuweisungen, wie sie beispielsweise eine Spiegel-Karikatur aus dem Jahr 1975 über arbeitsfaule langhaarige Jugendliche besonders deutlich zum Ausdruck brachte (Abb. 11), waren Mitte der 1970er Jahre auch die Aussagen von Regierungspolitikern nicht frei, insbesondere wenn sie eher am Rande der

---

[88] BAK, B 149/103113, Ref. IIa 1, „Aufzeichnung über Fragen der Jugendarbeitslosigkeit" [Ende Mai 1975].
[89] Vgl. z. B. Bundesbildungsminister Helmut Rohde am 14.3.1975 im Bundestag: „Was nun das Ausbildungsplatzangebot im vergangenen Jahr angeht, so hat sich nicht eine so dramatische Entwicklung abgezeichnet, wie manche – auch in den Debatten dieses Hauses – Anfang 1974 vorausgesagt haben." Verh. BT, Bd. 92, 7. WP, 156. Sitzung, 14.3.1975, S. 10864.
[90] Zum Konflikt um das Berufsbildungsgesetz vgl. unten S. 118f.
[91] Vgl. Jörg Kilian, Das alte Lied vom Reden und Handeln. Zur Rezeption parlamentarischer Kommunikationsprozesse in der parlamentarisch-demokratischen Öffentlichkeit der Bundesrepublik, in: Zeitschrift für Parlamentsfragen 27 (1996), S. 503–518.
[92] Verh. BT, Bd. 92, 7. WP, 156. Sitzung, 14.3.1975, S. 10861.
[93] Vgl. oben S. 66.
[94] Vgl. Antrag der Fraktion der CDU/CSU zu einem „Dringlichkeitsprogramm zur Überwindung des Lehrstellenmangels und zur Verringerung der Jugendarbeitslosigkeit", in: Verh. BT, Anlagen-Bd. 201, Drs. 7/3196, 30.1.1975.
[95] So die SPD-Abgeordnete Waltraud Steinhauer. Verh. BT, Bd. 92, 7. WP, 156. Sitzung, 14.3.1975, S. 10876.

„Hab' ich mir doch gleich gedacht, daß da 'n Trick bei war: Hinterher sollen wir nämlich malochen!"

Abb. 11: Karikatur: Arbeitsunwillige langhaarige Jugendliche, 1975[96]

Öffentlichkeit getätigt wurden. „Er sehe das Problem", so meinte der SPD-Parlamentarier Dieter Lattmann 1975 im Bildungsausschuss des Bundestags, „daß soziale Leistungen des Staates zu einer Vermehrung der Jugendarbeitslosigkeit und zu einer Nichtannahme von Ausbildungsplätzen beitragen können. Angesichts der hohen Unterstützungen seien viele Jugendliche bereit, einige Monate lang zu bummeln."[97]

Neben einer letztlich unangemessen optimistischen Wahrnehmung des Problems der Jugendarbeitslosigkeit spiegeln derartige Einschätzungen auch eine sich öffnende generationelle Kluft. In der sozialwissenschaftlichen Literatur wurde wohl zu Recht darauf hingewiesen, dass die Wahrnehmung von Jugendlichen als „arbeitsunwillig" auch mit den ganz anderen und wesentlich positiveren eigenen Arbeitsmarkt-Erfahrungen der mittleren und älteren Generation zusammenhängen[98].

---

[96] Aus: Der Spiegel, 1975/18, 28.4., S. 49f., „Arbeitslose. Kein Interesse für NRW-Hilfsprogramm", Abb. S. 49, Jupp Wolter (Künstler), Haus der Geschichte, Bonn. – Zur inhaltlichen Tendenz des Artikels vgl. auch den Vorspann: „Das Gros nordrhein-westfälischer Arbeitsloser unter 18 Jahren ist für weiteren Müßiggang. Ein Sofortprogramm der Regierung mit weiterbildenden Spezialkursen fand kaum Interesse."
[97] PADB, Ausschuss für Bildung und Wissenschaft, 7. WP, Protokoll der 54. Sitzung vom 14.5.1975, S. 10. – Gegen die zu pauschale Darstellung von Pankoke, Arbeitsfrage, S. 212, sei freilich eingewendet, dass derartige Schuldzuschreibungen im öffentlichen Diskurs relativ selten blieben.
[98] Vgl. Manfred Tessaring, Übergänge aus der Ausbildung in das Erwerbsleben im intergenerativen Vergleich, in: Christian Brinkmann/Karen Schober (Hrsg.), Erwerbsarbeit und Arbeitslosigkeit im Zeichen des Strukturwandels. Chancen und Risiken am Arbeitsplatz, Nürnberg 1992, S. 41–70.

Die optimistischen Stimmen, die während der ersten Zuspitzung der Jugendarbeitslosigkeit Mitte der der 1970er Jahre eine baldige „Normalisierung" erwartet hatten, konnten sich Ende der 1970er Jahre bestätigt sehen, als die Quote der Jugendarbeitslosigkeit wieder unter 5% fiel und sich dabei in etwa der allgemeinen Arbeitslosenquote anglich. Auch aus den Reihen der Opposition kamen jetzt vereinzelt Äußerungen, die vor einer Überbewertung des Problems warnten. So ging im Sommer 1979 eine Einschätzung des wissenschaftlichen Leiters der CDU/CSU-nahen „Forschungsstelle für Jugend und Familie" durch die Presse, der die Jugendarbeitslosigkeit in der Bundesrepublik als „Bagatellproblem" bezeichnet hatte[99].

Doch auch nach der erneuten und jetzt noch deutlicheren Verschlechterung der Situation Anfang der 1980er Jahre – 1984 wurde die 10%-Marke der registrierten Jugendarbeitslosigkeit überschritten – blieb eine relativ optimistische Grundtendenz zumindest partiell erhalten, insbesondere auch in den zuständigen Ministerialapparaten. Dabei spielten immer wieder drei Argumente eine Rolle:

Zum einen gab es, wie bereits in den späten 1970er Jahren, nach der akuten Krise der frühen 1980er gerade auf dem jugendlichen Arbeitsmarkt eine gewisse Entspannung, was wiederum den Glauben an die Wirksamkeit der eigenen Politik stabilisierte – auch wenn das angestrebte Niveau jugendlicher „Vollbeschäftigung" in immer weitere Ferne rückte. Jedes Absinken der Quote konnte im politischen Tagesgeschäft, für das vor allem das Arbeitsministerium jetzt unter umgekehrten politischen Vorzeichen die Argumentationsgrundlagen lieferte, als Erfolg der Regierung verkauft werden. So hieß es im November 1985 in einem Kommentar des zuständigen Referats zum SPD-Programmentwurf „Die Wirtschaft ökologisch und sozial erneuern": „Auch die Bundesregierung sieht in der Sicherung der betrieblichen Ausbildungsbereitschaft und in der Bekämpfung der Jugendarbeitslosigkeit ein vordringliches Ziel. Sie kann hierbei auf beträchtliche Erfolge verweisen […]."[100]

Ein zweites Argument für eine eher optimistische und selbstzufriedene Lagebeurteilung bildete in den 1980er Jahren die demographische Entwicklung: Der Zustrom geburtenstarker Jahrgänge auf den Arbeitsmarkt ebbte bereits ab, langfristig wurde eher mit einem Mangel an Arbeitskräften gerechnet, und eine strukturelle Verfestigung von Jugendarbeitslosigkeit war für viele ebenso wenig vorstellbar wie eine dauerhafte Massenarbeitslosigkeit[101]. Diese Bewertung prägte zum Beispiel den Programmentwurf der von Heiner Geißler geleiteten „Zukunftskommission Jugend", die im Juni 1983 während des CDU-Bundesparteitags eingesetzt worden war: „Die Kommission geht davon aus, daß ein Programm zur Bekämpfung der Jugendarbeitslosigkeit rasch wirkende, aber zeitlich befristete Maßnahmen erfordert, da die heute erkennbare künftige demogra-

---

[99] BAK, B 149/113303, Ausschnitt aus dem Bonner General-Anzeiger, 14. 7. 1979, Meldung der Deutschen Presse-Agentur (dpa).
[100] BAK, B 149/83192, Ref. IIa 1, „Stellungnahme zum Programmentwurf der SPD ‚Die Wirtschaft ökologisch und sozial erneuern'", 22. 11. 1985, S. 1.
[101] Vgl. hierzu z. B. auch BAK, B 149/62199, Vortrag des Staatssekretärs Manfred Baden auf dem Arbeitstreffen des Wirtschaftsrats der CDU mit dem spanischen Círculo de Empresarios (30. 9./ 1. 10. 1985) „Arbeitslosigkeit in der Bundesrepublik und in Europa", S. 13: „Ich bin davon überzeugt, dass einzelne pessimistische Prognosen, die bei status-quo-Bedingungen auch am Ende unseres Jahrhunderts noch von deutlich über 1 Million Arbeitslosen für die Bundesrepublik Deutschland ausgehen, widerlegt werden."

phische Entwicklung bereits in wenigen Jahren zu umgekehrten Problemen führen wird."[102]

Das wichtigste Argument der „Optimisten" aber, das sich gerade in ministeriellen Kreisen und im Regierungslager entfaltete, gründete im internationalen Vergleich. Im Hinblick auf das Problem der Jugendarbeitslosigkeit zeigte sich ein deutliches Auseinanderklaffen zwischen der bundesdeutschen Quote und der noch sehr viel schlechteren Entwicklung in den meisten anderen westlichen Staaten. Generell stand diese positive komparatistische Erkenntnis im Kontext eines im Vergleich zu anderen westlichen Industriestaaten relativ glimpflichen Verlaufs der wirtschaftlichen Krise Mitte der 1970er. Die national getönte Selbstzufriedenheit der SPD-Wahlkampfführung konnte somit auch 1976 eine Fortsetzung finden. Große Plakate kündeten jetzt vom „Modell Deutschland"[103].

Wie bereits während der Zeit der sozialliberalen Koalition kam Ende der 1980er Jahre, als sich für Jugendliche die Lage auf dem Arbeitsmarkt der Bundesrepublik wieder entspannte, nun auf CDU/CSU-FDP-Regierungsseite eine bundesdeutsch-nationale Selbstgefälligkeit zum Ausdruck, die sich auf den internationalen Vergleich stützte. So hieß es beispielsweise in einer Erklärung von Bundeskanzler Helmut Kohl am 22. November 1988 im Bundestag: „Die Arbeitslosenquote für junge Arbeitnehmer unter 20 Jahren – das können Sie nicht so einfach auf die Demographie abschieben – lag zuletzt bei 5,3%. Das sind fast 3% weniger als die allgemeine Quote. Gemessen an internationalen Maßstäben, meine Damen und Herren, registrieren wir mit Blick auf die jugendlichen Arbeitslosen, daß wir innerhalb der EG mit die beste Entwicklung erreicht haben. Das ist kein Grund auszuruhen; aber es ist auch wahr, daß diese Tatsachen immer wieder bekanntgemacht werden müssen."[104] Während das Eigenlob des Kanzlers hier den durchaus wichtigen demographischen Faktor minimiert, zeigt sich ein schon an früherer Stelle erwähnter Aspekt der Krisenwahrnehmung, der tendenziell in der Bundesrepublik zu einer gewissen Beschönigung der Jugendarbeitslosigkeit führte: Indem Kohl die Perspektive auf die Altersgruppe der unter 20-Jährigen beschränkt, kommt nur die – in der Tat stark verbesserte – Arbeitslosenquote der „jüngeren" Jugend in den Blick; die ungünstige Entwicklung bei den 20- bis 24-Jährigen bleibt hingegen ausgespart.

Zur Begründung des relativ moderaten Verlaufs der bundesdeutschen Jugendarbeitslosigkeit verwiesen vergleichende Betrachtungen – nicht ohne Berechtigung – gerne auf die alternierende Struktur der bundesdeutschen Berufsbildung. „Insbesondere durch das duale System der betrieblichen Berufsausbildung, das etwa 60% eines Altersjahrgangs durchlaufen", so führte beispielsweise Ministerialrat Leverkus am 25. November 1981 in einer Sitzung des Bundesjugendkuratoriums aus, „ist die Jugendarbeitslosigkeit in der Bundesrepublik Deutschland im Vergleich zu anderen EG-Staaten wesentlich günstiger."[105]

Die optimistische Grundhaltung war wie gesehen primär in den Einschätzungen innerhalb des Ministerialapparats und – je nach innenpolitischer Konstellation – im Regie-

---

[102] BAK, B 149/139051, 1. Entwurf, „Programm zur Bekämpfung der Jugendarbeitslosigkeit", Anschreiben von Heiner Geißler und Renate Hellwig, stellvertretende Vorsitzende der Kommission, 1.9.1983.
[103] Vgl. http://www.dhm.de/sammlungen/plakate/96000306.html [letzter Zugriff: 29.2.2012]; Martin H. Geyer, Rahmenbedingungen: Unsicherheit als Normalität, in: Geschichte der Sozialpolitik in Deutschland seit 1945, Bd. 6: 1974–1982: Bundesrepublik Deutschland. Neue Herausforderungen, wachsende Unsicherheiten, hrsg. von Martin H. Geyer, Baden-Baden 2008, S. 1–109, hier S. 107.
[104] Verh. BT, Bd. 146, 11. WP, 108. Sitzung, S. 7448.
[105] BAK, B 189/22277, Protokoll der Sitzung des BJK vom 25.11.1981.

rungslager anzutreffen. Hingegen prägte die ebenfalls seit Mitte der 1970er Jahre präsente pessimistische Stimmungslage den Diskurs innerhalb des jeweiligen Oppositionslagers[106], in der politischen Öffentlichkeit und in den Gewerkschaften[107]. Aber auch die Einschätzungen professioneller Experten aus dem Bereich der Bildungsforschung und Jugendhilfe, die sich in Publikationen oder auf den Foren der Politikberatung zu Sprachrohren der betroffenen Jugendlichen machten, sind in der Regel diesem Ansatz zuzurechnen.

Das Schwergewicht des pessimistischen Diskurses lag auf einer Betonung der Problemdimension der Jugendarbeitslosigkeit. Dabei ging es ganz grundlegend auch um die Frage der Größenordnung. Der nicht ganz unberechtigte Verweis darauf, dass die durch die Bundesanstalt für Arbeit registrierten Zahlen der Jugendarbeitslosigkeit viel zu niedrig lägen[108], bildete daher einen festen Topos der kritischen Diskussion. Dabei wurde auf zwei Probleme der offiziellen Statistik verwiesen: Weder würden diejenigen arbeitslosen Jugendlichen erfasst, die sich aus welchen Gründen auch immer nicht in die Obhut des Arbeitsamtes begaben, noch diejenigen, die in vorübergehenden Bildungs- und Beschäftigungsmaßnahmen untergebracht waren.

In der öffentlichen Diskussion – weniger im parlamentarischen Raum – verband sich die Kritik an der offiziellen Statistik auch mit Kritik an der vermeintlich bewussten Beschönigung und Verharmlosung der Lage durch die amtlichen Stellen. So erschien in einer der ersten selbständigen Publikationen zum Thema Jugendarbeitslosigkeit aus dem Jahr 1975 ein Beitrag mit dem polemischen Titel „Die Bundesanstalt zur Verschleierung von Arbeitslosigkeit"[109]. Ende der 1980er Jahre hatte sich an dem Vorwurf wenig geändert. Hinzu kam nun freilich das Argument, dass viele junge Menschen, die erfolglos auf dem Arbeitsmarkt Fuß zu fassen suchten, inzwischen bereits das 25. Lebensjahr vollendet hätten und deswegen von den amtlichen Statistiken nicht mehr erfasst würden. Aus diesem Grund erhob ein 1987 publiziertes Gutachten der DGB-nahen Hans-Böckler-Stiftung den Vorwurf, dass die „Daten zur so definierten ‚Jugendarbeitslosigkeit' tendenziell die Einmündungsproblematik junger Menschen quantitativ beschönigen"[110].

Im Gegensatz zu der eher untertreibenden amtlich-statistischen Problemerfassung von Jugendarbeitslosigkeit stand seitens der „Pessimisten" ein gewisses Repertoire sprachlicher Dramatisierungsverfahren. Am deutlichsten zeigt sich dies in der pauschalisierenden Formel von der „Jugend ohne Arbeit". Allein acht eigenständige Publikationen sind für die Jahre von 1976 bis 1987 feststellbar, die in ihrem Titel diesen Notruf mit seiner hyperbolischen Wucht verkündeten[111]. Offenbar hatte sich seine Kraft danach erschöpft, denn für

---

[106] Allerdings stärker bei der SPD in den 1980er Jahren als bei der CDU/CSU in den 1970ern. Vgl. oben S. 76.
[107] Vgl. hierzu etwa die häufige Thematisierung von Jugendarbeitslosigkeit in den Gewerkschaftlichen Monatsheften, so etwa im Themenheft vom September 1975. Vgl. auch Anm. 129.
[108] Eine grobe Überprüfung dieser Aussage findet sich oben S. 21f.
[109] Sybille Laturner, Die Bundesanstalt zur Verschleierung von Arbeitslosigkeit, in: Dies./Bernhard Schön (Hrsg.), Jugendarbeitslosigkeit. Materialien und Analysen zu einem neuen Problem, Reinbek bei Hamburg 1975, S. 72–81.
[110] Budde/Klemm, Jugend – Ausbildung – Arbeit, S. 63.
[111] Grundlage der Recherche war der Karlsruher Virtuelle Katalog, online unter http://www.ubka.uni-karlsruhe.de/kvk.html. Die Auflistung der Publikationen erfolgt in chronologischer Reihenfolge:
– Günter Cremer (Hrsg.), Jugend ohne Arbeit. Analysen, Stellungnahmen, Programme, München 1976.
– Klaus Farin (Red.), Jugend ohne Arbeit, Gelsenkirchen-Buer 1981.

die Zeit nach 1987 bis zur Gegenwart ließ sich trotz zeitweise hoher Jugendarbeitslosigkeit keine einzige selbständige Publikation ermitteln, die ihn im Titel aufgriff.

Eine betont ernste und dramatisierende Interpretation der bestehenden Jugendarbeitslosigkeit zeigte sich auch in einer entsprechenden Sprache der Betroffenheit. Dabei wurden oftmals floskelhafte Versatzstücke verwendet – etwa wenn Helmut Kohl, ansonsten seit Regierungsantritt eher im Lager der „Optimisten", im Februar 1983 „angesichts der steigenden Arbeitslosigkeit und auch vor allem der bedrückenden Entwicklung der Jugendarbeitslosigkeit" zu einem runden Tisch einlud[112] oder wenn ein sozialdemokratischer Parlamentarier im April 1986 in einer Sitzung des Bundestagsausschusses für Jugend, Familie und Gesundheit auf „das nach wie vor bedrückende Problem der Jugendarbeitslosigkeit" hinwies[113].

Nicht selten findet sich in derartigen Kontexten ein charakteristischer Topos, der das Problem der Jugendarbeitslosigkeit in den Kategorien einer Fürsorgeverpflichtung der älteren für die jüngere Generation sieht. So gebrauchte das gemeinsame Wahlprogramm von CDU/CSU zu den Bundestagswahlen 1976, das gleichzeitig die „gescheitert[e]" „Schul- und Bildungspolitik der SPD/FDP" geißelte, heroische Worte: „Wir werden den Jugendlichen die bittere Erfahrung ersparen, daß sie an der Schwelle zum Berufsleben auf eine Gesellschaft der vergebenen Plätze und der vertanen Chancen stoßen. Diese in ihren Hoffnungen enttäuschte Generation darf nicht in Anpassung und Mutlosigkeit verfallen."[114] Etwas vorsichtiger formulierte zum gleichen Zeitpunkt das Wahlprogramm der Regierungspartei SPD: „Die erste Erfahrung unserer Jugend in der Erwachsenenwelt darf nicht die Arbeitslosigkeit sein. Wir brauchen die nachwachsende Generation, und sie braucht unsere Hilfe. Wir brauchen die Solidarität der Generationen!"[115]

Zentral für den pessimistischen Diskurs waren zudem die Warnungen vor den individuellen und politisch-gesellschaftlichen Folgen von Jugendarbeitslosigkeit. Diese, so klagte 1987 eine führende DGB-Funktionärin, sei „ein gesellschaftlich nicht zu verantwortender Fehlstart ins Leben, ein Fehlstart mit Spätfolgen"[116]. Noch dunkler wurden die pessimistischen Szenarien während der Phasen eines akuten Lehrstellenmangels. Beispielsweise sprach ein Artikel der Zeit vom 4. Juni 1976 von der „Ausbildungskatastrophe, die diese

---

- Jugend ohne Arbeit. Eine Materialsammlung, hrsg. von der Arbeitsgemeinschaft der Evangelischen Jugend in Württemberg, Stuttgart 1982.
- Frank Gerlach, Jugend ohne Arbeit und Beruf. Zur Situation Jugendlicher am Arbeitsmarkt, Frankfurt a. M./New York 1983.
- Arno Giesbrecht, Jugend ohne Arbeit. Einführung in die Problematik und Hilfen für die Praxis, Frankfurt a. M. 1983.
- Harry Böseke/Albert Spitzner (Hrsg.), Jugend ohne Arbeit, Bornheim-Merten 1983.
- Betroffen : Jugend ohne Arbeit; Anregungen und Hilfen für die Kirchengemeinde, hrsg. von der Arbeitsgemeinschaft der Evangelischen Jugend in Württemberg (AGEJW), Stuttgart 1985.
- Helmut Dieckmann u. a., Jugend ohne Arbeit, Reinbek bei Hamburg 1985.

Auch das Titelbild der Zeitschrift b:e betrifft: erziehung 8 (1975/9) verwendete die Formel „Jugend ohne Arbeit".

[112] BAK, B 149/139045, Einladungsschreiben Kohls an Norbert Blüm, 9. 2. 1983.
[113] PADB, Ausschuss für Jugend, Familie und Gesundheit, 10. WP, Protokoll der 77. Sitzung vom 16. 4. 1986, S. 38 (Abgeordneter Konrad Gilges).
[114] Das gemeinsame Wahlprogramm der CDU und CSU 1976, München 1976, S. 7.
[115] Weiterarbeiten am Modell Deutschland. SPD-Parteitag, Dortmund, 18./19. Juni 1976, hrsg. vom Vorstand der SPD, Bonn 1976, S. 19.
[116] Ilse Brusis, Vorsitzende des Vorstandes der Hans-Böckler-Stiftung, Mitglied des Geschäftsführenden DGB-Bundesvorstands, Vorwort, in: Budde/Klemm, Jugend – Ausbildung – Arbeit.

Gesellschaft bedroht". Im weiteren Verlauf des Beitrags wird Bundesbildungsminister Helmut Rohde (SPD) mit dem Satz zitiert: „Die Bildungs- und Lebenschancen einer ganzen Generation stehen auf dem Spiel."[117] Für ein Regierungsmitglied war dies eine ungewöhnlich drastische Formulierung. In unmittelbarer Verbindung mit derartigen Aussagen stand die plakative Forderung nach politischer Aktivität: „Angesichts dieser für die Lebensperspektive der Betroffenen und die Zukunft der Gesellschaft bedrohlichen Situation", so formulierte im Oktober 1985 eine Empfehlung des Bundesjugendkuratoriums, „sind Staat und Gesellschaft zum Handeln aufgerufen."[118]

Konkreter wurde die Evokation gesellschaftlicher Gefahren, die aus Jugendarbeitslosigkeit resultierten, indem seit den späten 1970er Jahren in periodischen Schüben eine Verbindung zum Themenfeld „Jugendkriminalität" hergestellt wurde[119]. Eine spezifische Gefährdungsdiskussion knüpfte sich seit Ende der 1970er Jahre an das Problem der Arbeitslosigkeit von ausländischen Jugendlichen[120]. Beispielsweise warnte der sozialdemokratische Abgeordnete Gert Weisskirchen (SPD) mit Blick auf die Mängel in der beruflichen Bildung junger Ausländer im November 1981 im Bildungsausschuss des Bundestags, offenbar auch unter dem Eindruck von ersten großen Jugendkrawallen in französischen und britischen Vorstädten: „[E]s wundere ihn, daß es bisher noch keine größeren Proteste gegeben habe, denn die Diskrepanz zwischen Anspruch und Wirklichkeit sei doch unglaublich. Es werde wohl nicht mehr lange dauern, bis es in den Städten zu Stürmen komme."[121] Derartige Stimmen blieben freilich auf die Dauer in Politik und Öffentlichkeit isoliert – zumal in der Bundesrepublik Krawalle mit jugendlichen Arbeitslosen ausblieben und die Quote der Jugendarbeitslosigkeit in der zweiten Hälfte der 1980er Jahre langsam wieder sank.

Vor allem in den 1970er und frühen 1980er Jahren wurde mit dem Problem der Jugendarbeitslosigkeit nicht selten auch die Perzeption einer politischen Gefährdung der jungen Generation verbunden: „Wie wollen wir denn einen jungen Menschen von den Vorteilen unserer Gesellschaftsordnung überzeugen, wenn seine ersten Erfahrungen mit der Arbeitswelt die sind, die heute über 100 000 junge Menschen in diesem Lande leider machen müssen?", lautete zum Beispiel die besorgte Frage eines CDU-Abgeordneten in der bereits erwähnten Bundestagsdebatte vom 14. März 1975[122]. Der Spiegel zitierte 1976 den nordrhein-westfälischen CDU-Fraktionschef Heinrich Köppler, der „bereits eine ‚Armee von Systemgegnern' in Anmarsch [sah] – diesmal nicht die Akademiker aus den behüteten Elternhäusern, sondern die Drop-outs aus den Vorstadt-Kasernen der sozialen Unterschicht"[123]. Und in einer Diskussion des Bundesjugendkuratoriums äußerte sich 1982 die – wohl auch aus den historischen Erfahrungen der Weimarer Republik gespeiste

---

[117] Die Zeit, 4. 6. 1976, „Nur gemeinsam wäre es zu schaffen".
[118] BAK, B 189/22279, Protokoll der Sitzung des BJK vom 28. 10. 1985, Empfehlungen zum Problem „Jugendarbeitslosigkeit", S. 1.
[119] Vgl. unten S. 94f.
[120] Vgl. auch die Aussage des Leiters des BIBB Hermann Schmidt: „Interessant sei, daß die Diskussion über die berufliche Integration der ausländischen Jugendlichen erst fünf Jahre nach Inkrafttreten des Anwerbestopps begonnen habe." PADB, Ausschuss für Bildung und Wissenschaft, 9. WP, Protokoll der 20. Sitzung vom 11. 11. 1981, S. 7.
[121] Ebd., S. 10.
[122] Verh. BT, Bd. 92, 7. WP, 156. Sitzung, 14. 3. 1975, S. 10861. Redner war Anton Pfeifer (CDU).
[123] Der Spiegel, 1976/17, 19. 4., „Jugendarbeitslosigkeit in Deutschland: Generation der Überzähligen" (Serie, Teil 1), S. 142–158.

– Befürchtung, „daß sich Arbeitslose von politischen Verführern mißbrauchen lassen"[124]. Eine noch weitergehende diskursive Verbindung bis hin zum Problem des Terrorismus lässt sich in der Bundesrepublik, anders als etwa in Italien, nicht erkennen[125].

Die Diskussion der politischen und gesellschaftlichen Relevanz von Jugendarbeitslosigkeit stand in der Bundesrepublik immer auch im Kontext der generellen Wahrnehmung von Jugend sowie der – vor allem in den 1970er und frühen 1980er Jahren sehr besorgten – Debatte um grundlegende Veränderungen im Bereich der Jugendkultur. Im folgenden Kapitel soll dieser Themenkomplex zusammenhängend analysiert werden, wobei die Furcht vor den gesellschaftlichen und politischen Gefahren der Jugendarbeitslosigkeit nochmals aufzugreifen sein wird.

Der Unterschied zwischen einer eher optimistischen und einer pessimistischen Deutung der Jugendarbeitslosigkeit zeigte sich auch in der – meist freilich nur ansatzweise durchgeführten – Ursachendiagnose. Dass anfangs, gerade auch bei den Fachleuten der Bundesanstalt und in den Ministerien, noch eine ganz überwiegend konjunkturelle Interpretation der plötzlichen Jugendarbeitslosigkeit dominierte, wurde bereits erwähnt, ebenso die mittelfristig durchaus zu Optimismus Anlass gebende Aussicht auf den Eintritt geburtenschwacher Jahrgänge in das Erwerbsleben.

Pessimistische Urteile, die auf generelle Strukturprobleme des jugendlichen Arbeitsmarktes abstellten, wurden eher in der Anfangsphase der Problementwicklung geäußert. In Teilen der politischen Öffentlichkeit konnten in relativer Nähe zum Umbruch der 68er Jahre linke Interpretationsmuster noch Überzeugungskraft entfalten und das „kapitalistische" Wirtschaftssystem als Hauptverantwortlichen für das neuartige Krisenfeld markieren. Beispielsweise verband sich 1975 eine in der Taschenbuchreihe rororo aktuell erschienene Analyse der neuen Jugendarbeitslosigkeit mit einer grundsätzlichen kapitalismuskritischen Tendenz: „Der Lehrstellenmangel", so heißt es hier, „ist Resultat einer seit 15 Jahren zu beobachtenden Tendenz, die zu einer Halbierung des Lehrstellenangebots führte und vor allem auf wirtschaftliche Konzentrationsprozesse, Strukturkrisen in einigen Branchen und veränderte Qualifikationsanforderungen zurückzuführen ist."[126] Auch jugendliche Demonstrationen griffen 1975 den Anfang der 1970er Jahre partiell durchgeführten Abbau von Lehrstellen in Großkonzernen kritisch auf[127]. Im gleichen Jahr ver-

---

[124] BAK, B 189/22277, Protokoll der Sitzung des BJK vom 9.6.1982, S. 4.
[125] Vgl. in diesem Zusammenhang auch ein Gespräch zwischen Bundeskanzler Helmut Schmidt und dem italienischen Ministerpräsidenten Giulio Andreotti am 1.12.1977 in Valeggio sul Mincio, u.a. zum Thema Linksterrorismus. „Offensichtlich", so Andreotti zur Lage in Italien, „treibe auch die Arbeitslosigkeit unter den Studenten und Akademikern viele in eine umstürzlerische Tätigkeit hinein." Schmidt hielt dem mit Bezug auf die bundesdeutsche Situation entgegen: „Der Terrorismus und die Aktivitäten der Linksextremen hätten bereits in den Jahren der Vollbeschäftigung begonnen. Er habe den Eindruck, daß ein Teil des Nährbodens für den Terrorismus im Überdruß an der Wohlstandsgesellschaft zu suchen sei." Akten zur Auswärtigen Politik der Bundesrepublik Deutschland 1977. Bd. II: 1. Juli bis 31. Dezember 1977, hrsg. im Auftrag des Auswärtigen Amts vom Institut für Zeitgeschichte, Wissenschaftliche Leiterin: Ilse Dorothee Pautsch, Bearb.: Amit Das Gupta, Tim Geiger, Matthias Peter, Fabian Hilfrich und Mechthild Lindemann, München 2008, Nr. 345, S. 1650–1666, hier S. 1656.
[126] Sybille Laturner/Bernhard Schön, Einleitung der Herausgeber, in: Laturner/Schön (Hrsg.), Jugendarbeitslosigkeit, S. 7f., hier S. 7.
[127] Vgl. z.B. das Foto einer Demonstration in Ludwigsburg 1975 in: Frank Braun/Heiner Schäfer/Helmut Schneider, Jugendarbeitslosigkeit. Strukturdaten und Konsequenzen, in: Deutsches Jugendinstitut (Hrsg.), Immer diese Jugend! Ein zeitgeschichtliches Mosaik. 1945 bis heute, München 1985, S. 234. Auf den Plakaten ist u.a. zu lesen: „Damit das Geld im Kasten klingt, der Lehrling auf die Straße springt." Zum zeitweisen Abbau von Lehrstellen in großen Betrieben vgl. ebd., S. 228f.

misste ein Beitrag in der pädagogischen Zeitschrift betrifft: erziehung „langfristige antikapitalistische Strategien" in der gewerkschaftlichen Auseinandersetzung mit Jugendarbeitslosigkeit[128].

Ein weiterer Aspekt linker Strukturkritik zielte auf das vorherrschende System der betrieblichen Ausbildung, das als ungeeignet erschien, den Erfordernissen einer hinreichend breiten beruflichen Qualifizierung nachzukommen. „Einzelbetriebliche Interessen an geringen Ausbildungsinvestitionen und unmittelbarer Verwertung auch der jugendlichen Arbeitskraft", so hieß es beispielsweise im September 1975 in einem Artikel der Gewerkschaftlichen Monatshefte zum Thema Jugendarbeitslosigkeit, „geraten in immer schärferen Widerspruch zu den gesamtgesellschaftlich notwendigen Ausbildungsinvestitionen und systematischen Ausbildungsgängen."[129] Die Mitte der 1970er Jahre – auf der Grundlage höchst unsicherer Zahlen bzw. Schätzungen – von der politischen Linken kommende arbeitsmarktpolitische Kritik an der bundesdeutschen Wirtschaft war zunächst vor allem auf das Spezialproblem des Lehrstellenmangels gerichtet und musste fragwürdig werden, als Ende der 1970er Jahre die erste akute Lehrstellenkrise überwunden war, was auch an einer deutlichen Steigerung der von der bundesdeutschen Wirtschaft angebotenen Ausbildungsplätze lag[130]. Die gewerkschaftliche Kritik an Funktionsschwächen des dualen Systems und die Beschwörung einer „Krise" der beruflichen Bildung setzten sich freilich auch in den 1980er Jahren fort[131].

Die Verfestigung von Jugendarbeitslosigkeit im Laufe der 1970er und 1980er Jahre wurde in den eingesehenen Quellen kaum mit einer generell pessimistischen Strukturanalyse des Arbeitsmarktes in Verbindung gebracht – möglicherweise auch deshalb, weil dies eine nur schwer zu durchschauende Materie bildete, in der sich Prognosen immer wieder als falsch erwiesen. Ebenfalls relativ selten blieb die Vorhersage einer weiteren Erhöhung der Jugendarbeitslosigkeit und des Lehrstellenmangels. So prophezeite der Spiegel im April 1976, dass sich „die Lage [...] in den kommenden Jahren dramatisch" verschärfen werde, „wenn die geburtenstarken Jahrgänge 1953 bis 1970 die Schulen und Universitäten verlassen"[132]. Bekanntlich war die Entwicklung Ende der 1970er Jahre kurzfristig zunächst

---

[128] Hans-Joachim Petzold, Jugendarbeitslosigkeit/Berufsbildung. Verordnete Hoffnung, in: b:e betrifft: erziehung 8 (1975/9), S. 28f., hier S. 29. Zu der 1967 gegründeten Zeitschrift betrifft: erziehung vgl. Frodo Ostkämper, „Wenn Ihr Interesse für Erziehung mehr ist als eine Eintagsfliege ...": zum Zusammenspiel von antiautoritärer Erziehung und Bildungsreform im Spiegel der Zeitschrift betrifft: erziehung, in: Meike Sophia Baader (Hrsg.), „Seid realistisch, verlangt das Unmögliche": Wie 1968 die Pädagogik bewegte, Weinheim u. a. 2008, S. 227–239.
[129] Franziska Wiethold, Jugendarbeitslosigkeit – die konjunkturellen und strukturellen Probleme aus gewerkschaftlicher Sicht, in: Gewerkschaftliche Monatshefte 26 (1975), S. 538–550, hier S. 542.
[130] Vgl. oben S. 30f.
[131] Allgemein zu Kontroversen um das duale System, das im Ausland in den 1980er Jahren einen besseren Ruf hatte als im Inland, vgl. Oskar Anweiler, Bildungspolitik, in: Geschichte der Sozialpolitik in Deutschland seit 1945, Bd. 7: 1982–1989. Bundesrepublik Deutschland. Finanzielle Konsolidierung und institutionelle Reform, hrsg. von Manfred G. Schmidt, Baden-Baden 2005, S. 563–600, hier S. 573–577.
[132] Der Spiegel, 1976/17, 19. 4., S. 142–158, „Jugendarbeitslosigkeit in Deutschland: Generation der Überzähligen", hier S. 145. Zum angeblichen Rückgang an Ausbildungsplätzen ebd.: „Noch bis 1971 hatten Industrie.[,] Handel und Handwerk sowie der staatliche Bereich jährlich rund 600 000 Lehrstellen angeboten, im Durchschnitt aber blieb jede vierte Lehrstelle unbesetzt, weil ein hoher Anteil der Schulabgänger es vorzog, sofort als Jungarbeiter Geld zu verdienen – Berufsziel: Hilfsarbeiter. / Der Umbruch setzte schlagartig ein: Die angebotenen Ausbildungsplätze sanken nach einer Untersuchung des Bonner Bildungsministeriums 1974 auf 400 000, zugleich wuchs die Bereitschaft der

eine andere, bis es dann in der Bundesrepublik Anfang der 1980er Jahre einen neuen Schub der Jugendarbeitslosigkeit gab. Ein Ausufern pessimistischer Vorhersagen wurde vermutlich nicht allein durch die prognostischen Unsicherheiten verhindert: Ganz offensichtlich hatte ein Großteil der kritischen Publikationen aus dem Umfeld der Jugendhilfe eher das Bedürfnis, die aktuellen Erscheinungsformen und Probleme der Jugendarbeitslosigkeit darzustellen, als in eine unsichere Zukunft zu blicken.

Schließlich ist festzustellen, dass dem pessimistischen Diskurs über die bundesdeutsche Jugendarbeitslosigkeit – im Gegensatz zur optimistischen Deutung – die transnationale Perspektive so gut wie völlig fehlte. Fast jeder Vergleich mit anderen westeuropäischen Staaten hätte die kritischen Aussagen über die bundesdeutsche Situation der Jugendarbeitslosigkeit zumindest relativiert. Nur vereinzelt diente der Verweis auf den noch sehr viel höheren Stand der Jugendarbeitslosigkeit außerhalb der bundesdeutschen Grenzen als Schreckbild einer analog bevorstehenden Entwicklung auch im eigenen Land[133].

Die unterschiedlichen Perspektiven bei der Wahrnehmung von Jugendarbeitslosigkeit erzeugten im Lauf der Zeit eine gewisse Spannung zwischen den an der politischen Auseinandersetzung beteiligten Gruppen. Sehr groß war insbesondere die Diskrepanz zwischen kritischen und pessimistischen Bewertungen auf der einen Seite und der Selbsteinschätzung eines sachgemäß-differenzierten Umgangs mit dem Thema innerhalb der ministeriellen Sphäre auf der anderen. Vereinzelt ist diese Spannung in den Akten auch explizit überliefert. So gab ein zu Beginn unserer Darstellung schon einmal zitierter interner Bericht im Bundesministerium für Arbeit und Soziales im November 1982, der nach dem Amtsantritt der christdemokratisch-liberalen Regierung offenbar zur Unterrichtung des neuen politischen Personals bestimmt war, eine grundsätzliche Erläuterung zur „gesellschaftspolitische[n] Bewertung der Jugendarbeitslosigkeit": „Jugendarbeitslosigkeit wird als besonders dringendes gesellschaftliches Problem bewertet. Dies war auch so in den Jahren, in denen Jugendarbeitslosigkeit im Vergleich zur Arbeitslosigkeit der übrigen Altersgruppen unterdurchschnittlich oder durchschnittlich war." Weiterhin klagt der Bericht, dass „differenzierende Argumentationen zum Problem der Jugendarbeitslosigkeit, z. B. internationale Vergleiche, Hinweise auf Rückgang der Jugendarbeitslosigkeit in der Zeit von 1978 bis 1980, Überlegungen, ob Familienväter nicht härter von Arbeitslosigkeit betroffen sind, […] von einem Teil der öffentlichen Meinung als ‚Verharmlosung' bezeichnet" würden: „Differenzierungsversuchen wird vor allem die unzulängliche amtliche Statistik entgegengehalten (Dunkelzifferproblematik), die nur die freiwillig gemeldeten Arbeitslosen erfaßt. Manche Bildungsmaßnahmen von Bund, Bundesanstalt für Arbeit, Ländern werden als wenig befriedigende Notlösungen angesehen, die Arbeitslosigkeit nur ‚verschleiern', die die Jugendlichen nur aus der Statistik herausnehmen wollen. Daher ist eine öffentliche Differenzierung des Problems äußerst schwierig und wird meistens unterlassen. So ist die Jugendarbeitslosigkeit im öffentlichen Bewußtsein in der Bundesrepublik Deutschland zum ‚schlimmsten' Aspekt der Arbeitslosigkeit geworden."[134]

Unverkennbar machte sich hier innerhalb des Arbeitsministeriums eine gewisse Reizbarkeit gegenüber einer als überkritisch empfundenen Öffentlichkeit Luft. Umgekehrt

---

Jugendlichen, einen qualifizierten Beruf zu erlernen, unter anderem deshalb, weil Hilfsarbeiter-Tätigkeiten nicht mehr so leicht zu haben waren."
[133] Vgl. z. B. Laturner/Schön, Einleitung der Herausgeber, in: Laturner/Schön (Hrsg.), Jugendarbeitslosigkeit, S. 7.
[134] BAK, B 149/113303, Ref. IIa 5 an Minister, „Betr.: Jugendarbeitslosigkeit", 3. 11. 1982, S. 4f.

herrschte wohl auch seitens der am politischen Diskurs über Jugendarbeitslosigkeit beteiligten sozialpädagogischen Experten ein erhebliches Maß an Unzufriedenheit und Frustration. Dies belegt eine Sitzung des Bundesjugendkuratoriums vom 9. Juni 1982, in der eine sehr kritische Diskussion „zur Arbeit und Arbeitsweise" dieses Gremiums stattfand. Bemängelt wurde unter anderem, dass das Beratungsgremium „selten oder nie erfährt, ob seine Voten durch die verschiedenen Ressorts auch nur zur Kenntnis genommen werden"[135]. Gleichzeitig erfolgte – in diesem Rahmen zum wiederholten Male – deutliche Kritik an den statistischen Methoden der Bundesanstalt für Arbeit, insbesondere an der immer noch vorherrschenden und letztlich zu einem beschönigenden Bild führenden Beschränkung des Begriffs „Jugendarbeitslosigkeit" auf die unter 20-Jährigen[136].

Die Antagonismen zwischen einer optimistischen und einer pessimistischen Beurteilung der bundesdeutschen Jugendarbeitslosigkeit bleiben bis zum Ende des untersuchten Zeitraums erkennbar. Deutlich wird freilich auch, dass sie sich im Laufe der Zeit abschwächten. Die Optimisten erlebten einen langwierigen Desillusionierungsprozess, der die Annahme einer bloß konjunkturellen Störung ebenso erodierte wie die Hoffnung auf einfache Problemlösungen oder baldige Wirkungen einer demographischen Entlastung infolge geburtenschwächerer Jahrgänge. Den Pessimisten konnte auf die Dauer nicht verborgen bleiben, dass die bundesdeutsche Entwicklung der Jugendarbeitslosigkeit weit unter dem Niveau anderer Staaten blieb und dass das – in der Öffentlichkeit privilegierte – Problem fehlender Ausbildungsplätze nach akuten Krisenphasen jeweils wieder entschärft werden konnte. Überhaupt erwies sich, dass arbeitsmarktpolitische Prognosen stets ein hohes Maß an Unsicherheit in sich bargen[137].

Parallel zur Abschwächung der antagonistischen Bewertungen ist in Politik und Öffentlichkeit während des untersuchten Zeitraums ein gewisser Differenzierungsprozess in der Auseinandersetzung mit Jugendarbeitslosigkeit festzustellen. Dies zeigte sich zum einen im wachsenden Bewusstsein von der Komplexität des Problemfeldes und seiner Bekämpfung. Zum anderen wurde im Lauf der Zeit immer deutlicher, dass bestimmte Gruppen von „benachteiligten Jugendlichen", wozu nicht zuletzt auch die „ausländischen" Jugendlichen gezählt wurden, in besonderer Weise von Arbeitslosigkeit betroffen waren. Auch der Umstand, dass junge Frauen stärker unter dem Problem der Arbeitslosigkeit litten als ihre männlichen Altersgenossen, wurde nun verstärkt thematisiert[138]. Dieser Differenzie-

---

[135] BAK, B 189/22277, Protokoll der Sitzung des BJK vom 9.6.1982, S. 2f., Zitat S. 3.
[136] Ebd., S. 4, sowie die als Anlage beigefügte „Stellungnahme zum Problem ,Jugendarbeitslosigkeit'", S. 2f.
[137] Vgl. z.B. Dieter Lattmann (SPD) 1977 in einer Expertenanhörung zum Thema „Bildungs- und Beschäftigungssystem" im Bildungsausschuss des Bundestags: „[...] dann stellt sich mir die Analyse, daß das politische Problem nicht in einem Mangel an Analyse und Prognose liegt, sondern an der fast gegebenen Unmöglichkeit, eine politische Prioritätenskala aus dem abzuleiten. Wenn ich jetzt erneut verfolgt habe, wie stark mehrere Sprecher von Ihnen, fast alle, relativiert haben, was Prognose überhaupt vermag, dann, finde ich, ist der eigentliche Punkt unseres Gesprächs, was denn wissenschaftlich-prognostisch so hieb- und stichfest ist, daß es politisch absolut greift. Und da tappen wir im Leeren." PADB, Ausschuss für Bildung und Wissenschaft, 8. WP, Protokoll der 15. Sitzung vom 14.9.1977, S. 80.
[138] Vgl. z.B. BAK, B 189/22277, Protokoll der Sitzung des BJK vom 25.11.1981, Anlage 3: Übersicht „Arbeitslosigkeit: Mädchen/junge Frauen", S. 1. Dort wird eine „besonders starke Betroffenheit" von Mädchen und jungen Frauen konstatiert. Ein Beispiel für die sozialwissenschaftliche Beschäftigung mit diesem Problemfeld bieten Angelika Diezinger/Regine Marquardt/Helga Bilden/Kerstin Dahlke, Zukunft mit beschränkten Möglichkeiten. Entwicklungsprozesse arbeitsloser Mädchen, 2 Bde., München 1983.

rungsprozess in der Wahrnehmung von und im Agieren gegen Jugendarbeitslosigkeit wird weiter unten in dem Kapitel zu den Handlungsfeldern und Handlungsmustern (III.4) näher zu betrachten sein.

Gegen Ende der 1980er Jahre verlor das Thema Jugendarbeitslosigkeit in der Bundesrepublik unverkennbar an politischer und öffentlicher Beachtung[139]. Sicher spielte hierfür auch das Sinken der Quote eine Rolle – eine Entwicklung, die umso auffälliger war, als gleichzeitig trotz relativ guter Konjunktur die Gesamtarbeitslosigkeit kaum abgebaut werden konnte. Offenbar war inzwischen aber auch eine Art von Gewöhnung an ein Ausmaß von Jugendarbeitslosigkeit eingetreten, das Mitte und Ende der 1970 Jahre noch Angst und Schrecken verbreitet hätte. Der im Vergleich zu den Zeiten des wirtschaftlichen Booms vor 1973 weiterhin hohe Stand der Jugendarbeitslosigkeit war schon fast zu einer neuen „Normalität" geworden, die den bisherigen Maßstab einer vermeintlich normalen jugendlichen „Vollbeschäftigung" nach und nach verdrängte. Dem Krisenbegriff kam so gleichsam sein Gegenpart abhanden, was das Krisenbewusstsein zweifellos stark reduzierte.

3. Jugendarbeitslosigkeit und die allgemeine Wahrnehmung von „Jugend"

Konflikte zwischen älteren und jüngeren Angehörigen einer Gesellschaft und damit auch die soziokulturelle Wahrnehmung unterschiedlicher Altersgruppen sind zweifellos sehr allgemeine Phänomene. Dennoch handelt es sich bei „Jugend" im heutigen Sinn keineswegs um einen zeitlosen Begriff. „Jugend" als eine – oftmals diffuse – Kategorie, die eine Generation zwischen der Kindheit und dem Erwachsenenalter meint, hat sich erst im Laufe des 18. und 19. Jahrhunderts ausgebildet. Diese Kategorie stand und steht der positiven, aber auch der negativen Füllung oder gar Mythisierung offen. Gerade in Deutschland wurde sie vielfach mit überschwänglichen Hoffnungen auf eine bessere Zukunft beladen oder auch als Objekt von Gefährdungen und als Subjekt von gesellschaftlichen Gefahren identifiziert. Jugend hatte hier, wie bereits an anderer Stelle ausgeführt, traditionell einen ganz besonderen Stellenwert[140].

Die Periode von den späten 1960er bis zu den frühen 1980er Jahren war in der Bundesrepublik, auch unter wachsenden transnationalen Einflüssen, eine Zeit der starken Veränderungen von Jugend sowie der intensiven Auseinandersetzung mit ihr. Besonders die demonstrativen Gesten jugendlicher Verweigerung gegenüber den herrschenden gesellschaftlichen Formen und Erwartungen verstärkten bei vielen Älteren einen Prozess der Verunsicherung gegenüber einer für sie nur schwer zu verstehenden Jugend. So formulierte Walter Hornstein, einer der damals führenden deutschen Sozialpädagogen und Jugendforscher, 1979 einleitend zu einer Bestandsaufnahme der aktuellen Entwicklungen: „Fast ist es schon zu einem Gemeinplatz geworden, darauf hinzuweisen, daß Jugend ge-

---

[139] Sehr deutlich wird dies z. B. in den Protokollen des Ausschusses für Jugend, Familie und Gesundheit des Deutschen Bundestags in der 11. Legislaturperiode (1987-1990); PADB. Vgl. auch die sicherlich übertriebene Feststellung in der 1986/87 entstandenen Dissertation von Marion Pilnei, Kommunale Berufsbildungspolitik. Maßnahmen der Kommunen gegen Jugendarbeitslosigkeit als Reform von unten, Weinheim/München 1990, S. 2: „Jugendarbeitslosigkeit ist kein Thema mehr, die wissenschaftliche Diskussion stagniert."
[140] Vgl. oben S. 54f. mit Literaturbelegen.

genwärtig in einer neuen Weise zum Problem geworden ist."[141] Sechs Jahre später stellte eine berufspädagogische Publikation zur „Krise von Jugend, Ausbildung und Beruf" fest: „‚Jugend' ist ein politisches Sorgenthema seit Jahren, weil es Jugendliche gibt als ‚Problemgruppen' am Arbeitsmarkt, Jugendliche als Hausbesetzer und Friedensdemonstranten, Jugendliche als Aussteiger und ‚Schlaffis' usw."[142]

Die Frage der Jugendarbeitslosigkeit bildete in den meist besorgten Jugenddiskursen der bundesdeutschen Politik und Öffentlichkeit der 1970er und 1980er Jahre einen wichtigen Aspekt. Umgekehrt ist aber auch danach zu fragen, inwieweit die allgemeinen Jugenddebatten dieser Epoche dem Problem der Jugendarbeitslosigkeit in der Bundesrepublik einen besonders breiten Resonanzraum verschafft haben. Im Folgenden wird zunächst von den Entwicklungen der bundesdeutschen Jugend während der 1970er und 1980er Jahre ausgegangen, um dann die politischen und gesellschaftlichen Wahrnehmungen von Jugend und das damit verbundene Krisenempfinden zu betrachten. Ein thesenhaftes Resümee zu den Wechselbeziehungen zwischen dem Diskurs über Jugendarbeitslosigkeit und der generellen Wahrnehmung von Jugend beschließt dieses Kapitel.

„Jugend" kann für die Bundesrepublik der 1970er und 1980er Jahre nicht auf eine homogene, durch eine gemeinsame Vorstellungswelt und Lebensweise geprägte Generation bezogen werden. Der Begriff bezeichnete vielmehr ein heterogenes Konglomerat, das sich allenfalls in eine Reihe charakteristischer Jugendkulturen – so der in den 1980er Jahren aufkommende Fachterminus[143] – untergliedern lässt. Dennoch gab es einige Entwicklungen, die einen großen Teil der damals lebenden Jugendlichen betrafen und die für die politische Wahrnehmung von Jugend grundlegende Bedeutung gewannen. Dazu gehören neben dem Problem der Jugendarbeitslosigkeit auch der Eintritt geburtenstarker Jahrgänge in das jugendliche Alter sowie eine verlängerte Verweildauer in Bildungseinrichtungen; auf beide Phänomene hat unsere Darstellung bereits mehrfach hingewiesen.

Von grundlegender Bedeutung waren auch die soziokulturellen Wandlungen, die sich während des untersuchten Zeitraums innerhalb der bundesdeutschen Jugend abzeichneten[144]. Diese wurden durch die zunehmende „Verschulung" von Jugend gefördert: Jugendliche hielten sich nun immer länger in Gruppen von Gleichaltrigen auf, statt in der Arbeitswelt in stetigen Kontakt zu anderen Generationen zu treten und von diesen beeinflusst zu werden. Dies begünstigte die Entwicklung spezifischer jugendlicher Milieus. Gleichzeitig verschob sich die obere Altersgrenze der gemeinhin als Jugend bezeichneten Bevölkerungsgruppe immer mehr in den Bereich der über 20-Jährigen, was sich beispielsweise auch in der arbeitsmarktpolitischen Ausdehnung des Jugendbegriffs auf die Altersgruppe der 20- bis 24-Jährigen zeigte.

All dies steht im Kontext eines längerfristigen „Strukturwandels der Jugendphase", in dessen Verlauf sich eine „verminderte Verbindlichkeit des Übergangs zum Erwachsensein

---

[141] Walter Hornstein, Jugend als Problem. Analyse und pädagogische Perspektiven, in: Zeitschrift für Pädagogik 25 (1979), S. 671–696, hier S. 671.
[142] Crusius, Krise von Jugend, Ausbildung und Beruf, S. 68.
[143] Sander/Vollbrecht, Jugend [1998], S. 194 und 198.
[144] Vgl. allgemein: Jürgen Zinnecker, Jugendkultur 1940–1985, Opladen 1987; Werner Lindner, Jugendproteste und Jugendkonflikte, in: Roland Roth/Dieter Rucht (Hrsg.), Die sozialen Bewegungen in Deutschland seit 1945. Ein Handbuch, Frankfurt a. M./New York 2008, S. 557–571; Axel Schildt, Between Marx and Coca-Cola. Youth Cultures in Changing European Societies, 1960–1980, New York 2006; Detlef Siegfried, Time is on my side. Konsum und Politik in der westdeutschen Jugendkultur der 60er Jahre, Göttingen 2006; Baacke, Jugend und Jugendkulturen.

abzeichnet[e]"[145]. Dabei kam es zu einer „Zunahme individueller Biographieverläufe aufgrund gestiegener Optionen (Umwege, Schleifen, Wiederholungen, Quereinstiege, Aus- und Einstiege etc.)"[146]. Das Leben vieler Jugendlicher wurde dadurch immer mehr von diffusen Übergangszuständen bestimmt. Einleitend zu einem Buch, das den bezeichnenden Titel „Warteschleifen" trug, formulierte 1989 Klaus Hurrelmann, ein führender bundesdeutscher Jugendforscher: „Die Lebensphase Jugend ist heute ein zugleich faszinierender wie strapaziöser Lebensabschnitt. Charakteristisch ist ein langgestreckter Besuch von Schul- und Ausbildungseinrichtungen, bei hohem Erwartungsdruck der Eltern und vielfältigen Zerstreuungs-, Unterhaltungs- und Entlastungsangeboten, ohne die Gewißheit, wie es nach Abschluss der Ausbildung weitergehen wird." [147]

Grundsätzlich war für die Veränderung der bundesdeutschen Jugendkulturen in den 1970er und 1980er Jahren auch von Bedeutung, dass die Studentenrevolte der Jahre 1967/68 sowie die soziokulturellen Umbrüche der späten 1960er und frühen 1970er Jahre zu einem (weiteren) Verblassen formeller Vorbilder der Erwachsenengesellschaft führten und bei vielen Jugendlichen einen Habitus des Protests und der Auflehnung förderten[148]. Ein besonders gut sichtbares Indiz hierfür war beispielsweise das jugendliche Aufbrechen von Frisur- und Kleidungscodes.

Die generelle gesellschaftliche Abschwächung traditioneller Vorgaben sowie ein transnationaler „Wertewandel" – vor allem von „Pflicht- und Akzeptanzwerten zu Selbstentfaltungswerten" – begünstigten gerade auch unter Jugendlichen Prozesse der Individualisierung und Pluralisierung[149]. Die somit neu entstehenden Freiräume wurden allerdings vielfach durch neue kollektive Identifikationsangebote gefüllt, insbesondere durch eine stark auf die Jugend ausgerichtete Kulturindustrie, etwa im Bereich des Musikkonsums[150].

---

[145] Helmut Schröder, Jugend und Modernisierung. Strukturwandel der Jugendphase und Statuspassagen auf dem Weg zum Erwachsensein, Weinheim/München 1995, S. 226f. Generell zu dem für den Untersuchungszeitraum charakteristischen Phänomen der „Entstandardisierung von Lebensläufen infolge der Abschwächung des „fordistischen Modells" vgl. Wirsching, Erwerbsbiographien und Privatheitsformen, S. 83–97.
[146] Schröder, Jugend und Modernisierung, S. 227.
[147] Klaus Hurrelmann, Warteschleifen. Keine Berufs- und Zukunftsperspektiven für Jugendliche?, Weinheim/Basel 1989, S. 7. Der Autor war zum damaligen Zeitpunkt Professor für Sozialisationsforschung an der Universität Bielefeld.
[148] Zur „contestation culturelle" vgl. auch mit Blick auf die westliche Welt: François Dubet, Les étapes des conduites marginales des jeunes depuis les années 30, in: Dieter Dowe (Hrsg.), Jugendprotest und Generationenkonflikt in Europa im 20. Jahrhundert. Deutschland, England, Frankreich und Italien im Vergleich. Vorträge eines internationalen Symposiums des Instituts für Sozialgeschichte Braunschweig-Bonn und der Friedrich-Ebert-Stiftung vom 17.–19. Juni 1985 in Braunschweig, Bonn 1986, S. 277–288.
[149] Zitat aus Helmut Klages, Traditionsbruch als Herausforderung. Perspektiven der Wertewandelsgesellschaft, Frankfurt a. M. 1993, S. 26. Allgemein zu dem in der Forschung viel diskutierten Wertewandel vgl. die neueren Überblicksskizzen bei Rödder, Die Bundesrepublik Deutschland, S. 28–30 und 207–209, sowie bei Sven Reichardt, Große und Sozialliberale Koalition (1966–1974), in: Roland Roth/Dieter Rucht (Hrsg.), Die sozialen Bewegungen in Deutschland seit 1945. Ein Handbuch, Frankfurt a. M. 2008, S. 71–91, hier S. 76f. Zur europäischen Dimension der Entwicklung vgl. Kaelble, Sozialgeschichte Europas 1945, S. 124–136.
[150] Andreas Wirsching, Konsum statt Arbeit? Zum Wandel von Individualität in der modernen Massengesellschaft, in: Vierteljahrshefte für Zeitgeschichte 57 (2009), S. 171–199, hier S. 198f., spricht von einem „dialektischen Gleichgewicht zwischen kultureller Uniformierung einerseits und individueller Distinktion andererseits auf dem Markt der Freizeit, der Medien und des Konsums". Vgl. mit transnationaler Perspektive auch Kaelble, Sozialgeschichte Europas 1945, S. 87–94.

Die seit den 1970er Jahren auch in der Bundesrepublik expandierende Fankultur unter jugendlichen Fußballanhängern[151] oder das in der Öffentlichkeit stark beachtete Anwachsen sogenannter Jugendreligionen bzw. Jugendsekten[152] sind in diesem Zusammenhang ebenfalls zu nennen. Ein grundsätzliches Problem stellte der unter Jugendlichen wachsende Drogenkonsum dar, der in den 1970er und 1980er Jahren über Alkohol und Cannabis hinaus – in freilich immer noch eng beschränktem Ausmaß – auch zu einem vermehrten Gebrauch von harten Drogen führte[153].

Wie kaum ein anderes westliches Land wurde die Bundesrepublik in den 1970er Jahren durch den Bedeutungsgewinn „Neuer sozialer Bewegungen" geprägt, die teils auf US-amerikanische Vorbilder, teils auf „Zerfallsprodukte"[154] der westdeutschen Außerparlamentarischen Opposition (APO) aus der 68er-Zeit zurückgingen[155]. Zu Letzteren zählten etwa K-Gruppen, Autonome und die Spontibewegung. Neben direkten politischen Zielen, wie sie vor allem in der Anti-Atom- und Umwelt- sowie etwas später in der Friedensbewegung zum Ausdruck kamen, ging es auch um die vielfältige Suche nach neuen Lebens- und Arbeitsformen. Als Schlagworte genannt seien hier nur Wohngemeinschaften, Basisgruppen und Kooperativen. Obwohl die „Alternativbewegung" auch im Westen Deutschlands wohl nur eine Minderheit der Jugendlichen erfasste[156] und obwohl sie generationell breiter war und nicht auf eine Jugendbewegung reduziert werden darf, hatte sie doch wesentlichen Anteil an der Formung eines wichtigen jugendlichen Milieubereichs[157].

---

[151] Vgl. z. B. Wilhelm Heitmeyer/Jörg-Ingo Peter, Jugendliche Fußballfans. Soziale und politische Orientierungen, Gesellungsformen, Gewalt, Weinheim/München 1988.
[152] Kritisch zur pauschalen Wahrnehmung in der bundesdeutschen Öffentlichkeit ist Albert Cornelius Scheffler, „Jugendsekten" in Deutschland. Öffentliche Meinung und Wirklichkeit. Eine religionswissenschaftliche Untersuchung, Frankfurt a. M. u. a. 1993.
[153] Vgl. Detlef Briesen, Drogenkonsum und Drogenpolitik in Deutschland und den USA. Ein historischer Vergleich, Frankfurt a. M./New York 2005, S. 283–307. Ebd., S. 306, wird davon ausgegangen, dass „Mitte der achtziger Jahre […] etwa 25 Prozent aller 15- bis 24-jährigen Bundesbürger irgendwann einmal [illegale] Drogen, insbesondere Cannabis konsumiert" hatten, jedoch nur „ungefähr 0,4 Prozent der Jugendlichen tatsächlich ernsthafte Drogenprobleme" besaßen. Allgemein zum Problem vgl. auch Klaus Weinhauer, Heroinszenen in der Bundesrepublik Deutschland und in Großbritannien der siebziger Jahre. Konsumpraktiken zwischen staatlichen, medialen und zivilgesellschaftlichen Einflüssen, in: Sven Reichardt/Detlef Siegfried (Hrsg.), Das alternative Milieu. Antibürgerlicher Lebensstil und linke Politik in der Bundesrepublik Deutschland und Europa, 1968–1983, Göttingen 2010, S. 244–264.
[154] Diesen Begriff gebrauchte Ludger Volmer, Die Grünen. Von der Protestbewegung zur etablierten Partei – Eine Bilanz, München [2009], S. 19, im Hinblick auf das Verhältnis von APO und grüner Parteigründung.
[155] Zur Entwicklung in der Bundesrepublik vgl. Roland Roth, Neue soziale Bewegungen in der politischen Kultur der Bundesrepublik – eine vorläufige Skizze, in: Karl-Werner Brand (Hrsg.), Neue soziale Bewegungen in Westeuropa und den USA. Ein internationaler Vergleich, Frankfurt a. M./New York 1985, S. 20–82. Im genannten Sammelband finden sich auch Beiträge zu anderen Staaten. Vgl. insbesondere die differenzierte Skizze zu Frankreich von Leggewie, Propheten ohne Macht. Zur Jugend als wichtigstem Träger der Neuen sozialen Bewegungen in der Bundesrepublik vgl. Lindner, Jugendproteste und Jugendkonflikte, S. 557–571.
[156] Baacke, Jugend und Jugendkulturen, S. 9–39, sah Mitte der 1980er Jahre die „Protestbewegungen" neben den „Teenagern" und den „Action-Szenen" als eine von drei großen Jugendszenen in der Bundesrepublik. Auf jeden Fall war es diejenige, die in Politik und Gesellschaft am meisten beachtet wurde.
[157] Vgl. Dieter Rucht, Das alternative Milieu in der Bundesrepublik. Ursprünge, Infrastruktur und Nachwirkungen, in: Reichardt/Siegfried (Hrsg.), Das alternative Milieu, S. 61–86.

Hinter den Gesten der Verweigerung, des Protests und des gesellschaftlichen „Ausstiegs" stand letztlich auch der provokative und fordernde Anspruch auf selbstbestimmte Aktivität. Der in diesem Zusammenhang beliebte ironische Einsatz von Begriffen und Symbolen kam beispielsweise auf dem legendären „Tunix-Kongress" im Januar 1978 an der Technischen Universität Berlin zum Ausdruck, der den Übergang von der Berliner Sponti- zur Alternativbewegung markierte und unter anderem den Gründungsprozess der linksalternativen tageszeitung (taz) vorantrieb[158]: „Wir lassen uns nicht mehr einmachen und kleinmachen und gleichmachen", so hieß es im Aufruf zu diesem Treffen, „wir hauen alle ab – zum Strand von Tunix"[159]. In Abgrenzung zur bundespolitischen Selbstgefälligkeit kündigte derselbe Text an: „[...] wir werden bereden, wie wir unsere Ausreise aus dem ‚Modell Deutschland' organisieren."[160]

Um 1980 spitzten sich die alternativen Strömungen in der Bundesrepublik zu einer neuen Protestwelle zu: Hausbesetzungen und Jugendkrawalle in Großstädten, Massendemonstrationen gegen den NATO-Doppelbeschluss und die Rüstungspolitik der sozialliberalen Bundesregierung sowie nicht zuletzt die provokativen No Future-Parolen im neu entstehenden Punk-Milieu[161]. Gleichzeitig wurde 1979/80 mit der jugendlich geprägten Parteigründung der Grünen aber auch ein Weg zur Integration alternativer Bestrebungen und Bewegungen in das politische System geöffnet – ein Weg, der in den 1980er Jahren zu einer gewissen Institutionalisierung dieser Tendenzen beitrug[162]. Begünstigt durch eine zeitweise relativ dynamische wirtschaftliche Entwicklung griff Ende der 1980er Jahre nach und nach auch ein gesellschaftlicher Integrationsprozess auf das alternative Milieu über[163].

Trotz der hohen Bedeutung, welche die skizzierten Vorgänge in der gesellschaftlichen und politischen Wahrnehmung von Jugend erlangten, darf nicht übersehen werden, dass es in der Bundesrepublik auch jugendliche Milieus gab, die mit den alternativen Strömungen wenig zu tun hatten oder sich gar explizit von ihnen absetzten. Exemplarisch angeführt seien hier die Discokultur, die sich seit Mitte der 1970er Jahre verbreitete, sowie die kleidungs- und frisurbewusste Popper-Szene, die seit 1979 ausgehend von Hamburg in gut situierten jugendlichen Kreisen anzutreffen war[164]. Im weiteren Verlauf der 1980er Jahre verstärkte sich die Pluralisierung der bundesdeutschen Jugendkulturen – eine

---

[158] Zum Tunix-Treffen vgl. Rucht, Das alternative Milieu, S. 61f. Zur Gründung der taz vgl. Jörg Magenau, Die taz. Eine Zeitung als Lebensform, München 2007, S. 28f.
[159] Zitiert nach Michael Sontheimer, Auf zum Strand nach Tunix!, in: Spiegel Online 25.1.2008: http://einestages.spiegel.de/static/authoralbumbackground/1287/1/auf_zum_strand_von_tunix.html [letzter Zugriff: 8.4.2012].
[160] Zitiert nach Rucht, Das alternative Milieu, S. 61. – Zur SPD-Wahlkampfparole „Modell Deutschland" vgl. oben S. 79.
[161] Die Wendung „No future" wurde Ende der 1970er Jahre von der englischen Punk-Band Sex Pistols in dem Song „God save the Queen" verbreitet. Vgl. Nicolas Ungemuth, The Sex Pistols, Paris 1996, S. 108–115. Allgemein zu den Punks vgl. Baacke, Jugend und Jugendkulturen, S. 75–80.
[162] Zur Entstehungsgeschichte der Grünen vgl. vor allem Markus Klein/Jürgen W. Falter, Der lange Weg der Grünen. Eine Partei zwischen Protest und Regierung, München 2003, S. 15–41.
[163] Vgl. Wirsching, Abschied vom Provisorium, S. 457f.
[164] Vgl. Ulf Poschardt, Die Rebellion der Kaschmir-Kinder, in: Welt Online 4.7.2004: http://www.welt.de/print-wams/article112647/Die_Rebellion_der_Kaschmir_Kinder.html [letzter Zugriff: 8.4.2012]; Kai Greiser, Popper. Aalglatt bis zum Anschlag, in: Spiegel Online 16.7.2008: http://einestages.spiegel.de/static/topicalbumbackground/2002/1/aalglatt_bis_zum_anschlag.html [letzter Zugriff: 8.4.2012].

Studie zählte Anfang der 1990er Jahre nicht weniger als 21 Spielarten[165] –, während die militante jugendliche Protestkultur abebbte und sich die Gegensätze zwischen den jugendlichen Milieus etwas verwischten[166]. Am Ende ergab sich eine „neue Unübersichtlichkeit der Jugendkulturen"[167].

Ähnlich wie der spezielle Aspekt der Jugendarbeitslosigkeit fand auch das gesamte Themenfeld der Jugend während des untersuchten Zeitraums in der Bundesrepublik rege politische und öffentliche Aufmerksamkeit. Für diesen grundlegenden Vorgang lassen sich zahlreiche markante Indikatoren anführen. Exemplarisch verwiesen sei auf den Bedeutungsgewinn der parlamentarischen Beschäftigung mit dem Thema Jugend[168], auf die diesbezüglichen Titelgeschichten im Spiegel[169] oder auf die geradezu explosive Zunahme entsprechender Buchpublikationen[170]. Analog zur Ausdehnung des Begriffs der Jugendarbeitslosigkeit erfasste die Kategorie der Jugend dabei immer mehr auch die jungen Menschen bis Mitte 20 – eine logische Folge verlängerter Ausbildungszeiten, eines späteren Eintritts in das Erwerbsleben und längerer Beibehaltung eines „jugendlichen" Habitus.

Eine von Krisenbewusstsein geprägte Wahrnehmung von Jugend war in der Bundesrepublik partiell auch schon früher anzutreffen gewesen, erinnert sei nur an die aufgeregte Diskussion über randalierende „Halbstarke" in den späten 1950er Jahren. Neuartig erscheint aber seit den 1970er Jahren die Breite des Krisendiskurses. Nachdem Jugend Ende der 1960er Jahre vor allem als Triebkraft von Veränderungen und als Zielgruppe von Reformpolitik präsent war[171], wurde sie seit Mitte der 1970er Jahre, wie bereits einleitend zu diesem Kapitel angedeutet, zunehmend als Problemfeld empfunden. Um 1980 beherrschte dann eine breite Debatte über die gesellschaftliche Entfremdung der Jugend die öffentliche Diskussion.

Ein Hauptgrund für diesen Wandel zu einer breiten Krisenperzeption war, neben der nachlassenden Reformeuphorie, das Zusammentreffen von Jugendarbeitslosigkeit und dem Eintritt geburtenstarker Jahrgänge in das Jugendalter. Das Schlagwort von der „überflüssigen Generation", das beispielsweise ein politisch kritischer Sammelband aus dem Jahr 1979 im Titel trägt[172], fasst diese Kongruenz in der Krisenwahrnehmung prägnant zusammen. Das Gefühl der Verunsicherung, das seitens professioneller und politischer

---

[165] Nach Baacke, Jugend und Jugendkulturen, S. 41–43.
[166] Zum Abflauen der Hausbesetzerbewegung in den 1980er Jahren vgl. Lindner, Jugendproteste und Jugendkonflikte, S. 566.
[167] Vgl. das gleichlautende Kapitel in Baacke, Jugend und Jugendkulturen, S. 40–48. (Die zitierte 4. Auflage aus dem Jahr 2004 ist identisch mit der 1998 abgeschlossenen 3. Auflage.) In der ersten Auflage dieser Arbeit aus dem Jahr 1987 war diese Bewertung noch nicht enthalten.
[168] Vgl. z. B. für Mitte der 1970er Jahre die Debatte über das Staats- und Demokratiebewusstsein der Jugend im Februar 1974, in: Verh. BT, 7. WP, 79. Sitzung, 14. 2. 1974, S. 5002–5030 und 5032–5109; Verh. BT, 7. WP, 80. Sitzung, 15. 2. 1974, S. 5139–5205A; sowie im November 1977 die Debatte zu Alkohol- und Drogenmissbrauch und zu Kriminalität von Kindern und Jugendlichen, in: Verh. BT, 8. WP, 56. Sitzung, 11. 11. 1977, S. 4316–4350.
[169] Vgl. z. B. allein für 1978: Der Spiegel 1978/4, „Punk. Kultur aus den Slums. Brutal und häßlich"; 1978/29, „Jugendsekten. Die neue Droge"; 1978/42, „Der neue Kult. Disco-Fieber".
[170] Hornstein, Jugend als Problem, S. 671.
[171] Zu Letzterem vgl. ebd., S. 676.
[172] Claus Richter (Hrsg.), Die überflüssige Generation. Jugend zwischen Apathie und Aggression, Königstein im Taunus 1979. Der Herausgeber war innenpolitischer Redakteur beim Westdeutschen Rundfunk. Zum Fortleben des Topos auch in den 1980er Jahren vgl. Margit Frackmann, Mittendrin und voll daneben. Jugend heute, Hamburg 1985, S. 70.

Beobachter bei der jugendlichen Generation vielfach diagnostiziert wurde, griff auch auf den politischen Diskurs selbst über. Die Jugend erschien einerseits als Opfer der neuen Verhältnisse. Sie stehe nun, so die eben erwähnte Publikation – gemessen an dem bildungspolitischen Aufbruch der frühen 1970er Jahre – „vor betrogenen Hoffnungen und uneingelösten Perspektiven"; „weite Teile einer ganzen Generation [würden] ins gesellschaftliche Abseits getrieben"[173]. Die von Arbeitslosigkeit betroffene Jugend zog andererseits aber auch Kritik auf sich, etwa im Hinblick auf ihre vermeintlich mangelnde Arbeitsbereitschaft[174].

Warnungen vor einer politischen Radikalisierung der Jugend, gewissermaßen als verbreitete, auch andere soziale Schichten erfassende Neuauflage der studentischen Proteste, blieben auf die Dauer eher die Ausnahme. Sie konnten freilich in bestimmten Situationen durchaus wieder an Bedeutung gewinnen und dabei an eine lange, bis ins 19. Jahrhundert zurückreichende Tradition anknüpfen, die in einer unruhigen Jugend vor allem eine gesellschaftliche und politische Gefahrenquelle sah. Einstmals hatten sich die (bürgerlichen) Ängste vor allem auf die proletarische Großstadtjugend bezogen, die zur ersten Zielgruppe der allmählich entstehenden „Jugendfürsorge" wurde[175]. Mitte der 1970er Jahre hatte das politische Gefahrenpotential der Jugend längst seine klassenspezifische Dimension verloren, dafür aber eine diffuse Breite gewonnen. Ein Beispiel für diese Tendenz bildet das Buch „Jugend im Zeitbruch", das der Publizist Klaus Mehnert im Jahr 1976 veröffentlichte: „Heute", so heißt es hier in der Einleitung, „gibt es nun schon wieder Leute, die meinen, die Jugend habe sich ja beruhigt, die Gefahr sei vorüber. Sie werden solche Bücher nicht lesen, aber man muß ihnen sagen, daß die Ruhe trügerisch sein könnte. Wir haben es heute und noch mehr in den kommenden Jahren mit dem Zusammentreffen zweier schon für sich allein gefährlicher Belastungen zu tun: Eine nicht nur auf die Bundesrepublik beschränkte Wirtschaftskrise mindert die Ausbildungs- und Berufschancen der Jugend gerade zu dem Zeitpunkt, da geburtenstarke Jahrgänge die Schulen verlassen. [...] Wird nicht die Unruhe der sechziger Jahre wiederkehren, nur daß sie nicht mehr aus Wohlstand und Überdruß kommt, sondern aus Existenzangst und erzwungener Untätigkeit?"[176]

Eine Popularisierung solcher Einschätzungen blieb Mitte der 1970er Jahre freilich aus. Gegen die Furcht vor einer politischen Radikalisierung der Jugend sprach unter anderem die weit verbreitete Überzeugung, dass es – im Vergleich zur 68er-Zeit – eine Entpolitisierung der bundesdeutschen Jugend gebe. Mehnert spielte hierauf in der zitierten Wendung von der „trügerisch[en] Ruhe" an. Bereits im August 1971 hatte eine Titelgeschichte des Spiegel beklagt, dass die dem Vorbild der Hippies folgende „neue deutsche Jugendbewegung" „dem apolitischen Kredo" anhänge: „Süß und ehrenvoll ist's, sich von der Gesellschaft abzuwenden."[177]

Bedeutsamer als die Sorge um eine politische Radikalisierung wurden im Verlauf der 1970er Jahre zunächst die Warnungen, dass Jugendliche den wachsenden Gefährdungen

---

[173] Claus Richter, Uneingelöste Versprechen, oder: Wie eine Generation im Stich gelassen wird, in: Ders., (Hrsg.), Die überflüssige Generation, S. 3–9, hier S. 3.
[174] Vgl. oben S. 76f.
[175] Vgl. Roth, Die Erfindung des Jugendlichen, S. 114.
[176] Klaus Mehnert, Jugend im Zeitbruch. Woher – wohin?, Stuttgart 1976, S. 14.
[177] „Wir wollen, daß man sich an uns gewöhnt." Peter Brügge über die apolitische Jugendbewegung in der Bundesrepublik, in: Der Spiegel, 1971/33, 9.8., S. 36–51, Zitat S. 51. „Peter Brügge" ist ein Pseudonym für den Spiegel-Journalisten Ernst Hess.

durch Alkohol und andere Drogen erliegen werden[178], in die Kriminalität abgleiten oder von Jugendsekten verführt werden könnten[179]. Auch erhöhte Selbstmordraten unter Jugendlichen wurden zeitweise diskutiert[180]. Derartige Fragen gerieten Mitte der 1970er Jahre auch in den Kontext der Diskussion über Jugendarbeitslosigkeit: Eine in ihren Zukunftschancen bedrohte und unter erhöhtem Leistungsdruck stehende Jugend schien besonders anfällig gegenüber den gesellschaftlichen Gefährdungen[181].

Im November 1977 griff der Bundestag das Thema „Alkohol- und Drogenmißbrauch und Kriminalität von Kindern und Jugendlichen" nach einer Großen Anfrage der CDU/CSU in einer ausführlichen Debatte auf[182]. Dabei wurde deutlich, dass der Gefährdungsdiskurs in eine von konservativer Seite initiierte Wertediskussion überging, die eine Art von Gegenbewegung zu den soziokulturellen Diskussionen und Veränderungen der jüngsten Jahre darstellte und die bereits auf Helmut Kohls Proklamation einer „geistig-moralischen Wende" nach dem Regierungswechsel von 1982 vorausdeutete[183]. So nannte die CDU-Abgeordnete Erna-Maria Geier als Erklärung für die Jugendprobleme unter anderem die „ideologisch gelenkte Emanzipation der Frau" und die „negative[n] Auswirkungen der frühkindlichen Mutterentbehrung". „Unsere heutigen Jugendlichen", beklagte die Parlamentarierin in diesem Zusammenhang, hätten „keine Wertvorstellungen von Familie, keine Wertvorstellungen von verantwortlicher Gemeinschaft"[184].

Parallel zu diesen Diskussionen um Gefährdungen der Jugend gab es in der bundesdeutschen Öffentlichkeit Ende der 1970er Jahre eine erste große Gegenreaktion zu den autoritätskritischen Erziehungsidealen der 68er-Zeit, wie sie auch Eingang in die vorherrschende Strömung der bundesdeutschen Bildungspolitik gefunden hatten: Anfang 1978 proklamierte ein von namhaften Wissenschaftlern besuchter Kongress einen neuen „Mut zur Erziehung". Eine entsprechende öffentliche Erklärung wurde unter anderen von den Philosophen Hermann Lübbe und Robert Spaemann sowie von dem Historiker Golo Mann unterzeichnet[185].

Auch in den folgenden Jahren, als das Thema Jugendarbeitslosigkeit dank leicht verbesserter Quoten vorübergehend wieder an Bedeutung verlor, blieben die Fragen nach den Gefährdungen der Jugend virulent. Bundeskanzler Helmut Schmidt brachte dies am 17. Mai 1979 in seinem „Bericht zur Lage der Nation" vor dem Bundestag zum Ausdruck:

---

[178] Vgl. z. B. Der Spiegel 1974/50, 9.12., S. 68–78, „Da is nix, da kann man nur saufen, saufen" (Titelgeschichte).
[179] Vgl. z. B. Der Spiegel 1973/1, 1.1., S. 64–72, „Von da an war ich eine miese Type" (Titelgeschichte zur Jugendkriminalität); Der Spiegel, 1978/29, 17.7., S. 37–47, „Wie verzaubert, betäubt, berauscht" (Titelgeschichte zu Jugendsekten).
[180] Vgl. z. B. Der Spiegel 1973/9, 26. 2., S. 48f., „Wenn Kinder sich umbringen".
[181] Vgl. z. B. Der Spiegel 1976/23, 31. 5., S. 38–52, „Schule: Es gibt keine fröhliche Jugend mehr" (Titelgeschichte zu Schulangst).
[182] Titel der Anfrage im obigen Zitat. Verh. BT, 8. WP, 56. Sitzung, 11.11.1977, S. 4316–4350.
[183] Zur Gegenbewegung in den 1970er Jahren vgl. Schildt, „Die Kräfte der Gegenreformation".
[184] Verh. BT, 8. WP, 56. Sitzung, 11.11.1977, S. 4326f. – Nach dem kritischen Zwischenruf eines SPD-Abgeordneten schränkte die Rednerin ihre Kritik dann auf „die Jugendlichen [ein], die bereits suchtgefährdet sind". Ebd., S. 4327.
[185] Mut zur Erziehung. Beiträge zu einem Forum am 9./10. Januar 1978 im Wissenschafts-Zentrum Bonn-Bad Godesberg, Stuttgart 1979. Vgl. hierzu Christoph Führ, Zur deutschen Bildungsgeschichte seit 1945, in: Handbuch der deutschen Bildungsgeschichte, Bd. VI: 1945 bis zur Gegenwart, Erster Teilbd.: Bundesrepublik Deutschland, hrsg. von Christoph Führ und Carl-Ludwig Furck, München 1998, S. 1–24, hier S. 20, sowie Schildt, „Die Kräfte der Gegenreformation", S. 475f. – Als Beispiel für die kontroverse zeitgenössische Debatte vgl. die Kritik in Richter, Uneingelöste Versprechen, S. 8.

„Es wird sehr geklagt über die steigende Jugendkriminalität, über steigenden Jugendalkoholismus, über Drogenmißbrauch, über Jugendsekten, über steigende Selbstmordraten, steigende Gewalttätigkeiten an Schulen – alles auch Entwicklungen der letzten 30 Jahre, nicht nur bei uns. Kurz gesagt redet man mehr und mehr von Jugendproblemen."[186] Durchaus geschickt schwächte Schmidt hier den aktuellen bundesdeutschen Bezug – und damit auch die potentielle Angriffsfläche gegenüber oppositioneller Kritik an seiner Regierungsführung – etwas ab: Einerseits stellte er einen größeren zeitlichen Rahmen her, der die gesamte bundesdeutsche Geschichte in einer kulturpessimistischen Perspektive erfasste, und andererseits wies er auf den transnationalen Charakter der Probleme hin.

In derselben Rede sprach der Kanzler einen Aspekt an, der gegen Ende der 1970er Jahre, zeitgleich mit dem Erstarken der Alternativbewegung, immer mehr in den Vordergrund des bundesdeutschen Jugenddiskurses trat, der aber vereinzelt – wie in der oben zitierten Titelgeschichte des Spiegel aus dem Jahr 1971 – auch schon vorher thematisiert worden war: Das alternative „Aussteigen" aus der etablierten Politik und Gesellschaft – und damit letztlich die jugendliche Weigerung, die ihr zugeschriebene positive Rolle einzunehmen und die Zukunft dieser Gesellschaft zu verkörpern. Die öffentlichen Reaktionen hierauf schwankten meist zwischen eigener Kritik am jugendlichen Verhalten und paternalistischer Bekundung von partiellem Verständnis für die gesellschaftskritische Haltung der Jugend. Beides kam beispielsweise auch in Schmidts „Bericht zur Lage der Nation" vom Mai 1979 zum Ausdruck: „Manche Jugendlichen haben sich innerlich von unserem Staat entfernt – und das sind nicht in allen Fällen die schlechtesten –, versuchen außerhalb unserer allgemeinen politischen, außerhalb unserer gesellschaftlichen Strukturen andere, alternative Lebensformen zu entwickeln. [...] So unvollkommen und so vorübergehend solche Lösungsversuche nur sein mögen, so wenige dabei bedenken, daß es gerade die Gesellschaft ist, von der sie sich abwenden, die ihnen überhaupt erst ihre eigene exklusive Lebensform ermöglicht, so ist doch wahr, daß das Bemühen dieser jungen Menschen eine Frage stellt, die man nicht voreilig schon für beantwortet halten darf, die Frage nämlich nach der Menschlichkeit unserer demokratischen Lebensform."[187]

Wie schillernd der Begriff des „Aussteigers" war und welche Verunsicherung er zeitweise hervorrufen konnte, zeigt in besonders verdichteter Form ein Aufsatz von Hermann Giesecke in der praxisnahen Fachzeitschrift deutsche jugend. Unter dem Titel „Wir wollen alles, und zwar subito. Ein Bericht über jugendliche Aussteiger" schaffte es der Professor für Sozialpädagogik 1981, einen Bogen vom Terrorismus über die Drogenszene, die „Disco-Kultur", das Hausbesetzermilieu, Punker, Rocker und Jugendsekten bis hin zu selbstverwalteten Kooperativen zu schlagen[188]. Die Realitätsferne dieses Beitrags stieß freilich in einer der folgenden Nummern der Zeitschrift sogleich auf heftige fachliche Kritik[189].

Während in dem eben erwähnten Aufsatz, wie auch schon in der zitierten Erklärung von Bundeskanzler Schmidt, der mehr oder minder deutliche Vorwurf einer überzogen jugendlichen Anspruchshaltung gemacht wurde, gab es in der öffentlichen Diskussion über Aus-

---

[186] Verh. BT, 8. WP, 154. Sitzung, S. 12260.
[187] Ebd., S. 12261.
[188] Hermann Giesecke, Wir wollen alles, und zwar subito. Ein Bericht über jugendliche Aussteiger, in: deutsche jugend 29 (1981), S. 251-266.
[189] Luise Wagner-Winterhager, Das Bedürfnis nach einem lebendigen Leben. Warum steigen viele Jugendliche aus, in: deutsche jugend 29 (1981), S. 353-359; vgl. auch die Leserkritik an Giesecke, ebd., S. 373f.

steiger auch einen charakteristischen Opfer- und Fürsorge-Topos, der generell Bestandteil des Diskurses über Jugendarbeitslosigkeit war und eine sehr traditionelle Haltung gegenüber einer vor allem als hilfsbedürftig geltenden Jugend spiegelt. So proklamierte beispielsweise eine Referentenvorlage aus dem Jahr 1983 für eine Bundestagsrede von Bundesarbeitsminister Norbert Blüm: „Eine Jugend ohne Arbeit ist eine Gesellschaft der Hoffnungslosigkeit. Wer wollte die junge Generation in Hoffnungslosigkeit versinken lassen? Wir müssen ihnen den Einstieg in das Erwerbsleben ermöglichen. Wir müssen sie vor dem Ausstieg bewahren. Niemand in diesem hohen Hause will eine Aussteigergesellschaft."[190]

Anfang der 1980er Jahre wurde die hohe Relevanz der Jugendthematik durch die Wahrnehmung jugendlicher Unzufriedenheit und Proteste weiter verstärkt. Neben den bereits erwähnten Vorgängen in der Bundesrepublik spielten hierfür auch Jugendunruhen in der Schweiz, in Frankreich und in Großbritannien eine Rolle. Die Frage, „was Jugendliche heute bewegt"[191], wurde politisch immer brisanter, sie entwickelte sich immer mehr zu einer Frage, welche die gesamte Gesellschaft betraf. „Beim Jugendprotest und seiner Resonanz in der Bevölkerung", so heißt es beispielsweise 1981 mit traditioneller Zukunfts-Topik in einer internen Studie des Bundesministeriums für Jugend, Familie und Gesundheit zum Thema „Jugend in der Bundesrepublik heute – Aufbruch oder Verweigerung", „geht es nicht nur um die Probleme der Jugendlichen, es geht um die Gestaltung der Zukunft in unserem Lande." [192]

Die politische Beunruhigung, die sich nun auch wieder verstärkt mit der Furcht vor einer politischen Radikalisierung verband, mündete 1981 in die Einsetzung einer Enquête-Kommission des Bundestags zum Thema „Jugendprotest im demokratischen Staat". Die Arbeit dieses parlamentarischen Gremiums wirkte auf die öffentliche Diskussion zurück und machte die „Jugenddebatte" – wie eine zeitgenössische Würdigung feststellte – „zur Institution"[193]. 1982 lag eine Zwischenbilanz vor, die bald auch für die breite Öffentlichkeit publiziert wurde und in der sich die Zuspitzung der Gefahrendiskussion manifestierte[194]. Mit Blick auf die schlechten „Zukunftsaussichten" zahlreicher Jugendlicher, „darunter auch viele Kinder von Ausländern", warnte der Bericht vor der Entstehung eines „jugendlichen Subproletariats", „das, da es nichts zu verlieren und auf normalen Wegen auch nichts zu gewinnen hat, zum Nährboden für Gewalt und Kriminalität und zum Sammlungsbecken links- und rechtsextremistischer Gruppen wird". Auch das Schreckbild von Jugendkrawallen tauchte wieder auf: „Was im Jahre 1981 in Brixton und anderen bri-

---

[190] BAK, B 149/139049, Ref. IIa 5, „Entwurf eines Statements des Herrn Ministers zum Sofortprogramm der SPD zur Bekämpfung der Jugendarbeitslosigkeit", 13.9.1983.
[191] Siehe die folgende Anm.
[192] BAK, B 189/22277, Protokoll der Sitzung des BJK vom 25.11.1981. Vgl. ebd., S. 4: „In dieser Darstellung [...] hat das Bundesministerium für Jugend, Familie und Gesundheit zusammengetragen, was Jugendliche heute bewegt, um damit die Lebenswelt der jungen Menschen verständlicher zu machen". Verfasser und Berichterstatter im Ausschuss war Staatssekretär Prof. Georges Fülgraff.
[193] So in Deutsches Jugendinstitut (Hrsg.), Die neue Jugenddebatte. Was gespielt wird und um was es geht. Schauplätze und Hintergründe, München 1982, S. 9. Vgl. auch ebd.: „Eine vorher weitverzweigte Diskussion wurde zur Jugenddebatte verdichtet: die parlamentarischen Gremien tagen über die Jugend, Hearings werden veranstaltet, ein Netz von Stellungnahmen aus Wissenschaft und Praxis wird über die Kommission gezogen, Öffentlichkeit wird hergestellt und neue jugendpolitische Diskussionen werden ausgelöst."
[194] Jugendprotest im demokratischen Staat. Zwischenbericht 1982 der Enquête-Kommission des Deutschen Bundestages gemäß Beschluß vom 26. Mai 1981, Bonn 1982; als parlamentarisches Dokument in: Verh. BT, Drs. 9/1607, 28.4.1982.

tischen Vorstädten hervorbrach, könnte eines Tages auch die Bundesrepublik Deutschland erschüttern"[195]. Im Januar 1983, inzwischen war die öffentliche Aufregung schon wieder etwas abgeebbt, erschien der ausführliche Schlussbericht der Enquête-Kommission[196]. Über die Parteigrenzen hinweg zeigte sich hier durchaus eine gewisse Offenheit gegenüber jugendlicher Kritik an Staat und Gesellschaft; am Ende betonte der Bericht nachdrücklich die Notwendigkeit einer wechselseitigen „Bereitschaft zum Zuhören"[197].

In etwa zeitgleich mit den Debatten über die Ursachen und Probleme des Aussteigens wurde in der Bundesrepublik Anfang der 1980er Jahre auch darüber diskutiert, dass viele Jugendliche den Weg der resignierten Anpassung an die bestehenden gesellschaftlichen Strukturen wählten. Gemeinsam ist beiden Urteilen, die nur auf den ersten Blick in einem paradoxen Verhältnis zueinander stehen, die Annahme einer gewachsenen Distanz vieler Jugendlicher zu den etablierten gesellschaftlichen und politischen Institutionen. Auch die jugendliche Anpassung wurde oftmals, tendenziell eher auf der Linken, als Krisensymptom bewertet. „Jugend zwischen Anpassung und Ausstieg", so hieß zum Beispiel das Thema einer Tagung der Shell-Jugendstiftung im Jahr 1980[198]. Der jugendpolitische Sprecher der SPD-Bundestagsfraktion Eckart Kuhlwein ging hier davon aus, „daß ein beträchtlicher Teil der Jugend heute eher sehr stark angepasst ist als verdrossen". Das sei, so der Redner, „kein Vorzug". Gleichzeitig warf Kuhlwein die Frage auf, ob nicht die Politik bei der „Erziehung mündiger Staatsbürger versagt" habe[199].

Der Topos der Anpassung war aus linker Sicht, die vor allem in Teilen der Publizistik zur Geltung kam, auch geeignet, eine Brücke zwischen dem Krisenthema der Jugendarbeitslosigkeit bzw. des Lehrstellenmangels und einem anderen stark kritisierten Politikfeld zu schlagen: den als Überreaktion kritisierten staatlichen Maßnahmen gegen politischen Extremismus, wobei es insbesondere auch um den bereits unter Willy Brandt eingeführten „Radikalenerlass" gegen systemfeindliche Beschäftigte im öffentlichen Dienst ging. „Die psychische Wurzel vom Mitläufertum ist Angst", konstatierte 1979 der Fernsehjournalist und Publizist Claus Richter als Herausgeber der bereits zitierten Publikation über die „überflüssige Generation". In der Konkretisierung seiner Aussage verband Richter die unterschiedlichen Themen: „die Angst von Siebzehnjährigen, daß ihnen wenige Jahre später vorgehalten werden könnte, was sie heute im Überschwang äußern, die Angst von Lehrlingen, durch das Pochen auf verbriefte Rechte im Rennen um die wenigen Ausbildungsplätze auf der Strecke zu bleiben, die Angst von Studenten, in irgendeinem Arbeitskreis womöglich mit einem Kommunisten gesehen zu werden und damit in den Geruch des Extremismus zu geraten."[200]

---

[195] Ebd., S. 12.
[196] Jugendprotest im demokratischen Staat. Schlußbericht 1983 der Enquête-Kommission des 9. Deutschen Bundestages, [Bonn] 1983; als parlamentarisches Dokument in: Verh. BT, Drs. 9/2390, 17.1.1983. Eine ausführliche Dokumentation, die neben dem Bericht auch diverse Gutachten und Sitzungsprotokolle enthält, bieten: Matthias Wissmann/Rudolf Hauck (Hrsg.), Jugendprotest im demokratischen Staat. Enquête-Kommission des 9. Deutschen Bundestages, Stuttgart 1983.
[197] Verh. BT, Drs. 9/2390, 17.1.1983, S. 49.
[198] Wilhelm von Ilsemann (Hrsg.), Jugend zwischen Anpassung und Ausstieg. Ein Symposium mit Jugendlichen und Vertretern aus Wissenschaft, Wirtschaft, Politik und Verwaltung vom 27. bis 30.5.1980 auf Schloß Gracht bei Köln (Jugendwerk der Deutschen Shell), Hamburg 1980.
[199] Eckart Kuhlwein, Verdrossenheit der Jugendlichen über den heutigen Staat?, in: von Ilsemann (Hrsg.), Jugend, S. 173–179, hier S. 173.
[200] Richter, Uneingelöste Versprechen, S. 7. Zum expliziten Bezug auf die staatlichen Maßnahmen gegen den Terrorismus und die Praxis des Radikalenerlasses vgl. ebd., S. 6f.

Der Begriff „Mitläufertum" verweist darauf, dass auch linke Kritiker staatlichen Verhaltens von einer extremistischen Gefährdung verunsicherter Jugendlicher ausgingen – freilich mit einer ganz anderen Blickrichtung als in den offiziellen politischen Reaktionen auf den Terrorismus und die versprengten Reste einer extremen Linken. So wurde beispielsweise im gleichen Buch die Gefahr beschworen, dass Teile der „überflüssigen Generation" „für autoritäre gesellschaftliche Lösungen" empfänglich würden und einem „neuen Hitler" verfallen könnten, der „der Arbeitslosigkeit Herr geworden sei"[201]. Zu einem noch drastischeren NS-Vergleich verstieg sich der bereits erwähnte, gleichermaßen gegen „Aussteiger" wie gegen „Angepasste" gerichtete Alarmruf des Sozialpädagogen Hermann Giesecke: „Aus dem Holz der unauffällig Angepaßten waren die ‚Eichmanns' geschnitzt, die Hitlers Wünsche realisierten." [202]

Trotz aller aufgeregten Krisendiagnosen über die Lage und den Zustand der Jugend darf nicht übersehen werden, dass die 1970er und 1980er Jahre in der Bundesrepublik auch eine Zeit waren, in der die gesellschaftliche Akzeptanz jugendlicher Eigenständigkeit einen kräftigen Schub erhielt. Dieser Autonomiegewinn erstreckte sich vor allem auf das Alltagsleben, aber auch auf die rechtliche Stellung von Jugendlichen – und er steht in einem auf den ersten Blick überraschenden Gegensatz zur verzögerten Ausbildung wirtschaftlicher Eigenständigkeit infolge des immer späteren Eintritts in das Erwerbsleben[203]. Die Elterngeneration hatte somit im Durchschnitt sowohl ein höheres Maß an jugendlicher Autonomie als auch eine verlängerte finanzielle Verantwortlichkeit für ihre Kinder zu akzeptieren. Es kam zu einem „fortschreitende[n] Auseinanderdriften von soziokultureller und sozioökonomischer Selbständigkeit"[204] – auch wenn diese Entwicklung bei Jugendlichen, die Hochschulen oder andere weiterführende Schulen besuchten, durch das Instrumentarium des 1971 in Kraft getretenen Bundesausbildungsförderungsgesetzes (BAföG) etwas gemildert wurde[205].

Auch in anderen Punkten lässt sich die wachsende Akzeptanz jugendlicher Eigenständigkeit in der Wahrnehmung und Behandlung von Jugend durch den Gesetzgeber deutlich erkennen: Bereits 1970 wurde auf Initiative der neuen sozialliberalen Bundesregierung das aktive Wahlrecht von 21 auf 18 Jahre, das passive von 25 auf 21 abgesenkt[206]. 1974 folgte dann nach einer intensiven gesellschaftlichen Diskussion mit Wirkung vom 1. Januar 1975 die Herabsetzung der Volljährigkeit von 21 auf 18 Jahre, was für die betroffenen Altersjahrgänge einen erheblichen Zugewinn an Mündigkeit im Bereich der Jugendhilfe, der Eheschließung und der Geschäftsfähigkeit bedeutete[207]. Auf anderen Feldern fand zumindest partiell so etwas wie ein rechtlicher und politischer Emanzipationsprozess von Jugend statt. So war mit den Strafrechtsreformen von 1969 und 1973 auch

---

[201] Rolf Bringmann/Dirk Gerhard, Sie kamen mit Knüppeln und Messern! Von der Anziehungskraft rechter Parolen, in: Claus Richter (Hrsg.), Die überflüssige Generation. Jugend zwischen Apathie und Aggression, Königstein im Taunus 1979, S. 162–179, hier S. 179.
[202] Giesecke, Wir wollen alles, S. 266.
[203] Vgl. Sander/Vollbrecht, Jugend [1998], S. 202.
[204] Ebd.
[205] BGBl. 1971/I, S. 1409–1424. Vgl. Oskar Anweiler, Bildungspolitik, in: Geschichte der Sozialpolitik in Deutschland, Bd. 5: 1966–1974: Bundesrepublik Deutschland. Eine Zeit vielfältigen Aufbruchs, hrsg. von Hans Günter Hockerts, Baden-Baden 2006, S. 709–753, hier S. 746f.
[206] Zum Diskussions- und Entscheidungsprozess Heiner Schäfer (Hrsg.), Die Herabsetzung der Volljährigkeit: Anspruch und Konsequenzen. Eine Dokumentation, München 1977, S. 13f.
[207] Zum Diskussions- und Entscheidungsprozess vgl. ebd., S. 13–46.

eine weitgehende Abschaffung des sogenannten Kuppelparagraphen (§ 180 Strafgesetzbuch) verbunden, der unter anderem die jugendlichen Freiräume für Beziehungen und eigenständige Wohnformen erheblich eingeschränkt hatte[208]. Indem die Altersgrenzen für eine gleichberechtigte Teilnahme am politischen und gesellschaftlichen Leben sanken und sich gleichzeitig die Zugehörigkeit zur Kategorie Jugend altersmäßig nach oben verschob, öffnete sich eine immer breitere Spannweite von Jahrgängen, die formal weitgehend gleichberechtigt mit der Erwachsenenwelt waren, aber dennoch in einem weiten Sinn als „Jugend" galten. In der Jugendforschung kam für diese Jahrgänge nun auch der Terminus der „Postadoleszenz" in Gebrauch[209].

Gegen die gesetzgeberische Aufwertung jugendlicher Eigenständigkeit traten freilich auch massive Widerstände auf, wie der Fall des bundesdeutschen Jugendhilferechts belegt[210]. Mitte der 1970er Jahre brachte die sozialliberale Regierung ein Reformvorhaben in den Bundestag ein. Die Frage nach jugendlicher Mündigkeit, etwa im Verhältnis zum Elternrecht, bildete dabei in einer insgesamt komplexen Konfliktlage einen wichtigen Aspekt. Ende der 1970er Jahre scheiterte das Gesetzgebungsprojekt – zur Enttäuschung von großen Teilen der professionellen Jugendhilfe[211] – am Widerstand der CDU/CSU im Bundesrat. Erst Anfang der 1990er Jahre erfolgte schließlich eine grundlegende Neuregelung des Jugendhilferechts, die wichtige Impulse des gescheiterten Projekts aufnahm.

Dass es keinen linearen soziokulturellen und rechtlichen Autonomiegewinn von Jugendlichen gab, zeigen auch andere Beispiele: In vielen Städten und Landkreisen entstanden in den frühen 1970er Jahren auf Druck von jugendlichen Bürgerinitiativen „Jugendzentren", in denen Jugendlichen zur Freizeitgestaltung ein mehr oder minder großes Maß an „Selbstverwaltung" gewährt wurde und die nicht selten auch als soziales Netz für arbeitslose Jugendliche dienten[212]. Im Gegensatz zum Ansatz der Autonomie stand freilich, dass linke Theoretiker in den Jugendzentren Ansatzpunkte für die klassenkämpferi-

---

[208] Vgl. Tim Busch, Die deutsche Strafrechtsreform. Ein Rückblick auf die sechs Reformen des deutschen Strafrechts (1969–1998), Baden-Baden 2005, S. 64 zu den Änderungen der 1. Strafrechtsreformgesetz vom 25.6.1969 und S. 106f. zu den Änderungen der 4. Strafrechtsreform vom 23.11.1973.
[209] Vgl. Sander/Vollbrecht, Jugend [1998], S. 202f.; Heinz Abels, Lebensphase Jugend, in: Ders./Michael-Sebastian Honig/Irmhild Saake/Ansgar Weymann, Lebensphasen. Eine Einführung, Wiesbaden 2008, S. 77–157, hier S. 77 und 133f.
[210] Vgl. Reinhard Wiesner, Der mühsame Weg zu einem neuen Jahrhunderthilfegesetz. Zur Geschichte der Neuordnung des Jugendhilferechts, in: Recht der Jugend und des Bildungswesens 38 (1990), S. 112–125. Generell zum langfristigen Wandel der Jugendhilfe vgl. Peukert/Münchmeier, Historische Entwicklungsstrukturen und Grundprobleme der Deutschen Jugendhilfe; Walter Hornstein, Jugendpolitik, in: Geschichte der Sozialpolitik in Deutschland seit 1945, Bd. 6: 1974–1982. Bundesrepublik Deutschland. Neue Herausforderungen, wachsende Unsicherheiten, hrsg. von Martin H. Geyer, Baden-Baden 2008, S. 667–684.
[211] Vgl. z. B. Henning Schierholz, Abschied von der Jugendhilferechtsreform?, in: deutsche jugend 28 (1980), S. 7f.
[212] Zur Definition und Typologie vgl. Diethelm Damm, Jugendzentren in Selbstverwaltung – Versuch einer Begriffsbestimmung, in: deutsche jugend 23 (1975), S. 68–73. Allgemein zum Phänomen vgl. Egon Schewe, Selbstverwaltete Jugendzentren: Entwicklung, Konzept u. Bedeutung d. Jugendzentrumsbewegung, Bielefeld 1980; Detlef Siegfried, „Einstürzende Neubauten". Wohngemeinschaften, Jugendzentren und private Präferenzen kommunistischer „Kader" als Formen jugendlicher Subkultur, in: Sven Reichardt/Detlef Siegfried (Hrsg.), Das alternative Milieu. Antibürgerlicher Lebensstil und linke Politik in der Bundesrepublik Deutschland und Europa, 1968–1983, Göttingen 2010, S. 39–66, hier S. 52–59.

sche Politisierung von Jugendlichen sahen[213]. Der Trend zu jugendlicher Eigenständigkeit stieß auch auf praktische Hindernisse und wurde seit den 1980er Jahren vielfach wieder eingeschränkt. Ähnliches gilt für die nur vorübergehend erstarkenden Mitverwaltungsgremien unter Schülern und Studenten[214].

Einen Perspektivenwechsel hin zu einer stärkeren Anerkennung jugendlicher Autonomie lässt auch die bundesdeutsche Jugendforschung erkennen[215]. Die 1981 vorgelegte 9. Studie des Jugendwerks der Deutschen Shell, die Jugendliche im Alter von 15 bis 24 Jahren behandelte[216], proklamierte diese Veränderung demonstrativ. Bislang, so heißt es hier im Vorwort, sei in der Öffentlichkeit und der Jugendforschung vor allem darauf geachtet worden, inwieweit „die von Jugendlichen entwickelten Stilelemente, Ausdrucksweisen, politischen Orientierungen integrierbar ins ‚normale', soziale und politische Leben" wären. Die „9. Jugendstudie versucht[e] eine Wende" und „erprobte eine neuartige und weniger mißtrauische Fragerichtung: Tendenzen bei Jugendlichen werden nicht an den herkömmlichen Lebensstilen gemessen. Vielmehr werden die biographischen Entwürfe, die zivilisationskritischen Zukunftsbilder und das oft eigentümliche Verhalten im Umgang mit Menschen und Politik als eigenständige Leistungen der Jugendlichen aufgefaßt, als Problemlösungsversuche, als Experimente in eine ungewisse Zukunft."[217]

Die dreibändige, auflagenstark in Taschenbuchform publizierte Analyse suchte somit einen Ausweg aus der grassierenden Furcht vor einer schwer verständlichen Entwicklung zahlreicher bundesdeutscher Jugendlicher. Vorsichtig bemühte sie hierfür den traditionell positiven Topos von der Jugend als Gestalterin der Zukunft. Die Untersuchung fand in Politik, Öffentlichkeit und Forschung überaus große Aufmerksamkeit, was nicht nur an der grundsätzlichen Bedeutung der Shell-Jugendstudien für die bundesdeutsche Öffent-

---

[213] Zur Kritik an linken „Politisierungshoffnungen" vgl. Dieter Grösch/Klaus Del Tedesco, Die Krise der Jugendzentren ist die Krise ihrer Theoretiker, in: deutsche jugend 24 (1976), S. 360–368, Zitat S. 361.
[214] Zum Aufschwung und – seit Mitte der 1970er Jahre – zur Stagnation der Schulmitverwaltung vgl. Lutz R. Reuter, Partizipation im Schulsystem, in: Handbuch der deutschen Bildungsgeschichte, Bd. VI: 1945 bis zur Gegenwart, Erster Teilbd.: Bundesrepublik Deutschland, hrsg. von Christoph Führ und Carl-Ludwig Furck, München 1998, S. 260–264, hier S. 262f.
[215] Dabei handelte es sich um einen längerfristigen Prozess, der in den 1960er Jahren an Konturen gewann und in den 1980er Jahren zu einem gewissen Abschluss kam. Vgl. hierzu Sander/Vollbrecht, Jugend [1998], S. 194: „Jugendliche Lebensart und jugendkulturelle Praxis etablierten sich […] als gleichberechtigtes Pendant gegenüber anderen Kulturen (vor allem gegenüber der ‚Hochkultur'), werden also nicht mehr nur als ‚Sub'-Kultur gesehen. Damit emanzipiert sich die Jugendphase von einer Vorbereitungsphase auf das Erwachsenenalter zu einer Lebensphase ‚eigenen Rechts'."
[216] Ältere Studien hatten teilweise einen anderen Zuschnitt: Vgl. Jugend zwischen 13 und 24 – Vergleich über 20 Jahre, hrsg. vom Jugendwerk der Deutschen Shell, Hamburg 1975; Jugend, Bildung und Freizeit. Dritte Untersuchung zur Situation der Deutschen Jugend im Bundesgebiet, durchgeführt vom EMNID-Institut für Sozialforschung, hrsg. vom Jugendwerk der Deutschen Shell, Hamburg 1966 (dort wird die Gruppe der 14- bis 21-Jährigen in den Blick genommen).
[217] Jugend '81: Lebensentwürfe, Alltagskulturen, Zukunftsbilder. Studie im Auftrag des Jugendwerks der Deutschen Shell, Bd. 1–3, hrsg. von Arthur Fischer, Hamburg 1981, Zitat Bd. 1, S. 5. Die Studie war vom Frankfurter Institut für Marktanalysen, Media- und Sozialforschung durchgeführt worden. Mit Werner Fuchs und Jürgen Zinnecker waren maßgebliche Vertreter der sozialwissenschaftlichen Jugendforschung führend beteiligt (vgl. ebd., S. 4). Die Folgestudie, an der wiederum Werner Fuchs und Jürgen Zinnecker mitwirkten, setzte die hier begonnene Ausrichtung fort. Vgl. Jugendliche und Erwachsene '85. Generationen im Vergleich. Studie im Auftrag des Jugendwerks der Deutschen Shell, durchgeführt von Psydata, Institut für Marktanalysen, Sozial- und Mediaforschung GmbH, hrsg. vom Jugendwerk der Deutschen Shell, Bd. 1–5, Opladen 1985.

lichkeit lag, sondern vor allem auch an der Intensität der „Jugenddebatte" um 1980[218]. Die 9. Shell-Studie leistete zusammen mit der Enquête-Kommission des Deutschen Bundestags einen erheblichen Beitrag zur Versachlichung der grassierenden Gefährdungsdiskurse, und sie stellte die Jugendforschung, aber auch die politische und öffentliche Wahrnehmung von Jugend auf eine neue Grundlage. Der durchgehende Optimismus der Untersuchung, was die Eigenständigkeit der jugendlichen Gestaltungskraft für die gesellschaftliche Zukunft betrifft, rief freilich schon bald gut begründete Zweifel hervor[219].

Bei genauer Betrachtung lässt sich eine „emanzipative", die wachsende Eigenständigkeit von Jugendlichen akzeptierende Tendenz auch im Diskurs über Jugendarbeitslosigkeit erkennen. Generell gilt dies für eine gewisse Abschwächung des Fürsorgeaspekts, der die – oft pauschal wahrgenommene – Jugend vor allem als Objekt der Hilfe oder der Zurechtweisung sah. Derartige Wahrnehmungsmuster waren in den 1970er Jahren noch stark verbreitet gewesen; sie verblassten freilich mit der zunehmenden Differenzierung des Bildes von Jugendarbeitslosigkeit in den 1980er Jahren.

Am deutlichsten zeigte sich so etwas wie ein Autonomiegewinn von Jugend aber in der politischen und gesellschaftlichen Diskussion um vermeintliche „Aussteiger" und die von ihnen praktizierten Arbeitsformen. Wie oben dargestellt, hatte das Bild des „Aussteigers" in der Bundesrepublik Ende der 1970er und Anfang der 1980er Jahre zunächst einiges Erschrecken hervorgerufen. Im Laufe der Jahre verlor diese Perzeption jedoch an Prägekraft: Das Bild des „Aussteigers" wurde nach und nach entdramatisiert – und nicht selten in den selbstverwalteten Kooperativen und anderen Formen alternativen Wirtschaftens sogar eine Bereicherung im Kampf gegen die Jugendarbeitslosigkeit entdeckt[220].

Ein Beispiel für das Aufeinandertreffen der gegensätzlichen Wahrnehmungsmuster bietet das Protokoll der Sitzung des Bundestagsausschusses für Jugend, Familie und Gesundheit vom 8. Juni 1983. Der zuständige Bundesminister Heiner Geißler erläuterte hier die seitens der neuen CDU/CSU-FDP-Regierung geplanten jugend-, familien- und gesundheitspolitischen Schwerpunkte in der 10. Wahlperiode des Deutschen Bundestags. Dabei präsentierte er die „klassische", vom Fürsorgegedanken geleitete Haltung gegenüber einer als gefährdet angesehenen Jugend: „Es sei keine Frage", so der Minister, „daß die besondere Sorge der Bundesregierung ganz sicher auch den jungen Menschen gelte, die aussteigen wollten oder – kurz gesagt – den psychologischen Anschluß verloren hätten. Diese jungen Menschen dürfe man nicht sich selbst überlassen, sondern man müsse alles tun, um ihnen zu helfen, soweit der Staat dazu in der Lage sei."[221]

Die Gegenposition zu dieser paternalistischen Haltung vertrat Waltraud Schoppe von den erstmals in den Bundestag eingezogenen Grünen: „Die Aussage, daß sich der Staat um Jugendliche, die aussteigen wollten, kümmern müsse, betreffe", so berichtet das Protokoll, „nach ihrer Auffassung nur die geringere Zahl der Fälle. Viele junge Menschen würden gezwungen auszusteigen, weil sie z. B. keine Lehrstelle fänden und ihnen die Integration in unsere Gesellschaft verweigert werde. Im übrigen werde immer deutlicher, daß

---

[218] Zusammenfassend zur Bedeutung der Studie vgl. Richard Rathgeber, Die Shell-Studie als Perspektivenwechsel, in: Deutsches Jugendinstitut (Hrsg.), Die neue Jugenddebatte. Was gespielt wird und um was es geht. Schauplätze und Hintergründe, München 1982, S. 47–57. Der Beitrag würdigt die Studie trotz scharfer Kritik (s. Anm. 219).
[219] Vgl. Rathgeber, Die Shell-Studie, vor allem S. 55–57.
[220] Vgl. unten S. 115f.
[221] PADB, Ausschuss für Jugend, Familie und Gesundheit, 10. WP, Protokoll der 2. Sitzung vom 8. 6. 1983, S. 13.

sich weniger diejenigen konsequent gegen die Lebensverhältnisse in unserer Gesellschaft stellen würden, die auf der Straße herumlungerten, sondern diejenigen, die durch Engagement in alternativen Projekten ihr Leben selbst in die Hand nehmen würden."[222] Die grüne Parlamentarierin drehte das übliche Argumentationsmuster demnach um: Der „Ausstieg" bedeutete keine Gefährdung der gesellschaftlichen Ordnung, sondern die Chance zu eigener Aktivität und zur Verbesserung der kritisch perzipierten „Lebensverhältnisse in unserer Gesellschaft".

Die Grünen als politisches und parlamentarisches Sprachrohr der Alternativbewegung trugen zweifellos zum Prestigegewinn von „Aussteigern" bei. Offensichtlich handelte es sich aber um einen tiefergehenden Wandlungsprozess, der relativ schnell auch die anderen Parteien erfasste – wobei oftmals wohl auch unterschiedliche Bewertungsmuster nebeneinanderstanden. Bereits für 1983 ist dieser Wandel auch schon innerhalb der CDU erkennbar. So findet sich im Programm der bereits erwähnten „Zukunftskommission"[223], die von der CDU nach dem Regierungswechsel angesichts steigender Jugendarbeitslosigkeit eingesetzt und von Heiner Geißler geleitet wurde, auch ein auf Alternativbetriebe gemünztes Kapitel. Die „Möglichkeiten außerhalb des herkömmlichen Arbeitsmarktes" wurden hier grundsätzlich positiv bewertet[224]. In den Folgejahren entwickelte sich die staatliche Förderung derartiger Projekte, die sich freilich immer mehr den etablierten ökonomischen Strukturen anpassen mussten, zu einem von vielen arbeitsmarktpolitischen Akzenten in der Auseinandersetzung mit dem Problem der Jugendarbeitslosigkeit.

Nachdem die „Jugenddebatte" Anfang der 1980er Jahre einen Höhe- und Wendepunkt erreicht hatte, beruhigte sie sich im weiteren Verlauf der 1980er Jahre. Das Abschwellen der jugendlichen Protestwelle, die gesellschaftliche und politische Etablierung der Alternativbewegung und das sukzessive Nachrücken geburtsschwächerer Jahrgänge in das Jugendalter waren hierfür wohl ebenso bedeutsam wie eine gewisse Gewöhnung an die neuen Gefährdungskonstellationen für die Jugend im Allgemeinen und die – seit Mitte der 1980er Jahre wieder etwas sinkende – Jugendarbeitslosigkeit im Besonderen.

Aus konservativer Sicht gewann die jugendpolitische Aufregung der frühen 1980er Jahre nun rückblickend gar die Qualität eines medialen Popanz. „Der Gemütszustand einer Minderheit", so führte der 1955 geborene und daher selbst noch relativ jugendliche CSU-Parlamentarier Wolfgang Götzer am 16. Oktober 1986 im Bundestag aus, „wurde damals zum allgemeinen Jugendproblem hochstilisiert, und zwar so lang, bis auch zufriedene Jugendliche das Gefühl hatten, unzufrieden sein zu müssen, damit sie interessant sind."[225] SPD und Grüne hielten dem entgegen, dass „durch die Wende" der Jugendprotest keineswegs „verschwunden" sei – die heftigen Demonstrationen gegen die geplante Wiederaufbereitungsanlage im oberpfälzischen Wackersdorf boten hierfür nur eines von vielen Beispielen[226].

Während sich die gesellschaftlichen Ängste beruhigten, gewannen die Wahrnehmungen von Jugend im Laufe der 1980er Jahre ein höheres Maß an Heterogenität. In der Jugendforschung, aber auch in Politik und Öffentlichkeit manifestierte sich, trotz erneut

---

[222] Ebd., S. 23.
[223] Vgl. oben S. 78 f.
[224] Programm zur Bekämpfung der Jugendarbeitslosigkeit, beschlossen vom Bundesausschuß der CDU am 20. Februar 1984, Bonn 1984.
[225] Verh. BT, Bd. 139, 10. WP, 238. Sitzung, S. 18365.
[226] Vgl. z. B. die Rede des SPD-Abgeordneten Konrad Gilges, in: Ebd., S. 18363–1365, Zitat S. 18363.

belebter konservativer Wertediskussionen, ein wachsendes Bewusstsein für die „Ausdifferenzierung der Lebensverhältnisse", die „'Pluralisierung' der Lebenslagen von Kindern, Jugendlichen und Familien" und die „Individualisierung der Lebensführungen", wie es 1990 formelartig im 8. Jugendbericht der Bundesregierung hieß[227].

Die vorstehende Skizze hat gezeigt, dass das Thema Jugend während des untersuchten Zeitraums in der bundesdeutschen Politik und Öffentlichkeit – vor allem von Mitte der 1970er bis Anfang der 1980er Jahre – überaus hohe Aufmerksamkeit fand und dabei in erheblichem Maße als Krisenfeld wahrgenommen wurde. Neben dem traditionellen Stellenwert, den das Phänomen der Jugend in Deutschland und speziell auch der Bundesrepublik besaß, erscheinen hierfür vor allem drei parallele Prozesse von Bedeutung: erstens der Eintritt geburtenstarker Jahrgänge in die Jugendphase, zweitens der Anstieg von Jugendarbeitslosigkeit und die gleichzeitigen Probleme auf dem Lehrstellenmarkt sowie drittens das Aufkommen einer jugendlich geprägten Alternativ- und Protestbewegung. Gewöhnungseffekte und das Abschwächen der genannten Entwicklungen sorgten dann gegen Ende des untersuchten Zeitraums für eine gewisse Beruhigung in der Krisenperzeption von Jugend. Die Veränderungen im Bereich der Jugendkultur, die bis in die frühen 1980er Jahre vielfach noch mit großer Verunsicherung rezipiert worden waren, galten schon bald als Teil einer neuen „Normalität".

Die Beziehung des Diskurses über Jugendarbeitslosigkeit zur allgemeinen „Jugenddebatte" lässt sich auch als ein Wechselverhältnis gegenseitiger Verstärkung interpretieren. Einerseits intensivierten die Diskussionen um gesellschaftliche Gefährdungen der Jugend und um die negativen Konsequenzen eines jugendlichen Entfremdungsprozesses das allgemeine Krisenempfinden und damit wohl auch den Handlungsdruck im Kampf gegen die Arbeitsmarktprobleme von Jugendlichen. Andererseits gewann das Problem der Jugendarbeitslosigkeit Rückwirkungen auf die generelle Perzeption von Jugend.

Die Einsicht, dass es für die Jugendarbeitslosigkeit keine einfache Problemlösung gab, sowie der Differenzierungsprozess in ihrer Wahrnehmung bilden das Pendant zu einer im Laufe der 1980er Jahre generell komplexer werdenden Perzeption von Jugend. Der für die 1980er Jahre auch in anderen gesellschaftlichen Bereichen, etwa im Umgang mit neuen Technologien[228], erkennbare Zuwachs an Gelassenheit und Differenzierung könnte freilich – wie ein Aufsatz in der deutschen jugend 1990 nicht ohne Sorge feststellte – dazu beigetragen haben, dass soziale Probleme der Jugend und vor allem die „Folgen von Arbeitslosigkeit" gegen Ende der 1980er Jahre etwas aus dem Blick gerieten[229].

---

[227] Bericht über Bestrebungen und Leistungen der Jugendhilfe – Achter Jugendbericht, in: Verh. BT, Drs. 11/6576, S. 13. – Vgl. hierzu auch die Zusammenfassung in Klaus Schäfer, 8. Jugendbericht. Über Bestrebungen und Leistungen der Jugendhilfe, in: deutsche jugend 38 (1990), S. 302–305, hier S. 303. Zur Kritik des Autors an der Wahrnehmung des Jugendberichts vgl. Anm. 229.
[228] Vgl. z. B. Thomas Raithel, Neue Technologien: Produktionsprozesse und Diskurse, in: Ders./Andreas Rödder/Andreas Wirsching (Hrsg.), Auf dem Weg in eine neue Moderne? Die Bundesrepublik Deutschland in den siebziger und achtziger Jahren, München 2009, S. 31–44, hier S. 44.
[229] Vgl. etwa die Kritik in Schäfer, 8. Jugendbericht, S. 303, an der starken Gewichtung von „Individualisierung" und „Pluralisierung": „Der weitgehende Verzicht auf eine Aufarbeitung sozioökonomischer Bedingungsfaktoren führt dazu, daß für die Jugendhilfe ebenso zentrale Aspekte wie Neue Armut, Wohnungsprobleme, Folgen von Arbeitslosigkeit u. a. m. eher vernachlässigt werden."

4. Eine „Vielfalt von Lösungswegen". Handlungsfelder und Handlungsmuster im Kampf gegen die Jugendarbeitslosigkeit

Im Folgenden geht es darum, grundlegende und für die Bundesrepublik charakteristische Optionen des Handelns im Kampf gegen Jugendarbeitslosigkeit aufzuzeigen und in ihren zeithistorischen Kontexten zu verorten. Diese „Handlungsmuster" wiederum lagen auf unterschiedlichen „Handlungsfeldern". Trotz mancher Probleme einer eindeutigen Zuordnung sollen idealtypisch vier Bereiche unterschieden werden, auf denen Staat und Gesellschaft in der Bundesrepublik der 1970er und 1980er Jahre versucht haben, des Problems der Jugendarbeitslosigkeit Herr zu werden oder es doch zumindest einzugrenzen: das wirtschafts-, arbeitsmarkt- und bildungspolitische sowie das sozialpädagogische Feld[230]. Dass dabei auch der zeitliche Wandel, insbesondere der Regierungswechsel von 1982, sowie die innenpolitische Zuordnung bestimmter Handlungsmuster zu berücksichtigen sind, versteht sich von selbst.

Ausgegangen wird zudem von zwei grundlegenden ordnungspolitischen Ansätzen, die jeweils ganz unterschiedliche Konkretisierungen erfahren konnten: auf der einen Seite die Entfaltung zielgerichteter, zumeist staatlicher Aktivitäten und auf der anderen das Vertrauen in die Selbstheilungskräfte des freien Marktes und die Herstellung wirtschaftsliberaler Rahmenbedingungen. Bekanntlich hat der letztgenannte Ansatz während des untersuchten Zeitraums in der Bundesrepublik und stärker noch in einigen anderen Staaten der westlichen Welt wie vor allem in Großbritannien und den Vereinigten Staaten im Zuge eines Aufschwungs neoliberaler Konzepte eine Intensivierung erfahren. Für beide Pole, auch dies wird im Folgenden zu beachten sein, ist die Frage nach der Prägkraft politischer Hoffnungen und nach der Verbreitung pragmatischer Ernüchterung von erheblicher Bedeutung.

Die für Deutschland traditionell so wichtige Ausgestaltung der Sozialpolitik und des Sozialstaats wurde auf allen vier unterschiedenen Handlungsfeldern berührt. Nachdem sich Arbeitslosigkeit im Laufe der Geschichte „nicht als Motor der Revolution, sondern als Motor des Sozialstaats und des Aufbaus entsprechender sozialer Sicherungssysteme erwiesen" hat[231], entwickelte sie sich in jüngster Zeit auch zu einem Motor des sozialstaatlichen Umbaus. Die folgende Analyse wird darauf zu achten haben, inwieweit es in der Auseinandersetzung mit Jugendarbeitslosigkeit bereits in den 1970er und 1980er Jahren Anzeichen hierfür gab. Ebenso wichtig aber ist die Frage nach der Beharrungskraft der sozialstaatlichen Tradition deutscher Prägung.

---

[230] Ein ähnlicher, allerdings etwas engerer und nur ganz knapp ausgeführter Ansatz einer umfassenden Typologie findet sich in folgender IAB-Publikation: Projektgruppe „Arbeitslosigkeit Jugendlicher" in der Bundesanstalt für Arbeit, Jugendliche beim Übergang in Ausbildung und Beruf, Nürnberg 1980, S. 129 (Tabelle); wiedergegeben auch in Stooß, Jugendarbeitslosigkeit, S. 44. Ebd. werden drei Kategorien von Maßnahmen gegen Jugendarbeitslosigkeit unterschieden: „arbeitsmarkt- u. beschäftigungspolitisch", „(berufs-)bildungspolitisch", „sozialpädagogisch". Nicht berücksichtigt ist dort vor allem das wirtschaftspolitische Feld. – Zum Zitat in der Überschrift s. unten S. 117.
[231] Alois Wacker, Arbeitslosigkeit als Thema der Sozialwissenschaften. Geschichte, Fragestellungen und Aspekte der Arbeitslosenforschung, in: Thomas Raithel/Thomas Schlemmer (Hrsg.), Die Rückkehr der Arbeitslosigkeit. Die Bundesrepublik Deutschland im europäischen Kontext 1973 bis 1989, München 2009, S. 121–135, hier S. 134f.

Das wirtschaftspolitische Feld

Fundamental für das politische Agieren auf diesem Handlungsfeld ist die Annahme, dass das Phänomen der Jugendarbeitslosigkeit ebenso wie die gesamte Massenarbeitslosigkeit in einem engen Zusammenhang mit der makroökonomischen Entwicklung steht. Seit Mitte der 1970er Jahre wurde dieser Umstand im politischen Diskurs über Jugendarbeitslosigkeit immer wieder betont. Eine erfolgreiche Wirtschaftspolitik versprach demnach auch eine nachhaltige Verbesserung der Arbeitsmarktlage für Jugendliche.

Vor allem in der Anfangsphase der neuen Jugendarbeitslosigkeit resultierte aus diesen Prämissen auf Regierungsseite eine gewisse Unterschätzung des Problems. Die Hoffnung auf eine baldige Überwindung der konjunkturellen Schwierigkeiten und der noch verbreitete Glaube an die Wirkungskraft keynesianischer Steuerungsinstrumente ließ auch die Jugendarbeitslosigkeit als ein kurzfristiges Krisenphänomen erscheinen. „Im Zuge des erwarteten Wirtschaftsaufschwungs, für den Bundesregierung und Bundesbank die Grundlage gelegt haben", so hieß es beispielsweise im Februar 1975 in einem Entwurf aus dem Arbeitsministerium für ein Interview von Bundesminister Walter Arendt (SPD), „wird sich die Arbeitslosigkeit der Jugendlichen rasch wieder abbauen."[232] Wenig später stellte Bildungsminister Helmut Rohde (SPD) im Bundestag ausdrücklich fest, dass die Jugendarbeitslosigkeit „auch nicht zuletzt Anlaß und Grund für die Konjunkturprogramme [war], die von der Bundesregierung auf den Weg gebracht worden sind"[233].

Im Laufe der Zeit schwächte sich der Glaube an die Wirksamkeit einer keynesianisch inspirierten wirtschafts- und finanzpolitischen Globalsteuerung ab[234], zumal kostspielige Konjunkturprogramme – allein im Jahr 1977 besaßen Letztere ein Volumen von knapp 30 Milliarden DM[235] – nicht mehr finanzierbar waren. Im Zuge dieser Entwicklung rückte auch der Verweis auf eine erfolgreiche Wirtschaftspolitik vorübergehend in den Hintergrund der diskursiven Auseinandersetzung mit dem Problem der Jugendarbeitslosigkeit.

Das wirtschaftspolitische Feld erlebte allerdings unter neuen Vorzeichen eine gewisse Renaissance, als 1982 eine von Helmut Kohl geführte CDU/CSU-FDP-Regierung die sozialliberale Koalition ablöste. Die „Erneuerung der Politik der sozialen Marktwirtschaft"[236], das Vertrauen in die Kräfte des Marktes und ein dadurch bewirkter wirtschaftlicher Aufschwung wurden in der Regierungsrhetorik zu den wichtigsten Garanten für eine Verminderung der Arbeitslosigkeit im Allgemeinen und der Jugendarbeitslosigkeit im Besonderen. So antwortete der Kanzler auf einer Pressekonferenz, die er am 3. Februar 1983 anlässlich einer Vereinbarung mit Wirtschaftsvertretern zur Schaffung von mehr Ausbildungsplätzen abhielt, auf die Frage, „welche Hoffnung" er arbeitslosen Jugendlichen geben könne, „die bereits ausgebildet sind": „Die Hoffnung, die ich diesen Leuten geben

---

[232] BAK, B 149/103114, Ref. IIa 1, „Beitrag für das Interview des Herrn Ministers zur Jugendarbeitslosigkeit" [Februar 1975], S. 2.
[233] Verh. BT, Bd. 92, 7. WP, 156. Sitzung, 14. 3. 1975, S. 10864.
[234] Süß, Der keynesianische Traum, S. 127f.
[235] Eine Übersicht über die Konjunkturprogramme dieser Zeit gibt Claus-Martin Gaul, Konjunkturprogramme in der Geschichte der Bundesrepublik Deutschland: Einordnung und Bewertung der Globalsteuerung von 1967 bis 1982 (Info-Brief des Wissenschaftlichen Dienstes des Deutschen Bundestags), [Berlin] 2009, http://www.bundestag.de/dokumente/analysen/2009/konjunkturprogramme.pdf [letzter Zugriff: 20. 4. 2012]. Vgl. dort vor allem die tabellarischen Auflistungen S. 11f. und 14. Die obige Zahlenangabe ist berechnet nach ebd., S. 14. Generell zur Wirtschaftspolitik der 1970er Jahre vgl. die Literaturangaben oben S. 12, Anm. 4.
[236] BAK, B 149/139050, „Entwurf für eine Presseerklärung", 3. 2. 1983, S. 1.

kann, ist, daß es uns gelingt, den notwendigen wirtschaftlichen Aufschwung herbeizuführen."[237]

Auch in der 1983 besonders drängenden Ausbildungsplatzfrage schob Kohl den Aspekt der marktwirtschaftlichen Mobilisierung, die den Leitgedanken der eben erwähnten Vereinbarung bildete, ganz nach vorne. Diese Übereinkunft sei „ein Zeichen für wachsendes Selbstvertrauen in die Zukunft unseres Landes". „Im Blick auf die Nachbarländer in Europa", sei dies, so fuhr der Kanzler auf der erwähnten Pressekonferenz nicht ohne bundesdeutsche Selbstgerechtigkeit fort, „ein einzigartiger Vorgang": „Er zeigt sehr stark den Geist einer freien Gesellschaft, die der Überzeugung der Sozialen Marktwirtschaft entspricht, daß man ohne staatliche Auflagen, ohne Gesetze und Verordnungen auf dem Wege freier Vereinbarung ein solches Problem lösen kann."[238] Die Spitzenverbände der bundesdeutschen Wirtschaft nahmen den Ball auf und warben, wie etwa eine Plakataktion des Kuratoriums der Deutschen Wirtschaft für Berufsbildung aus dem Jahr 1984 zeigt[239], ihrerseits für eine verstärkte Einstellung von Lehrlingen. Im Abschnitt zur Bildungspolitik wird auf diese zweifellos erfolgreiche Mobilisierung und ihren möglicherweise doch etwas komplexeren Hintergrund zurückzukommen sein.

„Mehr Marktwirtschaft am Arbeitsmarkt!", so lautete 1985 der Titel einer Broschüre der „Arbeitsgemeinschaft Selbständiger Unternehmer"[240] – diese Parole blieb Mitte und Ende der 1980er Jahre auch für die Proklamationen der Bundesregierung und ihr nahestehender Wirtschaftskreise zum Thema Arbeitslosigkeit maßgebend. Seitens der Opposition von SPD und Grünen wurden derartige Verlautbarungen gern mit dem beliebten Vorwurf der Tatenlosigkeit gekontert[241]. Dies führte insofern zu einem Scheingefecht, als das in den 1970er Jahren entfaltete Instrumentarium der aktiven Arbeitsmarktpolitik, wie gleich noch zu sehen sein wird, auch seitens der neuen Regierung intensiv zum Kampf gegen Jugendarbeitslosigkeit genutzt wurde.

Im Kontext der seit 1982 stärker werdenden wirtschaftsliberalen Tendenzen – von einem „Neoliberalismus" Thatcher'scher Prägung war die Bundesrepublik freilich noch weit entfernt[242] – stehen auch die Bemühungen um eine Deregulierung arbeitsrechtlicher Vorschriften. Diese waren in den 1970er Jahren durch die sozialliberale Koalition teilweise verschärft worden[243] und galten dem wirtschaftsliberalen Credo als Hindernis für die Schaffung neuer Arbeitsplätze. Im parteipolitischen Raum teilte dieses Anliegen vor allem die CDU/CSU, später auch die FDP. Volker Rühe (CDU) hatte bereits 1978 im Bildungsausschuss des Bundestags vorgeschlagen, über „Fragen der Ausbildungsordnungen, des

---

[237] BAK, B 149/139050, „Unkorrigiertes Manuskript Pressekonferenz Nr. 15/83", 3.2.1983, S. 10.
[238] Ebd., S. 2.
[239] Das Plakat stellte die Frage „Haben auch Sie schon einen Lehrling eingestellt?" Vgl. die Abbildung in: Braun/Schäfer/Schneider, Jugendarbeitslosigkeit, S. 230. – Dem 1970 gegründeten Kuratorium der Deutschen Wirtschaft gehören die wichtigsten Spitzenverbände an.
[240] BAK, B 149/83192, „Mehr Marktwirtschaft am Arbeitsmarkt! Ansätze zum Abbau der Arbeitslosigkeit", 1985.
[241] Vgl. z. B. die Bundestagsdebatte am 16.10.1986, in: Verh. BT, 10. WP, 238. Sitzung, S. 18360–18377, z. B. aus der Rede der Bundesministerin Süssmuth, S. 18375: „Sie haben eben erklärt, wir appellierten nur, wir täten nichts, wir überließen alles dem Markt. (Frau Odendahl [SPD]: So ist es!)". Die Ministerin verwahrte sich im Anschluss gegen den Vorwurf und führte Maßnahmen aktiver Arbeitsmarktpolitik an.
[242] Vgl. in diesem Zusammenhang auch den Vergleich zwischen der Bundesrepublik und Großbritannien in Süß, Massenarbeitslosigkeit, Armut und die Krise der sozialen Sicherung.
[243] Insbesondere 1976 im Jugendarbeitsschutzgesetz. Vgl. unten S. 107.

Jugendarbeitsschutzgesetzes und des Schwerbehindertengesetzes" zu diskutieren, um die betriebliche Ausbildungsbereitschaft zu fördern[244]. Unmittelbar nach dem Regierungswechsel von 1982 kündigte die neue Bundesministerin für Bildung und Wissenschaft Dorothee Wilms (CDU) dann im Bildungsausschuss an, gegen „ausbildungshemmende Maßnahmen" vorgehen zu wollen: „Die Bundesregierung wird im Rahmen ihrer Verantwortung durch ihre Berufsbildungspolitik verstärkt dazu beitragen, dass die Ausbildungsbereitschaft vor allem der kleinen und mittleren Betriebe gestärkt und nicht durch überzogene und unpraktikable Rechtsvorschriften gehemmt werden [sic]."[245] Zwei Jahre später, im Oktober 1984, erfolgte eine Novellierung des zuletzt 1976 neu gefassten Jugendarbeitsschutzgesetzes, in dem unter anderem die 1976 geschaffenen Reglementierungen der jugendlichen Arbeitszeiten gelockert wurden, um so eine bessere Anpassung an die betrieblichen Erfordernisse zu erreichen[246].

Das arbeitsmarktpolitische Feld

Während der Begriff der Beschäftigungspolitik eine breite Semantik besitzt und auch die wirtschaftspolitischen Ansätze zur Bekämpfung der Arbeitslosigkeit umfasst, „werden die speziell am Arbeitsmarkt ansetzenden Maßnahmen als Arbeitsmarktpolitik bezeichnet"[247]. Arbeitsmarktpolitik in diesem Sinne wird häufig in eine „passive" und eine „aktive" Variante unterteilt, wobei erstere auch als „verwaltende" und letztere als „gestaltende" Arbeitsmarktpolitik definiert werden kann[248]. Auch die folgenden Ausführungen orientieren sich trotz einzelner Probleme der Trennschärfe an diesem Ansatz.

Zur sogenannten passiven Arbeitsmarktpolitik, die sich im Wesentlichen auf die Kompensation von Lohnausfällen infolge von Arbeitslosigkeit richtet, gehört insbesondere die Arbeitslosen- und Kurzarbeiterunterstützung, die seit Beginn der Arbeitsmarktkrise 1974 eine hohe Belastung für den Etat der Nürnberger Bundesanstalt für Arbeit darstellte. Als Instrument der passiven Arbeitsmarktpolitik gelten – trotz einer gewissen „aktiven" Gestaltungsintention – üblicherweise auch staatliche Bemühungen, mittels finanzieller Anreize ein früheres Ausscheiden älterer Arbeitnehmer aus dem Erwerbsleben zu erreichen. Auf diesem Wege, so die Hoffnung, sollen Arbeitsplätze für junge Erwerbspersonen frei gemacht werden. Wie bereits im deutsch-französischen Vergleich zu den Kausalfaktoren für die unterschiedlichen Ausmaße von Jugendarbeitslosigkeit erwähnt, trat 1984 in der Bundesrepublik ein Vorruhestandsgesetz in Kraft, das auch als Maßnahme zum Abbau von Jugendarbeitslosigkeit gedacht war[249].

---

[244] PADB, Ausschuss für Bildung und Wissenschaft, 8. WP, Protokoll der 28. Sitzung vom 8.3.1978.
[245] PADB, Ausschuss für Bildung und Wissenschaft, 9. WP, Protokoll der 35. Sitzung vom 29.10.1982, S. 11.
[246] BGBl. 1976/I, S. 965–984; BGBl. 1984/I, S. 1277–1280. Zum Jugendarbeitsschutzgesetz von 1984 vgl. Dietrich Bethge, Arbeitsschutz, in: Geschichte der Sozialpolitik in Deutschland seit 1945, Bd. 7: 1982–1989: Bundesrepublik Deutschland. Finanzielle Konsolidierung und institutionelle Reform, hrsg. von Manfred G. Schmidt, Baden-Baden 2005, S. 197–235, hier S. 226–229.
[247] Vgl. Arthur Woll (Hrsg.), Wirtschaftslexikon, 9., völlig überarb. und erw. Aufl., München/Wien 2000, S. 40. Beschäftigungspolitik wird ebd. definiert als „die gesamtwirtschaftlich am Güter-, Geld-, und Arbeitsmarkt ansetzenden Maßnahmen zur Sicherung eines hohen Beschäftigungsstands".
[248] Gabler Wirtschaftslexikon, Online-Ausgabe, Stichwort Arbeitsmarktpolitik, http://wirtschaftslexikon.gabler.de/Archiv/974/arbeitsmarktpolitik-v10.html [letzter Zugriff: 22.3.2012].
[249] Vgl. oben S. 52.

Als Option war ein derartiges Vorgehen schon länger im Gespräch gewesen. Bereits im Dezember 1977 diskutierte der Bildungsausschuss des Bundestags in einer Aussprache mit Bundesbildungsminister Rohde unter diesem Gesichtspunkt über eine Herabsetzung des Rentenalters. Der damalige Ausschussvorsitzende Rolf Meinecke (SPD) stellte dabei eine eindeutige Korrelation zwischen dem Arbeitsmarkt für ältere und jugendliche Beschäftigte her, hatte aber offenbar noch gewisse Zweifel an der ethischen Legitimation eines früheren Renteneintritts. Er frage sich, so Meinecke, „ob es humaner sei, mit 60 Jahren beschäftigungslos zu sein – bei einer durchschnittlichen Lebenserwartung von 73 Jahren bei Männern und 77 bei Frauen – oder als Jugendlicher keine Arbeit zu finden. Dies müsse gegeneinander abgewogen werden."[250]

Das „Gesetz zur Förderung von Vorruhestandsleistungen" aus dem Jahr 1984 sah schließlich ein freiwilliges Ausscheiden aus dem Erwerbsleben nach Vollendung des 58. Lebensjahres vor, wobei ein Vorruhestandsgeld von mindestens 65 % des bisherigen Bruttolohns gewährt wurde und die Beiträge zur Renten- und Krankenversicherung vom Arbeitgeber zu übernehmen waren[251]. Dieser erhielt im Gegenzug von der Bundesanstalt für Arbeit einen 35 %igen Zuschuss zu den Vorruhestandskosten, wenn er den freigewordenen Arbeitsplatz mit einem Jugendlichen oder Arbeitslosen besetzte.

Die Wirkungen des Gesetzes blieben freilich entgegen den Erwartungen sehr bescheiden, auch weil es eine gewisse Konkurrenzsituation zu anderen tarifvertraglichen und betrieblichen Vorruhestandsregelungen gab. Etwa 160 000 Menschen nahmen das Vorruhestandsgesetz in Anspruch, rund 88 000 Anträge auf einen Zuschuss der Bundesanstalt wurden bewilligt – und unter den Neueingestellten waren gerade einmal 18 000 Jugendliche[252]. 1988 wurde das Vorruhestandsgesetz durch das zum 1. Januar 1989 in Kraft getretene Altersteilzeitgesetz ersetzt, das wohl ebenfalls nur schwache arbeitsmarktpolitische Effekte erzielte[253]. Inwieweit dieses Urteil auch für die in den 1980er Jahren seitens der Gewerkschaften durchgesetzten tariflichen Verkürzungen der Wochenarbeitszeit sowie für die Förderung von Teilzeitarbeit zutrifft – Instrumente, die bereits im Bereich der aktiven Arbeitsmarktpolitik anzusiedeln sind –, war und ist in der Arbeitsmarktforschung umstritten: Untersuchungen, die eher der Seite der Arbeitgeber zuzurechnen sind, kommen hier zu anderen Ergebnissen als gewerkschaftsnahe Studien[254].

Das noch von der Großen Koalition von CDU/CSU und SPD verabschiedete Arbeitsförderungsgesetz (AFG) aus dem Jahr 1969 bildete in der Bundesrepublik gleichsam das Grundgesetz einer aktiven Arbeitsmarktpolitik, die es in begrenztem Umfang freilich auch schon vorher gegeben hatte. Sie wurde aber nun – ähnlich wie in vielen anderen Staaten – zum dominierenden und anfangs mit großen Hoffnungen verbundenen Paradigma[255]. Dem bisher vorherrschenden Prinzip der „passiven" Linderung von Arbeitslo-

---

[250] PADB, Ausschuss für Bildung und Wissenschaft, 8. WP, 24. Sitzung, 14.12.1977.
[251] Vgl. Schmid/Oschmiansky, Arbeitsmarktpolitik und Arbeitslosenversicherung [1982–1989], S. 257f. – Ebd. auch zum Folgenden.
[252] Zahlen nach ebd., S. 258.
[253] Ebd., S. 258f.
[254] Vgl. die resümierende Beurteilung bei Markus Promberger, Das Beschäftigungsmotiv in der Arbeitszeitpolitik, in: Thomas Raithel/Thomas Schlemmer (Hrsg.), Die Rückkehr der Arbeitslosigkeit. Die Bundesrepublik Deutschland im europäischen Kontext 1973 bis 1989, München 2009, S. 161–173, hier S. 171.
[255] Generell zur Ausbildung und Praxis einer aktiven Arbeitsmarktpolitik in der Bundesrepublik vgl. Altmann, Aktive Arbeitsmarktpolitik. Die ebd., S. 192–246, zu findende sehr kritische Beurteilung

sigkeit wurde nun das vorausschauende Bemühen des Staates zur Seite gestellt, derartige Krisen künftig zu vermeiden. Wichtiger war Ende der 1960er Jahre allerdings noch die Sorge, dass gerade in technologisch anspruchsvollen Bereichen des Erwerbslebens langfristig Arbeitskräftemangel das Wirtschaftswachstum gefährden werde. Das Arbeitsförderungsgesetz sollte daher vor allem auch der Qualifizierung von Arbeitskräften dienen. Institutionell fand diese Entwicklung Ausdruck in der Umwandlung der 1952 gegründeten Bundesanstalt für Arbeitsvermittlung und Arbeitslosenversicherung[256] zur semantisch weiter gefassten und auch institutionell stark vergrößerten Bundesanstalt für Arbeit.

Ursprünglich war das Handlungsmuster der aktiven Arbeitsmarktpolitik getragen von einem seit Mitte der 1960er Jahre im Westen Deutschlands auch in anderen politischen und gesellschaftlichen Feldern in den Vordergrund drängenden Glauben an die Planbarkeit, der durch die erfolgreiche keynesianische Meisterung der Konjunkturkrise von 1966/67 zusätzlichen Auftrieb erhalten hatte[257]. Die Ernüchterung[258] setzte mit der großen Wirtschaftskrise von 1974/75 und dem unaufhaltsamen Anstieg der Massenarbeitslosigkeit ein. Die Kosten der aktiven Arbeitsmarktpolitik, die der Bundesanstalt schon vor Beendigung des ökonomischen „Booms" Haushaltsprobleme bereitet hatten[259], stiegen nun rasant in die Höhe. Gleichzeitig wandelte sich aber auch die grundlegende Funktion dieser Politik, die ihren präventiven Charakter weitgehend verlor und zu einem Instrumentarium wurde, das in erster Linie auf die Eindämmung von Arbeitslosigkeit zielte. Der teilweise geradezu utopische Glaube an die Planbarkeit wich nach und nach einem differenzierten Krisenpragmatismus, was ganz im politischen Trend jener Jahre lag[260].

Ähnlich wie bei der Bekämpfung der allgemeinen Arbeitslosigkeit lassen sich auch im speziellen Einsatz gegen die Jugendarbeitslosigkeit zwei Felder einer aktiven Arbeitsmarktpolitik unterscheiden. Zum einen gab es das „reguläre", durch die Alltagsarbeit der Nürnberger Bundesanstalt verwaltete Repertoire von Maßnahmen, die auf dem – bis Ende der

---

ihrer Wirkungen, die auch an wirtschaftswissenschaftliche Versuche einer Evaluierung der aktiven Arbeitsmarktpolitik anknüpft (ebd., S. 229–238), erscheint insgesamt stark dem neoliberalen Zeitgeist der 1990er und frühen 2000er Jahre verhaftet. – Allgemein zur Entwicklung aktiver Arbeitsmarktpolitik im untersuchten Zeitraum – und mit eher positiven Wertungen hinsichtlich ihrer Leistungen in der Krisenlinderung – vgl. Schmuhl, Arbeitsmarktpolitik und Arbeitsverwaltung, S. 504–532.
[256] Die Bundesanstalt stand in der Nachfolge der Weimarer Reichsanstalt für Arbeitsvermittlung und Arbeitslosenversicherung, die 1927 im Zuge der Einführung einer Arbeitslosenversicherung durch das Gesetz über Arbeitsvermittlung und Arbeitslosenversicherung gegründet worden war. Vgl. ebd., S. 143.
[257] Aus der umfangreichen Literatur vgl. vor allem einige neuere Aufsätze: Michael Ruck, Ein kurzer Sommer der konkreten Utopie – Zur westdeutschen Planungsgeschichte der langen 60er Jahre, in: Axel Schildt/Detlef Siegfried (Hrsg.), Dynamische Zeiten. Die 60er Jahre in den beiden deutschen Gesellschaften, Hamburg 2000, S. 362–401; Gabriele Metzler, Am Ende aller Krisen? Politisches Denken und Handeln in der Bundesrepublik der sechziger Jahre, in: Historische Zeitschrift 275 (2002), S. 57–103. Zum Planungsglauben und zu seinen Ausprägungen auf dem Feld der Arbeitsmarktpolitik vgl. Georg Altmann, Vollbeschäftigung durch Planung? Das Reformprojekt „Vorausschauende Arbeitsmarktpolitik" in den 1960er Jahren, in: Matthias Frese/Julia Paulus/Karl Teppe (Hrsg.), Demokratisierung und gesellschaftlicher Aufbruch. Die sechziger Jahre als Wendezeit der Bundesrepublik, Paderborn u. a. 2003, S. 283–297; Schmuhl, Arbeitsmarktpolitik und Arbeitsverwaltung, S. 450–492; Raithel, Der Glaube an die Planbarkeit.
[258] Zum Prozess der Desillusionierung auf dem exemplarischen Feld der Wirtschaftspolitik vgl. Schanetzky, Die große Ernüchterung.
[259] Vgl. Schmuhl, Arbeitsmarktpolitik und Arbeitsverwaltung, S. 483.
[260] Bereits Wolfgang Jäger sprach im Hinblick auf die Regierung Schmidt/Genscher von „Pragmatismus als Regierungsprogramm". Ders./Link, Republik im Wandel. 1974–1982, S. 9.

1980er Jahre neunmal novellierten – Arbeitsförderungsgesetz basierten. Zum anderen legten der Bund und in kleinerem Umfang auch die Bundesländer[261] diverse Sonderprogramme auf.

Eine Übersicht des Bundesministeriums für Arbeit und Soziales aus dem Jahr 1986 listet sieben Maßnahmenbündel auf, die neben der Berufsberatung bei der Bekämpfung der Jugendarbeitslosigkeit im Rahmen des Arbeitsförderungsgesetzes zum Einsatz kamen:

1. „Berufsausbildungsbeihilfen" für Lehrlinge, die insbesondere auch der Förderung räumlicher Mobilität dienten und beispielsweise die Bezuschussung von Fahrt- und Wohnheimkosten ermöglichten;
2. die „Förderung der Teilnahme an berufsvorbereitenden Maßnahmen";
3. „Ausbildungszuschüsse" für Betriebe, die behinderte Jugendliche ausbilden;
4. Arbeitsbeschaffungsmaßnahmen (ABM) im Bereich „zusätzliche[r] Arbeiten im öffentlichen Interesse", bei denen die Gehaltszahlungen der jeweiligen Träger (Kommunen, Wohlfahrtsverbände etc.) mit 60 bis 80% bezuschusst werden;
5. „Eingliederungsbeihilfen", die Arbeitgebern bei der Einstellung von jugendlichen Arbeitslosen zugutekommen und die in der Regel 50% des üblichen Lohnes betragen;
6. „Einarbeitungszuschüsse", wenn Arbeitgeber Jugendliche einstellen, „die eine volle Leistung am Arbeitsplatz erst nach einer Einarbeitungszeit erbringen können";
7. die „Förderung der beruflichen Fortbildung und Umschulung" [262].

Deutlich wird hier, dass die auf Jugendliche gerichtete aktive Arbeitsmarktpolitik eine sehr starke bildungspolitische Dimension besaß, indem sie dem System der betrieblichen beruflichen Bildung über zusätzliche Qualifizierungsmaßnahmen, Mobilitätsbeihilfen und Subventionierungen von Ausbildungsplätzen gleichsam als „Schmiermittel" diente. Die Konzentration auf die Berufsbildung korrespondierte mit der immer noch starken Fixierung des Begriffs „Jugendarbeitslosigkeit" auf die unter 20-Jährigen[263]. Hinzu kamen allgemeine arbeitsmarktpolitische Maßnahmen wie gemeinnützige Arbeitsbeschaffungsmaßnahmen oder Eingliederungsmaßnahmen, von denen auch Jugendliche profitieren konnten.

Über das finanzielle Volumen aktiver Arbeitsmarktpolitik gegen Jugendarbeitslosigkeit seitens der Nürnberger Bundesanstalt liegen keine spezifizierten Angaben vor. Generell waren die Gesamtausgaben für berufliche Bildung – also inklusive der Aufwendungen für die Fortbildung älterer Arbeitnehmer – während der 1970er Jahre starken Schwankungen unterworfen, die vor allem aus der Haushaltslage der Bundesanstalt bzw. aus den hierfür maßgeblichen Variablen wie dem Beitragssatz zur Arbeitslosenversicherung, den Zuschüssen aus dem Bundeshaushalt und der konjunkturellen Gesamtlage resultierten.

Berechnungen von Altmann zeigen, dass die in den frühen 1970er Jahren hohen Ausgaben für Berufsbildungsmaßnahmen (1972: 1,58 Milliarden DM) – damals noch im Zeichen der Prävention – nach Einbruch der Wirtschaftskrise zunächst noch gesteigert wurden, aber dann schon bald deutlich abgesenkt werden mussten (1977: 0,99 Milliarden

---

[261] Einen umfassenden Überblick über die arbeitsmarktpolitischen Förderprogramme der Bundesländer Mitte der 1980er Jahre gibt: Alternative Ausbildungs- und Arbeitsprojekte für junge Arbeitslose. Eine Arbeitshilfe für entstehende Projekte und Initiativen sowie für Berater in der Jugendhilfe, hrsg. vom Deutschen Paritätischen Wohlfahrtsverband, Frankfurt a. M. 1985, S. 258–269.
[262] Jugendarbeitslosigkeit. Maßnahmen zur Bekämpfung, in: Bundesarbeitsblatt 10/1986, S. 13–19, hier S. 16–19. Zu den Maßnahmen nach dem AFG vgl. mit Blick auf die 1970er Jahre auch Schober/Hochgürtel, Bewältigung der Krise oder Verwaltung des Mangels?, S. 28–31.
[263] In diesem Sinne auch Stooß, Jugendarbeitslosigkeit, S. 43.

DM)[264]. So brachte das Haushaltsstrukturgesetz von 1975, mit dem die Regierung Schmidt einen sozialpolitischen Kurswechsel zu „Konsolidierung und Kostendämpfung" begründete[265], gleichermaßen eine deutliche Anhebung der Arbeitslosenversicherung und Leistungskürzungen, gerade auch in der beruflichen Bildung. Der Großteil der Ausgaben der Bundesanstalt musste nun in die passive Arbeitsmarktpolitik in Form von Arbeitslosen- und Kurzarbeitergeld fließen, was hohe Bundeszuschüsse erforderte und die Entwicklung des Bundeshaushalts schwer belastete. Nach einer erneuten Steigerung des finanziellen Einsatzes für berufliche Bildung Ende der 1970er Jahre hatte die Wirtschaftskrise von 1980 bis 1982 wiederum eine Senkung der diesbezüglichen Ausgaben zur Folge (1983: 1,78 Milliarden). Hierzu trug besonders das unter koalitionsinternem Druck der FDP verabschiedete Arbeitsförderungs-Konsolidierungsgesetz vom Dezember 1981 bei[266]. Seit Mitte der 1980er Jahre wuchs das Volumen gemäß der Statistik von Altmann dann wieder langsam bis auf über 3 Milliarden DM[267], was unter anderem einen weiter steigenden Beitragssatz zur Arbeitslosenversicherung bedingte: Nachdem dieser 1970 noch bei 1,3% des beitragspflichtigen Bruttoentgelts gelegen hatte, betrug er 1989 bereits 4,3%.

Entgegen dem ursprünglichen keynesianischen Grundansatz einer antizyklischen Intervention gewann die aktive staatliche Arbeitsmarktpolitik so insgesamt einen prozyklischen Charakter: Gerade in Krisensituationen war das staatliche Handeln von einer Mittelkürzung gekennzeichnet, während wirtschaftliche Aufschwungphasen vorübergehend wieder eine Mittelsteigerung zur Folge hatten[268].

Die zeitweisen Kürzungen arbeitsmarktpolitischer Leistungen im Bereich der beruflichen Bildung schlugen wohl nur sehr gedämpft bis zur Zielgruppe arbeitsloser Jugendlicher durch. Dennoch kann davon ausgegangen werden, dass der ursprünglich hohe Pro-Kopf-Einsatz von Mitteln auch auf diesem speziellen Feld stark vermindert werden musste. Im gesamten Bereich der beruflichen Bildung sanken die Zahlen von 6410 DM pro Kopf im Jahr 1972 auf 1476 DM im Jahr 1989[269]. Die hohe individuelle Förderung durch eine vorausschauend aktive Arbeitsmarktpolitik, wie sie Ende der 1960er Jahre konzipiert worden war, hatte unter erschwerten wirtschaftlichen Bedingungen nun einer breiten Unterstützung sehr vieler Arbeitsloser zu weichen.

Der Funktionswandel des Arbeitsförderungsgesetzes sollte freilich nicht als Beleg für sein Scheitern gelesen werden. Gerade im Hinblick auf die Jugendarbeitslosigkeit muss gesehen werden, dass ihr Ausmaß ohne das eingesetzte Instrumentarium wohl deutlich

---

[264] Altmann, Aktive Arbeitsmarktpolitik, S. 209, Tab. 10. Zu den groben Entwicklungen des finanziellen Volumens aktiver Arbeitsmarktpolitik vgl. auch Schmuhl, Arbeitsmarktpolitik und Arbeitsverwaltung, S. 508–521.
[265] Hans Günter Hockerts, Periodisierung des Gesamtwerks. Abgrenzung der Bände, in: Geschichte der Sozialpolitik in Deutschland seit 1945, Bd. 1: Grundlagen der Sozialpolitik, Baden-Baden 2001, S. 183–198, hier S. 193. Schmuhl, Arbeitsmarktpolitik und Arbeitsverwaltung, S. 510, bezeichnet das Haushaltsstrukturgesetz sogar als „Wendepunkt". Generell zu den sozialpolitischen Phasen von 1974 bis 1982 und 1982 bis 1990 vgl. Schmidt, Zwischen Ausbaureformen und Sanierungsbedarf.
[266] Vgl. Schmuhl, Arbeitsmarktpolitik und Arbeitsverwaltung, S. 517f.
[267] Als Höchstwert für „reale Ausgaben für berufliche Bildung" nennt Altmann für 1988 3 Milliarden DM. Altmann, Aktive Arbeitsmarktpolitik, S. 209, Tab. 10. In einer Publikation des Bundesarbeitsministeriums findet sich freilich für 1986 mit 5,1 Milliarden DM eine weit höhere Zahl. Vgl. Jugendbeitslosigkeit, in: Bundesarbeitsblatt 10/1986, S. 13.
[268] Schmuhl, Arbeitsmarktpolitik und Arbeitsverwaltung, S. 508, sieht ein „Spannungsfeld von ‚Antizyklischer Aufgabenstellung' und ‚prozyklischem Finanzierungsspielraum'".
[269] Altmann, Aktive Arbeitsmarktpolitik, S. 209, Tab. 10.

größer gewesen wäre. Zudem hatte die hohe staatliche Präsenz im Kampf gegen Jugendarbeitslosigkeit zweifellos eine wichtige Signalwirkung auf die freie Wirtschaft und ihre Ausbildungs- und Einstellungsbereitschaft gegenüber Jugendlichen. Ein Abbau aktiver Arbeitsmarktpolitik hätte zudem vermutlich heftige soziale Erschütterungen zur Folge gehabt.

Der Regierungswechsel von 1982, dem ein radikal marktliberales und dem bisherigen sozialpolitischen Kurs sehr kritisch gegenüberstehendes Arbeitskonzept des damaligen FDP-Wirtschaftsministers Otto Graf Lambsdorff vorausgegangen war[270], zog auf wirtschafts- und sozialpolitischer Ebene weit weniger starke Veränderungen nach sich, als mancher erhofft oder befürchtet hatte. Auch die bundesdeutsche Christdemokratie war ebenso wie die SPD traditionell eine Partei des Sozialstaats[271], das Arbeitsförderungsgesetz war unter einem CDU-Kanzler verabschiedet worden, und mit Norbert Blüm übernahm nun ein Repräsentant der CDU-Sozialausschüsse das Ressort des Bundesarbeitsministeriums.

So verwundert es nicht, dass das Paradigma einer aktiven Arbeitsmarktpolitik trotz massiv gestiegener Kosten und trotz einer zumindest zeitweisen rhetorischen Schwerpunktverschiebung auf eine marktwirtschaftliche Krisenstrategie auch über die vermeintliche „geistig-moralische Wende" von 1982/83[272] hinweg gültig blieb. Beispielsweise stieg die Zahl der geförderten ABM-Maßnahmen für Jugendliche unter 25 Jahren von 8 000 im Jahr 1982 auf 30 000 im Jahr 1985[273]. Die Teilnehmerzahl an berufsvorbereitenden Maßnahmen nahm von 47 730 im Schuljahr 1981/82 auf 62 700 im Jahr 1984/85 zu[274]. Die bereits zitierte Publikation des Bundesministeriums für Arbeit und Soziales stellte 1986 daher auch mit Recht fest: „Das Instrumentarium des Arbeitsförderungsgesetzes wird offensiv, gerade auch für Jugendliche, eingesetzt."[275]

Neben regulären Maßnahmen in den Bahnen des Arbeitsförderungsgesetzes stützten sich die Bundes-, aber auch die Landesregierungen seit Mitte der 1970er Jahre in ihrem Kampf gegen die Massenarbeitslosigkeit auf zahlreiche Sonderprogramme[276]. Eine 1982 erstellte Übersicht aus dem Bundesarbeitsministerium zählt allein für die Jahre 1974 bis 1981 auf Bundesebene „16 Ausgabenprogramme mit beschäftigungspolitischer Zielsetzung"[277]. Die meisten dieser Maßnahmenbündel besaßen auch eine mehr oder minder starke Komponente, die speziell auf die Arbeitslosigkeit von Jugendlichen zielte.

---

[270] Allerdings wäre es „zu einfach, dem sozialpolitischen Richtungsstreit die Hauptverantwortung für den Koalitionswechsel der Liberalen zuzuschreiben." Süß, Umbau am „Modell Deutschland", S. 14.
[271] Vgl. in diesem Zusammenhang auch Schmidt, Zwischen Ausbaureformen und Sanierungsbedarf, S. 139, der dem „Wettbewerb zwischen zwei großen Sozialstaatsparteien" eine „zentrale Rolle" für die „bemerkenswerte Strukturbeständigkeit" des bundesdeutschen Sozialstaats zumisst. International sei dies eine „relativ seltene Konstellation", die noch dazu durch einen „Beinahe-Dauerwahlkampf" bestärkt wurde.
[272] Zum Konzept einer „geistig-moralischen Wende", das Kohl in der Frühphase seiner Kanzlerschaft demonstrativ vertrat, vgl. Wirsching, Abschied vom Provisorium, S. 49f.
[273] Jugendarbeitslosigkeit, in: Bundesarbeitsblatt 10/1986, S. 17.
[274] Ebd.
[275] Ebd., S. 16.
[276] Vgl. die Hinweise in: Auer/Bruche/Kühl (Hrsg.), Chronik zur Arbeitsmarktpolitik, passim.
[277] So am 26.11.1982 eine Antwort des Parlamentarischen Staatssekretärs beim Bundesminister für Arbeit und Sozialordnung Wolfgang Vogt (CDU) auf eine Anfrage des Abgeordneten Reinhard Freiherr von Schorlemer (CDU), in: Verh. BT, Drs. 9/2231, 26.11.1982, S. 8–10, auch abgedruckt in: Auer/Bruche/Kühl (Hrsg.), Chronik zur Arbeitsmarktpolitik, S. 120f.

Ganz diesem Problemfeld gewidmet waren im Verantwortungsbereich des Bundes das „Arbeitsmarkt- und berufsbildungspolitische Programm zur Bekämpfung der Jugendarbeitslosigkeit vom 28. Januar 1976", das auf 300 Millionen DM angelegt war[278] und in erster Linie Arbeitsbeschaffungs- und Bildungsmaßnahmen diente[279], sowie das „Programm für die Förderung von benachteiligten Jugendlichen vom 12. Mai 1980" („Benachteiligtenprogramm"), von dem gleich noch genauer die Rede sein wird.

Es wäre im Übrigen irreführend, die Neigung zu Sonderprogrammen während der 1970er Jahre allein auf der sozialliberalen Regierungsseite festzumachen. Die erste koordinierte Aktion der CDU/CSU-Fraktion angesichts der anschwellenden Jugendarbeitslosigkeit war im Januar 1975 der – Entschlossenheit markierende und die Regierung zum „Handeln" auffordernde – Ruf nach einem „Dringlichkeitsprogramm zur Überwindung des Lehrstellenmangels und zur Verringerung der Jugendarbeitslosigkeit"[280].

Die Zeit der kostspieligen Sonderprogramme, die bereits in der Spätphase der sozialliberalen Koalition seltener geworden waren, fand mit dem Regierungswechsel von 1982 ihr Ende; schon vorher waren die Zweifel an ihrer arbeitsmarktpolitischen Wirksamkeit lauter geworden. Auch wenn die neue Koalition auf die sofort von der SPD erhobene Forderung nach einem „Sofortprogramm gegen Jugendarbeitslosigkeit"[281] nicht einging, gab es in der Folgezeit weiterhin arbeitsmarktpolitische Maßnahmenpakete für Jugendliche. Anzuführen ist beispielsweise die „Qualifizierungsoffensive" im Rahmen der 7. Novelle des Arbeitsförderungsgesetzes vom 1. Mai 1985[282]. Insgesamt waren Jugendliche Mitte der 1980er Jahre, wie eine interne Analyse des Bundesarbeitsministeriums feststellte, „deutlich überdurchschnittlich [...] vom arbeitsmarktpolitischen Instrumentarium erfaßt"[283].

Eine Folge der wachsenden Finanznot, aber auch der differenzierteren Wahrnehmung von Jugendarbeitslosigkeit war seit etwa 1980, also schon vor dem bundespolitischen Wechsel von der sozialliberalen zu einer „bürgerlich"-konservativen Koalition, eine Konzentration der arbeitsmarktpolitischen Maßnahmen auf besondere „Problemgruppen" des jugendlichen Arbeitsmarktes. In erster Linie waren damit leistungsschwächere, behinderte und ausländische Jugendliche gemeint[284]. Eine derartige Akzentverschiebung hatte bereits das 1979 verabschiedete fünfte Änderungsgesetz des Arbeitsförderungsgesetzes be-

---

[278] Bis 1981 waren 235 Millionen DM eingesetzt worden. Siehe ebd., S. 9.
[279] Davon 100 Millionen für „zusätzliche Arbeitsbeschaffungsmaßnahmen", 80 Millionen für die „Förderung von Bildungsmaßnahmen für jugendliche Arbeitnehmer" sowie 20 Millionen für die „Förderung von Einrichtungen, die Bildungsmaßnahmen für Jugendliche und Behinderte durchführen". Vgl. BAK, B 189/22249, Protokoll der Sitzung des BJK vom 29./30. 3. 1976, S. 5.
[280] Vgl. oben S. 66.
[281] Vgl. oben S. 66.
[282] Antwort des Parlamentarischen Staatssekretärs Vogt vom 4. 11. 1986, in: Verh. BT, Drs. 10/6385, S. 15. Abdruck auch in: Jürgen Kühl (Hrsg.), Chronik zur Arbeitsmarktpolitik, in: MittAB (1987), S. 119–127, 252–260, 374–384 und 497–505, hier S. 122.
[283] BAK, B 149/62198, Ref. IIa 1, Referatsleiter Ministerialrat Gröbner an Staatssekretär, 21. 2. 1985: „Gemessen an ihrem jeweiligen Anteil an der Bestandserhebung von Ende Sept. 1984 sind Jugendliche unter 25 Jahren wie gesundheitlich Eingeschränkte deutlich überdurchschnittlich, Langzeitarbeitslose und Arbeitslose ohne Berufsausbildung etwa anteilsmäßig, Frauen und Ältere unterdurchschnittlich vom arbeitsmarktpolitischen Instrumentarium erfaßt".
[284] Vgl. allgemein: Franzjosef Esch, Berufsausbildung für besondere Zielgruppen: Die Benachteiligtenförderung im Strukturwandel, in: Berufsbildung – Kontinuität und Wandel. Festschrift zum 60. Geburtstag von Prof. Dr. Helmut Pütz, hrsg. vom Bundesinstitut für Berufsbildung, Bonn 2000, S. 169–178.

absichtigt. Im Mai 1979 referierte hierzu beispielsweise Ministerialrat Klaus Achenbach aus dem Bundesministerium für Arbeit und Sozialordnung im Bildungsausschuss des Bundestags: „Die arbeitsmarktpolitischen Instrumente sollen gezielter und situationsgerechter ausgestaltet werden. Der Schwerpunkt liege in der Fortentwicklung und Verbesserung der arbeitsmarktpolitischen Möglichkeiten, insbesondere bei der Qualifizierung und Vermittlung der leistungsgeminderten Arbeitnehmer, um ihnen eine bessere Hilfestellung zu geben."[285]

Das seit 1980 vom Bundesministerium für Bildung und Wissenschaft aufgelegte „Benachteiligtenprogramm", von dem eben bereits die Rede war, bildete ein wichtiges Element dieser Neuausrichtung[286]. Kerngedanke war, dass die Lehre „benachteiligter" Jugendlicher zunächst bei einer überbetrieblichen Ausbildungsstätte begann, die meist von einem freien Träger betrieben wurde. Später sollte ein – oft nicht realisierter – Wechsel in ein betriebliches Ausbildungsverhältnis vollzogen werden. Hinzu kamen „ausbildungsbegleitende Hilfen" für Arbeitgeber, um pädagogische „Stützungsmaßnahmen" für „leistungsschwächere Jugendliche" zu ermöglichen. Generell gewannen überbetriebliche Ausbildungsstellen eine hohe Bedeutung für „benachteiligte" Jugendliche[287]; zu nennen ist hier insbesondere auch der Ausbau von „Berufsbildungswerken" für Behinderte[288]. Eine Bilanz aus dem Jahr 1987 kam zu dem Ergebnis, dass zum damaligen Zeitpunkt rund 32 000 Jugendliche im Rahmen des Benachteiligtenprogramms eine Berufsausbildung erhielten[289]. Zum 1. Januar 1988 wurde das Programm schließlich in das Arbeitsförderungsgesetz aufgenommen[290].

Auch ABM-Maßnahmen im Rahmen des sogenannten Zweiten Arbeitsmarktes erlangten erhebliche Bedeutung in der Förderung von jugendlichen Problemgruppen[291]. Speziell für ausländische Jugendliche zwischen 15 und 20 Jahren wurden 1980 im Rahmen des Arbeitsförderungsgesetzes die „Maßnahmen zur beruflichen und sozialen Eingliederung" (MBSE) geschaffen. Diese umfassten einen berufsvorbereitenden Unterricht, um „die Teilnehmer auf die Aufnahme einer Berufsausbildung vorzubereiten und ihnen hierzu die erforderlichen Kenntnisse und Verhaltensweisen zu vermitteln"[292].

---

[285] PADB, Ausschuss für Bildung und Wissenschaft, 8. WP, Protokoll der 49. Sitzung vom 9.5.1979.
[286] Zu den „Ausgangsdefinitionen" von „Benachteiligten" vgl. Henning Schierholz, Strategien gegen Jugendarbeitslosigkeit. Zur Ausbildungs- und Berufsintegration von Jugendlichen mit schlechteren Startchancen, Hannover 2001, S. 13; ebd. auch Auflistung nach Durchführungsanweisungen der Bundesanstalt für Arbeit 20/1988, S. 14. Zur Entwicklung in den 1980er Jahren ebd., S. 134–139.
[287] Vgl. hierzu generell auch Dietmar Zielke/Isle G. Lemke, Außerbetriebliche Berufsausbildung benachteiligter Jugendlicher. Anspruch und Realität, Berlin/Bonn 1988.
[288] Jugendarbeitslosigkeit, in: Bundesarbeitsblatt 10/1986, S. 15. Zur Arbeitsmarktpolitik für Behinderte vgl. Rudloff, Behinderte und Behindertenpolitik.
[289] Kühl (Hrsg.), Chronik zur Arbeitsmarktpolitik [1987], S. 500f.
[290] Vgl. Jürgen Kühl (Hrsg.), Chronik zur Arbeitsmarktpolitik, in: MittAB (1988), S. 164–175, 316–326, 434–452 und 536–544, hier S. 170f.
[291] Vgl. z. B. Konzeptionen gegen Jugendarbeitslosigkeit. Beispiel: Hamburg-Wilhelmsburg. Eine Fallstudie im Rahmen der OECD-Untersuchung „Disadvantaged Youth in Depressed Urban Areas", erhoben von konsalt Forschung & Beratung, Hamburg, hrsg. vom Jugendwerk der Deutschen Shell, Opladen 1990. Die Studie betont aber auch die Grenzen dieser Maßnahmen; vgl. etwa ebd., S. 135.
[292] Karen Schober, Was kommt danach? Eine Untersuchung über den Verbleib der Teilnehmer an Maßnahmen zur Berufsvorbereitung und sozialen Eingliederung junger Ausländer (MBSE) des Lehrgangsjahres 1980/81 ein Jahr später, in: MittAB 16 (1983), S. 137–152, hier S. 137; ebd. auch zur Zielsetzung und zu anfänglichen Problemen. Zur Konzeption vgl. Rahmenvorstellungen für Maßnahmen zur Berufsvorbereitung und sozialen Eingliederung junger Ausländer (MBSE), in: ANBA, Heft 1, 1980, S. 19–24. Zum späteren Stellenwert vgl. Jugendarbeitslosigkeit, in: Bundesarbeitsblatt 10/1986, S. 17.

Die Konzentration der arbeitsmarktpolitischen Diskussionen und Aktivitäten auf „benachteiligte" Jugendliche stand im Kontext der „‚Entdeckung' bzw. ‚sozialen Konstruktion' von ‚Problemgruppen' des Arbeitsmarktes"[293]. Neben der durchaus sinnvollen Konkretisierung von Maßnahmen und der Bündelung der knapp gewordenen finanziellen Mittel hatte sie eine nicht unwesentliche diskursive Nebenwirkung: Das generelle gesellschaftliche Phänomen der Jugendarbeitslosigkeit an sich rückte aus dem Brennpunkt der Aufmerksamkeit. Gleichzeitig erschien Arbeitslosigkeit immer mehr als Problem jener Jugendlichen, die den Anforderungen des Einstiegs in den modernen Arbeitsmarkt nicht gewachsen waren. Dass damit insgesamt ein camouflierender Effekt verbunden war, zeigt sich zum Beispiel in einer wissenschaftlichen Publikation des Bundesinstituts für Berufsbildung aus dem Jahr 1988: Der Benachteiligtenbegriff wurde hier pauschal auf „Hauptschulabgänger" ausgedehnt und damit die Ursachen der Arbeitsmarktprobleme zahlreicher Jugendlicher in den Bereich individueller Umstände verschoben[294].

Zu einem speziellen und vom Finanzvolumen eher marginalen Betätigungsfeld aktiver Arbeitsmarktpolitik für Jugendliche entwickelte sich seit Mitte der 1980er Jahre auch die gezielte Unterstützung von Alternativbetrieben und anderen lokalen Beschäftigungsinitiativen, die nicht nur Arbeits-, sondern teilweise auch Ausbildungsplätze schufen. Gerade Jugendlichen, die bislang in der „normalen" Berufsausbildung gescheitert waren, konnte so im Einzelfall eine neue Chance eröffnet werden[295]. In einer Sitzung des Bundesjugendkuratoriums war dieser Ansatz bereits Anfang 1982 gefordert worden: „Jugendförderung" solle „auch auf alternative Projekte und Initiativen ausgedehnt werden", „Jugend solle dort gefördert werden, wo sie sich engagiert."[296] Dieser Wandel hin zu einer Subventionierung jugendlicher Eigeninitiative verlief freilich nicht ohne ministerielle Bedenken, zu stark war offenbar zunächst noch der negative Topos vom jugendlichen „Aussteiger". So reagierte Staatssekretär Fülgraff vom Bundesministerium für Jugend, Familie und Gesundheit in der eben erwähnten Sitzung sehr skeptisch auf die Anregung im Bundesjugendkuratorium: „Mit einer solchen Förderung" stoße man „leicht an die Grenzen staatlichen Handelns, mindestens jedoch müssten einige Schwierigkeiten der Förderung in einem solchen Fall noch überwunden werden".[297]

Bundespolitisch wurden vor allem die Grünen zum Unterstützer eines derartigen Ansatzes[298], doch auch die beiden großen Volksparteien griffen den Gedanken zögernd auf. Von der grundsätzlich positiven Einschätzung des alternativen Wirtschaftssegments im Kampf gegen die Jugendarbeitslosigkeit durch das Programm der CDU-Zukunftskommission im Jahr 1983 war bereits an anderer Stelle die Rede[299]. Konkrete Folgen für die Arbeitsmarktpolitik der CDU/CSU-FDP-Koalition scheint diese Option zunächst aber noch nicht gewonnen zu haben. Im Arbeitsministerium stand das Thema unter anderem nach

---

[293] Schmid/Oschmiansky, Arbeitsmarktpolitik und Arbeitslosenversicherung [1974–1982], S. 354f.
[294] Zielke/Lemke, Außerbetriebliche Berufsausbildung benachteiligter Jugendlicher, S. 7.
[295] Vgl. Klaus Dörre/Peter-Werner Kloas/Reinhard Peukert, Alternative Wege des Berufseinstiegs. Berufsausbildung in selbstverwalteten Betrieben und alternativen Ausbildungsprojekten, Weinheim/München 1988, vor allem S. 6f. Die „Zahl der Ausbildungsplätze im ‚Alternativbereich'" wird ebd. S. 6 auf 3 000 geschätzt.
[296] BAK, B 189/22277, Protokoll der Sitzung des BJK vom 2.2.1982, S. 3.
[297] Ebd.
[298] Vgl. z. B. die ausführliche Thematisierung in: Umbau der Industriegesellschaft, Programmpunkt III.4: „Belegschaftsinitiativen und selbstverwaltete Betriebe fördern".
[299] Vgl. oben S. 102.

einer Expertentagung zum Thema „Neue Konzeptionen und Wege in der Jugendhilfe" im Sommer 1984 zur Diskussion, wobei sich die Perspektive über den Bereich alternativer Eigeninitiativen auch auf Selbsthilfeprojekte lokaler Träger erweiterte. „Viele Initiativen", so hieß es in einem resümierenden Tagungsbericht des Ministeriums wohlwollend, „sind an einer Professionalisierung und Integration interessiert und haben auf einen radikalen politischen Anspruch weitgehend verzichtet. Eine Förderung lokaler Beschäftigungsinitiativen erscheint aus arbeitsmarktpolitischen und sozialpolitischen Gründen prinzipiell sinnvoll, wobei sich aufgrund des bewußt lokalen Bezugs die Finanzierung auf kommunale und Landesmittel konzentrieren sollte."[300]

Auch die SPD[301] und der Sachverständigenrat der Bundesregierung zur Begutachtung der gesamtwirtschaftlichen Entwicklung unterstützten Mitte der 1980er Jahre die „Prüfung neuer Beschäftigungsexperimente"[302]. Der Deutsche Paritätische Wohlfahrtsverband gab 1985, gefördert vom Bundesministerium für Jugend, Familie und Gesundheit, bereits ein kleines Handbuch „Alternative Ausbildungs- und Arbeitsprojekte für junge Arbeitslose" heraus[303]. Die Loseblattsammlung enthält neben Projektberichten und kurzen Projektdarstellungen auch ausführliche Hinweise auf „Planungs- und Finanzierungshilfen" zur Projektgründung. Trotz fortbestehender Skepsis innerhalb des Arbeitsministeriums wurde schließlich 1986 erstmals ein kleiner, auf „Modellprojekte" ausgerichteter Titel „Förderung der Erprobung neuer Wege in der Arbeitsmarktpolitik" im Bundeshaushalt verankert[304]. Sogar Wirtschaftswissenschaftler kamen Ende der 1980er Jahre zu einer positiven Einschätzung: Eine im Auftrag des Bundesministeriums für Jugend, Familie, Frauen und Gesundheit durchgeführte Analyse bestätigte 1989 die überwiegend „positiven Folgen" und daher auch die Förderungswürdigkeit der „Beschäftigungsselbsthilfe bei Jugendlichen"[305].

---

[300] BAK, B 149/139054, Ref. IIa 1, Vermerk an den Abteilungsleiter II, 22.6.1984, S. 2f.

[301] Vgl. hierzu: Die Wirtschaft ökologisch und sozial erneuern. Entwurf der Kommission Wirtschafts- und Finanzpolitik beim Parteivorstand der SPD, hrsg. vom Vorstand der SPD, Bonn 1985, http://library.fes.de/prodok/fc87-00643.pdf [letzter Zugriff: 21.4.2012], S. 7: „Wir wollen lokale Beschäftigungsinitiativen unterstützen." Vgl. dann auch: Die Zukunft sozial gestalten: Entwurf, hrsg. vom Vorstand der SPD, Bonn 1986, S. 20, http://library.fes.de/prodok/fc86-01460.pdf [letzter Zugriff: 21.4.2012].

[302] So die Formulierung im Jahresgutachten 1984/85 des Sachverständigenrats, s. Verh. BT, Drs. 10/2541, S. 191: „Die Diskussion sollte nicht halt machen vor der Prüfung neuer Beschäftigungsexperimente, zu denen die anhaltend hohe Arbeitslosigkeit den Anstoß gegeben hat, so schwer es vielen fallen mag, in solchen Experimenten überhaupt dauerhafte Erfolgschancen zu sehen. Die Experimente reichen vom staatlich angeregten ,zweiten Arbeitsmarkt' und der gemeinnützigen Arbeit nach dem Sozialhilfegesetz über selbstverwaltete Betriebe und Arbeitsplätze in der ,alternativen Ökonomie' bis hin zu ehrenamtlichen Tätigkeiten im weitesten Sinne."

[303] Alternative Ausbildungs- und Arbeitsprojekte. Teilweise ebenfalls auf alternative Projekte bezogen ist eine in etwa zeitgleiche Publikation: Harald Bischoff/Diethelm Damm, Arbeitsplätze selber schaffen, finanzieren und behalten, München 1985.

[304] Vgl. BAK, B 149/83192, Ref. IIa 1, „Stellungnahme zum Programmentwurf der SPD ,Die Wirtschaft ökologisch und sozial erneuern'", S. 2f.

[305] Vgl. Klaus Mackscheidt/Klaus Gretschmann, Beschäftigungsselbsthilfe bei Jugendlichen. Eine ökonomische und finanzwissenschaftliche Wirkungsanalyse, Baden-Baden 1989, vor allem S. 188: „Insgesamt hat unsere Untersuchung ergeben, daß nicht nur die befürchteten negativen Effekte der Beschäftigungsselbsthilfe in den seltensten Fällen zutreffen, sondern daß auch die von Selbsthilfeunternehmen ausgehenden positiven Wirkungen insgesamt weit überwiegen. Es ist daher notwendig, derartigen Beschäftigungsinitiativen im Kampf gegen die Jugendarbeitslosigkeit eine politische Förderung zu gewähren."

Diese Entwicklung, deren föderale und lokale Umsetzung hier nicht weiter verfolgt werden kann, darf in ihrer arbeitsmarktpolitischen Wirkung zweifellos nicht überschätzt werden. Sie ist allerdings ein Indiz für eine arbeitsmarktpolitische Öffnung im Laufe der 1980er Jahre, die auch zu einer pragmatischen Annäherung an alternative Projekte und damit zur breiten Akzeptanz eines zunächst „unkonventionell" erscheinenden Arbeitsbegriffs führte. Gleichzeitig spiegelt sie die immer mehr um sich greifende Erkenntnis, dass der Abbau der Jugendarbeitslosigkeit ein überaus schwieriger Prozess war, für den es keine Patentrezepte gab, in dem zahlreiche „Maßnahmen" ungewisse Wirkungen besaßen und der für eine „Vielfalt von Lösungswegen" offenbleiben musste[306].

Das bildungspolitische Feld

Ebenso wie die Arbeitsmarktpolitik war die oftmals eng mit ihr verschränkte Bildungspolitik in der Bundesrepublik der 1970er und 1980er Jahre ein zentrales Feld im Kampf gegen die Jugendarbeitslosigkeit. Dabei sind zwei wesentliche Teilbereiche zu unterscheiden: zum einen die zahlreichen Schritte zu einer Verbesserung und Verlängerung der schulischen Ausbildung, zum anderen die Bemühungen um eine Intensivierung der betrieblichen Ausbildung im Rahmen des dualen Systems. Letzteres verband sich, wie bereits angedeutet, eng mit arbeitsmarkt- aber auch wirtschaftspolitischen Handlungsstrategien.

Vom langfristigen, keineswegs auf die Bundesrepublik beschränkten Grundtrend zu einer Verlängerung der Schulzeiten war bereits an anderer Stelle die Rede[307]. Wesentlich hierfür war im Westen Deutschlands der steigende Prozentanteil von Schülern, die auf Realschulen oder Gymnasien gingen, aber auch die sukzessive Verlängerung der Hauptschulbildung über den ursprünglichen Abschluss nach acht Schuljahren hinaus. Nachdem ein neuntes Schuljahr zu Beginn des untersuchten Zeitraums in den meisten Bundesländern bereits üblich war[308], erfolgte während der 1970er Jahre auf breiter föderaler Front die Einführung eines – teilweise freiwilligen – 10. Hauptschuljahres sowie darauf aufbauend zusätzliche Varianten eines Vorbereitungsjahres für die berufliche Ausbildung[309].

Grundsätzlich war dieser Prozess mit zwei Zielsetzungen verbunden: eine höhere Qualifikation der Jugendlichen und eine Verringerung ihres Andrangs auf dem Arbeitsmarkt. Die qualitative Verbesserung der schulischen Bildung, die vor Einsetzen der Massenarbeitslosigkeit vor allem auf den technologischen Strukturwandel und den entsprechenden Arbeitskräftebedarf der Wirtschaft ausgerichtet gewesen war, wurde nun immer mehr

---

[306] Vgl. BAK, B 189/22279, Protokoll der Sitzung des BJK vom 28.10.1985, Anlage: BJK, Empfehlungen zum Problem „Jugendarbeitslosigkeit", 28.10.1985, S. 1: „Dabei [beim notwendigen „Handeln" gegen Jugendarbeitslosigkeit] greifen monokausale Erklärungen zu kurz, und entsprechend bedarf es auch einer Vielfalt von Lösungswegen." Ähnlich formulieren 1989 Mackscheidt/Gretschmann, Beschäftigungsselbsthilfe bei Jugendlichen, S. 1: „Die gängigen Rezepte und großen Konzepte – […] – haben bislang nicht den erhofften Erfolg erbracht, und so scheint es das Gebot der Stunde, nach neuen Lösungswegen zu suchen."
[307] Vgl. oben S. 23f.
[308] Vgl. Wallenborn, Jugendarbeitslosigkeit, S. 124f.
[309] Zu Schritten und Varianten vgl. Joachim Schroeder/Marc Thielen, Das Berufsvorbereitungsjahr. Eine Einführung, Stuttgart 2009, S. 57–62. Zum Berufsgrundbildungsjahr vgl. auch Lipsmeier, Berufsbildung, S. 462f.

zu einem Mittel, um die Chancen von Jugendlichen auf einem eng gewordenen Arbeitsmarkt zu steigern. Wie bereits erwähnt, erzeugte dies freilich ein „Qualifizierungsparadox"[310], da die Arbeitsmarktchancen für viele Jugendliche trotz verbesserter Ausbildung zeitweise schlechter wurden. Der Umstand, dass – wie es im Juni 1982 in einer Diskussion des Bundesjugendkuratoriums hieß – „heute eine qualifiziertere Ausbildung nicht unbedingt Gewähr für einen Arbeitsplatz bietet"[311], sorgte allmählich für einen gewissen Desillusionierungsprozess.

Die zweite Zielsetzung verlängerter Schulzeiten wurde im bildungspolitischen Diskurs seltener ausgesprochen. Offen zutage trat sie beispielsweise in einer Anhörung des Bildungsausschusses des Deutschen Bundestags am 14. September 1977, in deren Verlauf Experten von sechs Forschungsinstituten zum Thema „Bildungs- und Beschäftigungssystem" zu Wort kamen. Auf kritische Fragen aus Reihen der CDU/CSU, ob denn die „Bildungsexpansion" – gemeint war hier der verstärkte Zugang zu „höherer Bildung" – tatsächlich einen Beitrag zur Verminderung von Jugendarbeitslosigkeit geleistet habe, antwortete beispielsweise Friedemann Stooß vom IAB: Für den Fall einer Beibehaltung der „Strukturen des Bildungssystems von gestern", so der Sachverständige, wäre „damit [zu] rechnen, daß wir jetzt – 1977 – zwischen 100 000 und 150 000 mehr Schulabgänger hätten, und zwar Schulabgänger aus der Hauptschule, die Ausbildungsplätze nachgefragt hätten". Ein stärkerer „Ausbau der beruflichen Bildung [hätte] manches übernehmen können". „Diskrepanzen im dualen Bereich" wären aber geblieben: „Wir hätten auch dann diese Defizite und diese Probleme gehabt, die wir heute haben, und hätten wahrscheinlich wesentlich mehr jugendliche Arbeitslose als heute."[312]

Angesichts der Bedeutung des dualen Systems für die Berufsausbildung in der Bundesrepublik und damit auch für die generelle Arbeitsmarktsituation von Jugendlichen war die betriebliche Ausbildungsbereitschaft ein entscheidender Parameter für die Entwicklung der Jugendarbeitslosigkeit. Entsprechend hoch lag auch ihr politischer Stellenwert – bis heute hat sich daran wenig geändert. Als legislative Grundlage betrieblicher Ausbildung diente das 1969 noch von der Großen Koalition geschaffene Berufsbildungsgesetz, das die berufliche Bildung erstmals seit 1945 neu geordnet, sie stärker in den Verantwortungsbereich des Staates gerückt und mit einer Art „Bestandsgarantie für das duale System der Berufsbildung" versehen hatte[313]. Während der 1970er Jahre war die politische Debatte vor allem durch die sozialdemokratischen Bemühungen um eine weitergehende Reformierung der beruflichen Bildung gekennzeichnet. Wichtige Zielsetzungen waren eine Aufwertung der beruflichen Bildung, eine verbesserte Gesamtplanung, eine Intensivierung der betrieblichen Ausbildung sowie der weitere Aufbau eines ergänzenden überbetrieblichen Ausbildungssystems vor allem für den Bereich des Handwerks[314].

Mitte der 1970er Jahre diente bei SPD-Politikern und beim DGB die ansteigende Jugendarbeitslosigkeit nicht selten als Argument für die Notwendigkeit einer Reform der beruflichen Bildung. Nur so könne ein dauerhaftes Mittel gegen die Schwierigkeiten von Jugendlichen auf dem Arbeitsmarkt geschaffen werden. In der Bundestagsdebatte vom

---

[310] Vgl. oben S. 34.
[311] BAK, B 189/22277, Protokoll der Sitzung des BJK vom 9.6.1982, S. 4.
[312] PADB, Ausschuss für Bildung und Wissenschaft, 8. WP, Protokoll der 15. Sitzung vom 14.9.1977, S. 116.
[313] Vgl. Lipsmeier, Berufsbildung, S. 450. Ebd., S. 451–453, auch zum Folgenden. Zu den 1970er Jahren vgl. auch Schober/Hochgürtel, Bewältigung der Krise oder Verwaltung des Mangels?, S. 31–34.
[314] Vgl. hierzu Lipsmeier, Berufsbildung, S. 457f.

14. März 1975 äußerten sich beispielsweise gleich mehrere Koalitionsredner in diesem Sinne. „Es ist unverantwortlich", so bemerkte die SPD-Abgeordnete Waltraud Steinhauer, „sich mit einem kurzfristigen Abbau der Jugendarbeitslosigkeit zufriedenzugeben und die dahinterliegenden Probleme unseres Ausbildungssystems zu übersehen."[315] Und in den Gewerkschaftlichen Monatsheften bezeichnete im September 1975 ein Beitrag die „Reform der beruflichen Bildung" als eine der „wesentlichen Voraussetzungen zur Bekämpfung der Jugendarbeitslosigkeit"[316]. In der Diskussion um das Berufsbildungsgesetz herrschte auf sozialdemokratischer Seite noch jener technokratische Glaube an die Planbarkeit, der in der Bundesrepublik – parteiübergreifend – in den späten 1960er Jahren seinen Höhepunkt erreicht hatte und der nun in der sich verfestigenden Krise auf dem Arbeitsmarkt einem heftigen Erosionsprozess unterlag.

Die schließlich im April 1976 im Bundestag verabschiedete Regierungsvorlage für ein Berufsbildungsgesetz scheiterte bereits wenige Wochen später an der oppositionellen Stimmenmehrheit im Bundesrat[317]. Der anschließende Versuch einer Neuauflage, die nicht der Zustimmungspflicht der Länderkammer unterlag, führte zum „Ausbildungsplatzförderungsgesetz" vom September 1976 („Gesetz zur Förderung des Angebots an Ausbildungsplätzen in der Berufsausbildung"[318]). Eine zentrale Bestimmung war die vor allem von Seiten der Gewerkschaften geforderte „Berufsausbildungsabgabe". Falls im Vorjahr nicht mindestens ein Angebotsüberhang freier Lehrstellen von 12,5% zu verzeichnen und keine Besserung der Situation zu erwarten war, sollte die Abgabe von Unternehmen, die nur in unterdurchschnittlichem Maße Ausbildungsplätze zur Verfügung stellten, im Umlageverfahren erhoben werden. Die so gewonnenen Mittel waren für die gezielte Förderung von Auszubildenden und Ausbildungsbetrieben bestimmt[319]. Da die Bundesregierung es zunächst trotz Nichterfüllung der vorgesehenen Kriterien vermied, diesen Fall, wie vom Ausbildungsplatzförderungsgesetz gefordert, formal festzustellen, und da schließlich 1981 nach einer Klage der Opposition das Bundesverfassungsgericht das Gesetz wegen der nicht erfolgten Zustimmung des Bundesrats außer Kraft setzte, wurde die „Berufsausbildungsabgabe" nie erhoben. Sie schwebte freilich jahrelang als latente Drohung über dem betrieblichen Ausbildungswesen.

Aus Sicht der SPD trug das Ausbildungsplatzförderungsgesetz auch ohne Einsatz des vorgesehenen Umlageverfahrens zu einer Steigerung der betrieblichen Ausbildungsbereitschaft bei. Björn Engholm, der damalige Parlamentarische Staatssekretär im Bildungsministerium, führte entsprechend im März 1979 im Bildungsausschuss des Bundestags gegen kritische Stimmen der CDU/CSU aus: „Er habe nicht den Eindruck, daß das Gesetz zu einer Verunsicherung der Wirtschaft führe. Vielmehr habe es die Wirtschaft beflügelt, mehr Ausbildungsplätze zu schaffen, damit es nicht zu einer allgemeinen Umlage

---

[315] Verh. BT, Bd. 92, 7. WP, 156. Sitzung, 14.3.1975, S. 10877; vgl. auch Bundesbildungsminister Rohde (SPD), ebd., S. 10863, und Helga Schuchardt (FDP), ebd., S. 10873.
[316] Karl Schwab, Jugendarbeitslosigkeit – was kann, was muß man tun?, in: Gewerkschaftliche Monatshefte 26 (1975), S. 521–526, hier S. 523.
[317] Regierungsentwurf in: Verh. BT, Anlagen-Bd. 207, Drs. 7/3714. Vgl. auch Hans-Joachim Stelzl, Die Diskussion um das Berufsbildungs- und das Ausbildungsplatzförderungsgesetz, Bonn 1976; Lipsmeier, Berufsbildung, S. 451f.
[318] BGBl. 1976/I, S. 2658–2666.
[319] Ebd., S. 2659, § 3. Vgl. auch Handwörterbuch der Wirtschaftswissenschaft (HdWW). Zugleich Neuauflage des Handwörterbuchs der Sozialwissenschaften, hrsg. von Willi Albers u. a., Bd. 2, Stuttgart u. a. 1980, S. 26.

komme."[320] Die inzwischen deutlich erhöhte Zahl an betrieblichen Ausbildungsplätzen – von etwa 495 000 im Jahr 1976 auf etwa 640 000 im Jahr 1979[321] – schien Engholm Recht zu geben. Dennoch war in der Endphase der sozialliberalen Koalition, als sich die Lage auf dem Lehrstellenmarkt ebenso verschlechterte wie die Beziehungen der Sozialdemokraten zu ihrem liberalen Koalitionspartner, von einer Ausbildungsabgabe kaum noch die Rede. Bundeskanzler Schmidt, der schon Ende der 1970er Jahre gegenüber der Wirtschaft einen rein appellativen Kurs eingeschlagen hatte[322], setzte demgegenüber im Mai 1982 auf einen persönlichen Brief an 100 bundesdeutsche Großunternehmen[323].

Bereits vor dem Regierungswechsel von 1982 deutete sich so ein Wandel zu einer kooperativen politischen Strategie an, um eine Erhöhung der betrieblichen Ausbildungsplätze zu erreichen. Unter der neuen Regierung Kohl fand dieser Kurs eine demonstrative Fortsetzung und Bekräftigung. Verbunden mit einer vor den Bundestagswahlen von 1983 vom Kanzler ausgesprochenen „Lehrstellengarantie" wurde die bereits erwähnte Vereinbarung vom Februar 1983[324] zu einem zentralen Element im Kampf der neuen Regierung gegen die wieder ansteigende Jugendarbeitslosigkeit, während in Teilen der SPD und bei den Grünen die Forderung nach einer Ausbildungsabgabe wiederentdeckt wurde[325]. Wie bereits Mitte der 1970er Jahre ließen sich die steigenden Ausbildungszahlen – von rund 630 000 im Jahr 1982 auf etwa 705 000 zwei Jahre später[326] – als Beleg für den Erfolg des Regierungskurses werten.

Letztlich ist schwer zu entscheiden, welchen Anteil die beiden antagonistischen staatlichen Strategien – die dirigistische Drohung und der wirtschaftsliberale Appell – an der seit Mitte der 1970er Jahre erheblichen Steigerung der Ausbildungsplätze wirklich besaßen. Möglicherweise war es gerade die im politischen Diskurs herrschende Mischung von „Zuckerbrot" und „Peitsche", die große Teile der Wirtschaft zur Anerkennung der „moralischen Mitverpflichtung" bewog, „allen Schulabgängern eine berufliche Ausbildung zu eröffnen" – wie es 1977 in einem Presseorgan der Bundesvereinigung der Deutschen Arbeitgeberverbände hieß[327]. Dass bei der Bewertung der relativ guten Funktionsfähigkeit

---

[320] PADB, Ausschuss für Bildung und Wissenschaft, 8. WP, 47. Sitzung, 14.3.1979, Antwort der Bundesregierung auf eine Kleine Anfrage der Fraktion der CDU/CSU vom 13.2.1979 zur „Entwicklung des Lehrstellenbedarfs" (Verh. BT, Drs. 8/2566), in der eine Abschaffung der Umlage gefordert wurde.
[321] Vgl. Tab. 2, oben S. 30.
[322] Vgl. etwa die Notiz im Spiegel 1978/11, 13.3., S.16f., „Guter Wille": „Die größeren Betriebe in der Bundesrepublik brauchen auch in diesem Jahr nicht zu befürchten, eine Berufsausbildungsabgabe zur Finanzierung von fehlenden Lehrstellen bezahlen zu müssen. Obwohl die gesetzlichen Voraussetzungen – ein zu geringes Ausbildungsplatzangebot – erfüllt sind, kam das Bundeskabinett überein, aus wirtschaftlichem Gesamtinteresse" wie schon im letzten Jahr auf die Umlage zu verzichten. Als Gegenleistung erwartet Kanzler Helmut Schmidt von den Vertretern der Wirtschaftsverbände die öffentliche Bekundung guten Willens: Sie sollen erklären, daß sie alles in ihren Kräften Stehende tun werden, um 1978 rund 40 000 Lehrstellen mehr als im letzten Jahr zur Verfügung zu stellen."
[323] Brief Helmut Schmidts vom 28.5.1982 und Antworten von Unternehmen, in: BAK, B 138/49618.
[324] Vgl. oben S. 105.
[325] Zu den Grünen vgl. Umbau der Industriegesellschaft, Kapitel 7 „Ausbildung nach Wunsch ermöglichen", Punkt 4 „Instrumente des Umbaus". – Bis heute ist die Einführung eines derartigen Instruments nicht aus der arbeitsmarktpolitischen Diskussion verschwunden.
[326] Vgl. oben S. 31, Tab. 3.
[327] Bernd Donay, Diskussionsforum. Initiativen für mehr Ausbildungsplätze, in: Der Arbeitgeber 29 (1977), S. 384.

des dualen Systems aber wohl auch ein tiefer greifender mentaler Einflussfaktor zu berücksichtigen ist – der sehr hohe Stellenwert von „Jugend" in der bundesdeutschen Gesellschaft – wurde bereits im kontrastiven Vergleich zu Frankreich in Kapitel II.3 dargelegt.

Das sozialpädagogische Feld

Sofort mit dem Ansteigen der Jugendarbeitslosigkeit Mitte der 1970er Jahre rückte das Problem auch in den Aufgabenbereich der bundesdeutschen Jugendhilfe, die traditionell einen wichtigen Sektor des deutschen Sozialstaats darstellt und nach dem Zweiten Weltkrieg eine starke Ausweitung erfahren hat[328]. Damit eröffnete sich ein breites sozialpädagogisches Feld der Auseinandersetzung mit dem Thema Jugendarbeitslosigkeit, vorrangig auf Landes- und kommunaler Ebene. Hier agierten sowohl staatliche Institutionen als auch freie Träger wie die großen Wohlfahrtsverbände (Diakonisches Werk, Caritasverband und Arbeiterwohlfahrt) oder spezielle Fachverbände der Jugendhilfe. Innerhalb kürzester Zeit standen die Probleme der Jugendarbeitslosigkeit, wie rückblickend ein Handbuchartikel zur Jugendsozialarbeit feststellte, sogar „im Zentrum" dieses wichtigen Teilbereichs der Jugendhilfe[329].

Bereits im Dezember 1975 veranstaltete die Arbeitsgemeinschaft für Jugendhilfe, der Dachverband deutscher Jugendhilfeorganisationen, eine Expertentagung zu dem neuen Problemfeld[330]. Die praktische Arbeit der „Jugendberufshilfe" fand vor allem auf der lokalen Handlungsebene statt. Dem für die 1980er Jahre festgestellten Differenzierungsprozess in der Bekämpfung von Jugendarbeitslosigkeit entsprach in diesem Bereich eine gewisse Ausweitung „lokale[r] Handlungsspielräume"[331]. Dabei ging es zum einen um eine Linderung der sozialen und psychischen Auswirkungen von Jugendarbeitslosigkeit – etwa in Seminaren, die zunächst einmal eine Artikulation der Befindlichkeit arbeitsloser Jugendlicher angestrebten[332]. Zum anderen wurden auch Aktionsformen zur Schaffung öffentlicher Aufmerksamkeit vermittelt, wie beispielsweise der vom Landesjugendring Niedersachsen und anderen Organisationen 1983 postulierte Verkauf von „Arbeits*losen* für Arbeitslose" mit kritisch-satirischen Gewinnchancen (s. Abb. 12 und 13). Sozialpädago-

---

[328] Zusammenfassend zur Geschichte der westdeutschen Jugendhilfe nach 1945 vgl. Richard Münchmeier, Jugendhilfe im Sozialstaat – Hauptlinien der Entwicklung der Jugendhilfe seit 1945, in: Arbeitsgemeinschaft für Jugendhilfe/Deutsches Jugendinstitut (Hrsg.), Der Jugend eine Zukunft sichern. Jugendhilfe im Nachkriegsdeutschland zwischen Anpassung und Parteilichkeit, Münster 1991, S. 21–32.
[329] Paul Fülbier, Jugendsozialarbeit, in: Handbuch der Kinder- und Jugendhilfe, hrsg. von Wolfgang Schröer, Norbert Struck und Mechthild Wolff, Weinheim/München 2002, S. 755–772, hier S. 758: „Seit Mitte der 70-er Jahre steht die Ausbildungsstellennot und Jugendarbeitslosigkeit im Zentrum der JSA [Jugendsozialarbeit]." Zum Stand der Jugendsozialarbeit um 1990 vgl. auch: Albrecht Müller-Schöll, Handlungsfeld Jugendsozialarbeit, in: Arbeitsgemeinschaft für Jugendhilfe/Deutsches Jugendinstitut (Hrsg.), Der Jugend eine Zukunft sichern, S. 50–58.
[330] Expertentagung der AGJ zum Thema Jugendarbeitslosigkeit (8.12.1975), in: Forum Jugendhilfe 1/1976, S. 4–6. – Der Verband heißt inzwischen Arbeitsgemeinschaft für Kinder- und Jugendhilfe.
[331] So zusammenfassend bei Krüger/Pojana/Richter, Lokale Handlungsebene und Jugendarbeitslosigkeit, S. 235. Vgl. exemplarisch auch Frank Braun, Lokale Politik gegen Jugendarbeitslosigkeit, München 1996, vor allem zusammenfassend S. 323–331, sowie Pilnei, Kommunale Berufsbildungspolitik.
[332] Vgl. oben S. 60f.

gische Maßnahmen oder die Betreuung von Selbsthilfeprojekten sollten zudem punktuell die Chancen der Betroffenen auf dem Arbeitsmarkt verbessern.

Abb. 12: „Arbeits*lose*", 1983[333]

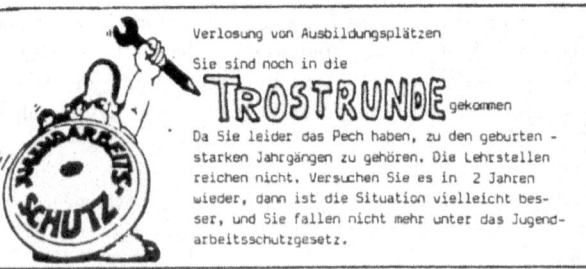

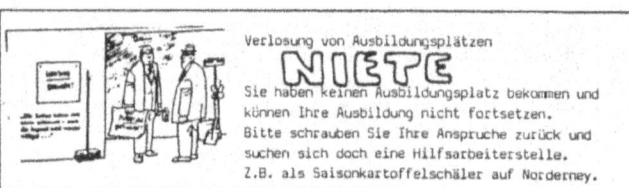

[333] Aus: Aktionsmöglichkeiten gegen Jugendarbeitslosigkeit, hrsg. vom Landesjugendring Niedersachsen e. V., Hannover 1983, S. 33; Landesjugendring Niedersachsen.

Abb. 13: Jugendlicher Anbieter von „Arbeits*losen*", 1983[334]

Das hohe Interesse der institutionalisierten Jugendhilfe hatte auch Folgen für den bundesdeutschen Diskurs über Jugendarbeitslosigkeit. Praktiker und Wissenschaftler suchten in Fachzeitschriften wie der deutschen jugend, in politischen Organen wie dem Bundesjugendkuratorium oder auch in parlamentarischen Anhörungen und in Expertisen wie dem Jugendbericht der Bundesregierung ihre Sicht über Jugendarbeitslosigkeit zur Geltung zu bringen. Damit trugen sie dazu bei, eine eher „pessimistische" und insgesamt kritische Problemwahrnehmung zu propagieren und so den Handlungsdruck auf die politischen Institutionen zu erhöhen.

Die seit den frühen 1980er Jahren auch in anderen Problembereichen bewusst praktizierte „Einmischungsstrategie" der Jugendhilfe beschränkte sich zudem nicht nur auf fachliche Interventionen in den politischen und gesellschaftlichen Debatten, sondern sie

[334] Aus: Harry Böseke/Albert Spitzner (Hrsg.), Jugend ohne Arbeit, Bornheim-Merten 1983, S. 80.

sorgte auch dafür, dass diverse Träger von Jugendhilfe in den 1980er Jahren verstärkt selbst Aufgaben der Berufsausbildung übernahmen[335].

Fazit und internationale Perspektiven

Das Problem der Jugendarbeitslosigkeit, so lässt sich zusammenfassend feststellen, rief seit Mitte der 1970er Jahre in der Bundesrepublik auf den verschiedenen Handlungsfeldern breit gestreute und bald schon unüberschaubar werdende politische und gesellschaftliche Aktivitäten hervor. Maßgeblich hierfür war nicht zuletzt auch der hohe öffentliche Stellenwert des Themas, der den Erwartungs- und Handlungsdruck verstärkte. Zu einem besonderen Schwerpunkt der Maßnahmen wurde der Kampf gegen den Lehrstellenmangel innerhalb der Strukturen des dualen Systems der Berufsbildung; teilweise kam es dabei zu einer engen Verbindung von aktiver Arbeitsmarkt- und Bildungspolitik.

Der vor allem in der Anfangsphase der neueren Jugendarbeitslosigkeit noch vielfach anzutreffende technokratische Glaube an die Wirkungskraft bestimmter staatlicher Instrumente („Sonderprogramme", Berufsbildungsreform) schwächte sich im Laufe der Zeit ab, ohne ganz zu verschwinden. Begünstigt durch den Regierungswechsel von 1982 trat in den 1980er Jahren der wirtschaftsliberale Grundansatz stärker in den Vordergrund des politischen Diskurses. Die staatlichen Aktivitäten auf den skizzierten Handlungsfeldern und besonders auf dem sehr breiten und auch eine gewisse Eigendynamik aufweisenden „Pfad" der aktiven Arbeitsmarktpolitik – eigentlich war dies eher eine breite „Straße" – wurden jedoch allenfalls marginal eingeschränkt. Trotz rhetorischer Differenzen zeigte sich auch auf dem Feld der Jugendarbeitslosigkeit ein hohes Maß an „prozedurale[n], institutionelle[n] und konzeptionelle[n] Kontinuitäten zwischen sozialliberaler und christlich-liberaler Sozialpolitik"[336]. Der bundesdeutsche Sozialstaat blieb, wie im nachfolgenden Resümee genauer auszuführen sein wird, auf seinem bisherigen Kurs. Infolge des hohen Spardrucks, der seit Mitte der 1970er Jahre auf den staatlichen Haushalten lastete, zog man eher die Konsequenz, die verfügbaren Gelder auf die „Problemgruppen" der „Benachteiligten" zu konzentrieren. Gleichzeitig wurde die sozialpädagogische Auseinandersetzung mit Jugendarbeitslosigkeit rasch ausgebaut. Von einer Konfrontation der ordnungspolitischen Grundansätze – staatliche Aktivität versus Wirtschaftsliberalismus – kann daher keine Rede sein. Vielmehr setzten sich angesichts der zähen Krisenpersistenz eine pragmatische Stimmungslage und ein Trend zu möglichst vielfältigen Vorgehensweisen im andauernden Kampf gegen Jugendarbeitslosigkeit durch.

Was die verschiedenen Maßnahmen jeweils bewirkten, blieb ohnehin weitgehend im Unklaren – ein generelles und wohl unvermeidbares Problem, das zeitgenössisch freilich nur sehr selten thematisiert wurde[337]. Stattdessen kam in Phasen, in denen die Kurve der

---

[335] Vgl. Fülbier, Jugendsozialarbeit, S. 758; Ullrich Gintzel: Einmischungsstrategie, in: Wolfgang Gernert (Hrsg.), Handwörterbuch für Jugendhilfe und Sozialarbeit, Stuttgart u. a. 2001, S. 132-134.
[336] So das generelle Urteil von Süß, Umbau am „Modell Deutschland", S. 236, zur Sozialpolitik der 1970er und 1980er Jahre.
[337] Ein Beispiel bieten die parlamentarische Anfrage des Abgeordneten Freiherr von Schorlemer (CDU/CSU) und die Antwort des Parlamentarischen Staatssekretärs Vogt: „Kann die Bundesregierung mitteilen, wieviel Arbeitsplätze erhalten bzw. neu geschaffen wurden unter Berücksichtigung des Gesamtvolumens dieser Ausgabenprogramme?" Darauf Vogt: „Eine exakte Quantifizierung der Auswirkungen dieser Programme auf den Arbeitsmarkt ist nicht möglich, da auf den Erhalt bzw. die Neuschaffung von Arbeitsplätzen eine Vielzahl von Faktoren einwirken." Verh. BT, Drs. 9/2231, 26.11.1982, S. 8.

Jugendarbeitslosigkeit eine günstige Entwicklung nahm, seitens der jeweils amtierenden Bundesregierung das durchaus verständliche Bestreben zur Geltung, gewisse „Erfolge" als Konsequenz des eigenen politischen Handelns zu reklamieren. Dies zeigte sich besonders deutlich gegen Ende der 1980er Jahre, als die bundesdeutsche Jugendarbeitslosigkeit (vorübergehend) einen relativ tiefen Wert erreichte, ganz im Gegensatz zu den Verhältnissen in zahlreichen anderen westlichen Staaten. Am Ende des untersuchten Zeitraums stand daher in Regierungskreisen fast ebenso viel politische Selbstzufriedenheit wie am Anfang. Dem ursprünglichen Glauben Mitte der 1970er Jahre, dass die Bundesrepublik von Jugendarbeitslosigkeit dank vorbildlicher Wirtschafts- und Arbeitsmarktpolitik gar nicht ernsthaft betroffen sei, korrespondierte nun, im September 1989, Norbert Blüms euphorisches Selbstlob: „Europaweit sind wir Spitze im Kampf gegen Jugendarbeitslosigkeit."[338]

Sucht man diese Aussage im westeuropäischen Kontext zu überprüfen, so ist neben den generellen Problemen einer „Evaluierung" von Arbeitsmarktpolitik auf ein weiteres von der Arbeitsmarktforschung immer wieder benanntes Problem zu verweisen: den Schwierigkeiten eines internationalen Vergleichs angesichts höchst unterschiedlicher Strukturen des Arbeitsmarktes und Bildungswesens in den einzelnen Staaten[339]. Aus diesem Grund fällt erfahrungsgemäß auch die transnationale Übertragung bzw. Nachahmung bestimmter Programme gegen Jugendarbeitslosigkeit äußerst schwer[340].

Grundsätzlich kann festgestellt werden, dass das Problem der Jugendarbeitslosigkeit während des untersuchten Zeitraums in allen westeuropäischen Staaten zu einer Vielzahl an Maßnahmen geführt hat, was en detail ein meist ebenso unübersichtliches Bild ergibt wie in der Bundesrepublik[341]. Die vier Handlungsfelder, die in den voranstehenden Kapiteln für die Bundesrepublik unterschieden wurden, spielten – mit abweichenden Gewichtungen – zweifellos überall eine wesentliche Rolle. Dies gilt im Prinzip auch für die hohe Bedeutung einer aktiven Arbeitsmarktpolitik, die oftmals mit erheblichen staatlichen Subventionen verbunden war, sowie für bildungspolitische Ansätze zur Eindämmung der Jugendarbeitslosigkeit. Das in einzelnen Staaten praktizierte Verfahren, Jugendlichen nach Verlassen der Schule eine zeitweise zur Annahme einer Stelle verpflichtende staatliche Beschäftigungs- und Ausbildungsgarantie zu geben, erlebte in den 1980er Jahre seine Anfänge, wurde aber erst im folgenden Jahrzehnt ausgedehnt. Zu nennen sind hier vor allem die Niederlande, Dänemark und Schweden[342]. Trotz gewisser Erfolge bei der

---

[338] Verh. BT, 11. WP, 161. Sitzung, 28. 9. 1989, S. 12166.
[339] Vgl. z. B. die Aussage in einer Bestandsaufnahme aus dem Jahr 1986 zur generellen Bekämpfung der Arbeitslosigkeit: „Insgesamt ist aber ein detaillierter Vergleich der Maßnahmen in den einzelnen Ländern schwierig, weil dieser immer vor dem Hintergrund der unterschiedlichen Strukturen des Arbeitsmarktes, der Administration und der jeweiligen Berufsbildungssysteme betrachtet werden muß." Karl-Heinz Theußen, Arbeitsmarkt- und Beschäftigungspolitik in Europa – ein Überblick, in: Jugend, Beruf, Gesellschaft 41/1 (1990), S. 23–27, hier S. 23.
[340] Vgl. z. B. Claus Groth/Wolfgang Maenning (Hrsg.), Strategien gegen Jugendarbeitslosigkeit im internationalen Vergleich. Auf der Suche nach den besten Lösungen, Frankfurt a. M. 2001, S. 11.
[341] Überblicksdarstellungen bieten Harten, Jugendarbeitslosigkeit in der EG, Theußen, Arbeitsmarkt- und Beschäftigungspolitik in Europa, sowie im Rückblick die Beiträge in: Richter/Sardei-Biermann (Hrsg.), Jugendarbeitslosigkeit, und Groth/Maenning (Hrsg.), Strategien gegen Jugendarbeitslosigkeit. Vgl. auch die Literaturhinweise in den folgenden Anmerkungen. Zu den unterschiedlichen Strukturen der Berufsausbildung vgl. Reibold, Die Berufsausbildung in Europa.
[342] Vgl. Frans Meijers/Vincent Janssen, Niederlande, in: Richter/Sardei-Biermann (Hrsg.), Jugendarbeitslosigkeit, S. 79–97; Thomas Bredgaard/Henning Joergensen, Dänemark, in: Ebd., S. 99–124, hier vor allem S. 106f.; Lydia Hohenberger/Friederike Maier, Beschäftigungsgarantie für Jugendliche. Die schwedische Strategie zur Bekämpfung der Jugendarbeitslosigkeit, Berlin 1986.

Senkung der Arbeitslosenquote wurden derartige „aktivierende" Maßnahmen mit Zwangscharakter in der Arbeitsmarktforschung überwiegend skeptisch beurteilt[343].

Abgesehen von Österreich und der Schweiz, die über ein ähnliches System der beruflichen Bildung wie die Bundesrepublik verfügen[344], war die starke Ausrichtung der bildungs- und partiell auch der arbeitsmarktpolitischen Maßnahmen auf die strukturellen Gegebenheiten eines dualen Systems von schulischer und betrieblicher Ausbildung im westeuropäischen Kontext eine bundesdeutsche Besonderheit[345]. Geht man von der in der Arbeitsmarktforschung auch international weitgehend geteilten Annahme aus[346], dass in der Existenz des dualen Systems beruflicher Bildung eine wesentliche Erklärung für den relativ glimpflichen Verlauf der bundesdeutschen – ebenso wie der österreichischen und schweizerischen – Jugendarbeitslosigkeit liegt, dann erscheint auch die bundesdeutsche Fixierung zahlreicher Maßnahmen auf das traditionelle Berufsbildungssystem durchaus sinnvoll. Seine wesentlichen Vorteile lagen, wie in Kapitel II.3 ausgeführt wurde, in der starken Praxisorientierung, in der Existenz allgemeingültiger Ausbildungsstandards und beruflicher Abschlussqualifikationen sowie im alljährlichen Ritus der Lehrstellenbesetzung, die als Transmissionsriemen von der Schule in das Erwerbsleben dient.

Anders gelagerte Versuche, zu einer engen Verschränkung von theoretischer und praktischer Berufsbildung zu gelangen und Einstiegshilfen in das Erwerbsleben zu schaffen, waren europaweit meist weniger erfolgreich. Ein deutliches Beispiel hierfür bietet die französische Arbeitsmarktpolitik. Wichtige Elemente im Kampf gegen die Jugendarbeitslosigkeit bildeten hier – neben der forcierten „Ausgliederung Älterer" aus dem Arbeitsmarkt[347] – zum einen direkte Lohnsubventionen an Arbeitgeber, die Jugendliche einstellten, sowie zum anderen ein seit Mitte der 1970er Jahre entwickeltes und bereits in den 1980er Jahren immer unübersichtlicher werdendes System staatlich bezuschusster Betriebspraktika („stages")[348]. Trotz hoher staatlicher Subventionen[349] konnte die ansteigen-

---

[343] Vgl. vor allem Meijers/Janssen, Niederlande, S. 94f.; O'Higgins, Die Herausforderung der Jugendarbeitslosigkeit, S. 91.

[344] Vgl. Maria Hofstätter, Österreich, in: Richter/Sardei-Biermann (Hrsg.), Jugendarbeitslosigkeit, S. 173–195; Brigitte Steimen Grandl/Franziska Hildebrand Alberti, Schweiz, in: Ebd., S. 145–171.

[345] Dies betont im bundesdeutsch-spanischen Vergleich auch Wallenborn, Jugendarbeitslosigkeit, S. 207.

[346] Vgl. z. B. Gerhard Bosch, Die Zukunft der Arbeitsmarktpolitik für Jugendliche in Deutschland, in: Groth/Maenning (Hrsg.), Strategien gegen Jugendarbeitslosigkeit, S. 21–46, hier S. 28, sowie – mit weiteren Literaturangaben aus dem angelsächsischen Raum – O'Higgins, Die Herausforderung der Jugendarbeitslosigkeit, S. 89f.

[347] Zitat aus Peter Auer, Arbeitsmarktentwicklung und Strategien gegen Arbeitslosigkeit: Ein internationaler Überblick, in: Arbeit und Sozialpolitik 42 (1988), S. 182–188, hier S. 187.

[348] Zur französischen Politik im Hinblick auf die Jugendarbeitslosigkeit während der 1970er und 1980er Jahre vgl. folgende Überblicksdarstellungen: Harten, Jugendarbeitslosigkeit in der EG, S. 85–108; Werquin, Frankreich; Gérard Cornilleau/Pierre Marioni/Brigitte Roguet, Quinze ans de politique de l'emploi, in: Travail et emploi 44 (1990), S. 64–68; Oliver Villey, Die staatliche Politik zur beruflichen Eingliederung Jugendlicher, in: Peter Auer/Jürgen Kühl/Margaret Maruani/Emmanuèle Reynaud (Hrsg.), Beschäftigungspolitik und Arbeitsmarktforschung im deutsch-französischen Dialog, Nürnberg 1990, S. 141–152; sowie Judith Kaiser, Les jeunes: Banc d'essai de formes régressives d'emploi?, in: Cécile Baron/Elisabeth Dugué/Patrick Nivolle (Hrsg.), La place des jeunes dans la cité, Bd. I: De l'école à l'emploi, Paris 2005, S. 125–144, hier S. 127–132.

[349] Generell zur hohen Bedeutung von Subventionen in der französischen Arbeitsmarktpolitik im internationalen Vergleich vgl. Jérome Gautié/Bernard Gazier/Rachel Silvera, Quelques expériences européennes des subventions à l'emploi. Le cas de la France, de l'Allemagne, du Royaume-Uni et de la Suède, in: Travail et emploi 59 (1994), S. 101–107, hier S. 101–103.

de Grundtendenz der französischen Jugendarbeitslosigkeit jedoch nicht gestoppt werden: „Die Vermehrung der Zahl der Maßnahmen" trug „zur Verwirrung der Akteure bei"[350]. Die Hierarchisierung der „stages" nach unterschiedlichen Qualifikationen und nach Erfolgsaussichten für das spätere Erwerbsleben verfestigte die bereits vorher bestehenden Differenzen in den Ausbildungsniveaus der Teilnehmer. Und die Schaffung eines hoch subventionierten Marktes prekärer jugendlicher Arbeitsverhältnisse förderte letztlich die allgemeine Verbreitung prekärer Beschäftigungsformen[351].

Wenig erfolgreich war beispielsweise auch das umfangreiche Ausbildungs- und Beschäftigungsprogramm, das in den Jahren 1983 bis 1987 unter dem Titel „Youth Training Scheme" in Großbritannien existierte. Die Aussichten der Absolventen auf einen regulären Arbeitsplatz erhöhten sich nur geringfügig, wobei die Verbesserung nicht auf die erreichte Qualifikation, sondern vor allem auf gesunkene Lohnerwartungen zurückzuführen war. Eine diverse wissenschaftliche Evaluierungen zusammenfassende Analyse von O'Higgins kommt zu dem Ergebnis, dass die schwache Wirkung auf das Gesamtproblem der Jugendarbeitslosigkeit unter anderem mit dem „Fehlen allgemein anerkannter Qualifikationen" und einer „fehlende[n] Verflechtung von Bildungssystem und Jugendbeschäftigungspolitik" erklärt werden kann[352]. Erst die ökonomisch bedingte „Expansion des britischen Arbeitsmarktes" in den späten 1980er und 1990er Jahren sollte in Verbindung mit Reformen des Bildungswesens (vorübergehend) für einen deutlichen Rückgang der Jugendarbeitslosigkeit in Großbritannien sorgen[353].

Die stark auf die Gegebenheiten des dualen System bezogenen Grundansätze der bundesdeutschen Auseinandersetzung mit dem Problem der Jugendarbeitslosigkeit konnten in den 1970er und 1980er Jahren gerade im internationalen Vergleich eine gewisse Effizienz beweisen. Dennoch lässt sich die Frage nach der Wirksamkeit einzelner „Maßnahmen" angesichts der Komplexität der den Arbeitsmarkt beeinflussenden Strukturen und Prozesse kaum zufriedenstellend beantworten. Die Spielräume staatlichen Handelns blieben ohnehin beschränkt: Bedeutsamer als die jeweilige Politik gegen Jugendarbeitslosigkeit waren zweifellos die allgemeinen ökonomischen Entwicklungen sowie die in Kapitel II.3 diskutierten Kausalfaktoren zur Erklärung nationaler Unterschiede in der Ausprägung von Jugendarbeitslosigkeit. Im nachfolgenden Resümee wird hierauf zurückzukommen sein.

---

[350] Villey, Die staatliche Politik zur beruflichen Eingliederung Jugendlicher, S. 151.
[351] So die überzeugende These von Kaiser, Les jeunes, S. 142f.
[352] O'Higgins, Die Herausforderung der Jugendarbeitslosigkeit, S. 83-88, Zitate S. 87f. Generell zeigt sich die erwähnte Untersuchung sehr skeptisch hinsichtlich der Wirksamkeit von allgemeinen „Beschäftigungs- und Ausbildungsprogrammen für junge Menschen", vielfach würden sie nur als „zeitlich befristete Zuschußsysteme wirken". Ebd., S. 90f.
[353] Ken Roberts, Großbritannien, in: Richter/Sardei-Biermann (Hrsg.), Jugendarbeitslosigkeit, S. 57-77, hier S. 59. Vgl. auch Florence Lefresne, Die Eingliederung von Jugendlichen im Vereinigten Königreich, in: Berufsbildung 2/1994, S. 50-54, hier S. 51f. – 1985 lag die offizielle Quote der Arbeitslosigkeit in der Altersgruppe der 16- bis 24-Jährigen noch bei 21,7%, bis 1990 war sie auf 10,1% gefallen, seither bewegt sie sich zwischen 10 und 20%. Siehe LFS 1966-1986, S. 497; LFS 1989-2009, S. 344f.

IV. Resümee: Die Normalisierung der Krise

Jugendarbeitslosigkeit entwickelte sich in den 1970er und 1980er Jahren ähnlich wie in nahezu allen „westlichen" Staaten auch in der Bundesrepublik Deutschland zu einem schwerwiegenden und langfristigen gesellschaftlichen Problem. Wie die Quote der allgemeinen Arbeitslosigkeit nahm auch die offizielle Quote der Jugendarbeitslosigkeit einen wellenförmigen Verlauf, der vor allem von den beiden großen Wirtschaftskrisen der Jahre 1974–1975 und 1980–1982 nach oben getrieben wurde, um dann nach Phasen des leichten Rückgangs jeweils auf einem höheren Stand zu verharren als vor Beginn der ökonomischen Krise. Nachdem die registrierte Arbeitslosigkeit von Jugendlichen im Alter von 15 bis 24 Jahren im Verlauf der 1980er Jahre zur großen Genugtuung der Bundesregierung von rund 11% wieder auf etwa 6% gefallen war, bedeutete dies ein Niveau, das immer noch knapp über dem ersten Wellengipfel Mitte der 1970er Jahre lag.

Die bei allem Auf und Ab insgesamt ansteigende Grundtendenz der bundesdeutschen Jugendarbeitslosigkeit setzte sich im wiedervereinigten Deutschland auch in den 1990er Jahren und zu Beginn des 21. Jahrhunderts fort – entgegen den bereits in den 1980er Jahren bestehenden Erwartungen einer demographisch bedingten Entspannung. Erst in jüngster Zeit scheint sich infolge eines in den nächsten Jahrzehnten stark sinkenden Angebots an Arbeitskräften eine Trendwende abzuzeichnen[1], obgleich von einer Überwindung der Jugendarbeitslosigkeit in Deutschland noch immer nicht gesprochen werden kann.

En detail besaß die Jugendarbeitslosigkeit in der Bundesrepublik – wie in anderen westeuropäischen Staaten auch – während des untersuchten Zeitraums sehr unterschiedliche soziale und regionale Ausprägungen. Schlecht ausgebildete Jugendliche, darunter häufig junge Ausländer, waren in der Regel stärker betroffen als gut ausgebildete, wenngleich das Problem auch hoch Qualifizierte treffen konnte. Auffallend ist die allmähliche Verschiebung des Schwerpunkts der Jugendarbeitslosigkeit von den unter 20-Jährigen auf die 20- bis 24-Jährigen. Dies hing zum einen mit der steigenden Verweildauer von Jugendlichen in Bildungseinrichtungen und dem dadurch bedingten späteren Eintrittsalter in das Erwerbsleben zusammen – ein langfristiger, keineswegs auf die Bundesrepublik beschränkter Trend, der auf die wachsenden Anforderungen der modernen Arbeitswelt reagierte und der durch das Problem der Jugendarbeitslosigkeit verstärkt wurde. Zum anderen spiegelt sich in der Verschiebung der stärksten Ausprägung von Jugendarbeitslosigkeit auf die 20- bis 24-Jährigen auch die demographische Entwicklung in der Bundesrepublik. Zahlreiche Ende der 1950er bis Mitte der 1960er Jahre geborene „Baby-Boomer" traten Mitte der 1970er Jahre in das Erwerbsleben ein, als die erste Welle der Jugendarbeitslosigkeit anschwoll, und sie wurden Anfang der 1980er Jahre als nun über 20-Jährige auch von der zweiten Welle getroffen. Durch die skizzierte Schwerpunktverlagerung lockerte sich mit der Zeit der ursprünglich sehr enge Zusammenhang zwischen Jugendarbeitslosigkeit

---

[1] Johann Fuchs/Doris Söhnlein/Brigitte Weber, Projektion des Arbeitskräfteangebots bis 2050. Rückgang und Alterung sind nicht mehr aufzuhalten, in: IAB-Kurzbericht Nr. 16/2011, S. 1–8, http://doku.iab.de/kurzber/2011/kb1611.pdf [letzter Zugriff: 23. 3. 2012].

und dem Mangel an Ausbildungsplätzen, der sich ebenfalls in zwei Schüben Mitte der 1970er und Anfang der 1980er Jahre zuspitzte.

Trotz ihres bedrohlichen Anstiegs blieb die Jugendarbeitslosigkeit im Westen Deutschlands während der 1970er und 1980er Jahre weit hinter den Ausmaßen zurück, die das Phänomen in zahlreichen anderen westeuropäischen Staaten besaß. Dies gilt sowohl für die absolute Höhe der registrieren Jugendarbeitslosigkeit als auch für den Umstand, dass die bundesdeutsche Jugendarbeitslosigkeit die allgemeine Arbeitslosenquote nur unwesentlich übertraf bzw. Ende der 1980er Jahre sogar etwas niedriger lag. Jugendarbeitslosigkeit war – und ist – in der Bundesrepublik daher kein spezifisches Jugendproblem mit ganz eigenen Dimensionen. Sie bildet vielmehr einen Aspekt der generellen Massenarbeitslosigkeit, die wesentlich durch den ökonomischen Strukturwandel im Kontext einer rasanten technologischen Entwicklung und eines beschleunigten Prozesses der „Globalisierung" bedingt ist. Dennoch besitzt auch die bundesdeutsche Jugendarbeitslosigkeit teilweise jugendspezifische Ursachen und Ausprägungen, die – wie auch in anderen Staaten – viel mit den generellen Schwierigkeiten des Übergangs vom Bildungssystem in das Erwerbsleben zu tun haben.

Gleichzeitig stand und steht die Jugendarbeitslosigkeit im Kontext langfristiger Wandlungen der Arbeitsgesellschaft, zu denen unter anderem erhöhte Bildungsbedürfnisse des Erwerbslebens, wachsende Anforderungen der „Flexibilisierung" und eine Verdichtung der Erwerbstätigkeit in den mittleren Jahrgängen der 25- bis 54-Jährigen gehören. Die Erwerbsarbeit verlor unter diesen Umständen an Bedeutung für die jugendliche Lebensphase, obgleich diese im gesellschaftlichen Verständnis immer länger wurde. Dadurch ergab sich eine paradoxe Situation: Einerseits gewann die Jugend immer mehr soziokulturelle, juristische und politische Eigenständigkeit, andererseits wurden „Eigenverantwortlichkeit für die materielle Existenzsicherung und die damit verbundene Erfahrung eigener gesellschaftlicher Nützlichkeit" immer mehr „aufgeschoben"[2].

Trotz des wachsenden Stellenwerts von Freizeit und Konsum heißt das freilich nicht, dass die Erwerbsarbeit in den individuellen Zielsetzungen von Jugendlichen an Bedeutung verlor[3]. Von einem Ende der Arbeitsgesellschaft kann daher mit Blick auf die jugendlichen Wertvorstellungen kaum die Rede sein. Vielmehr wurden die Prozesse der Annäherung an die Erwerbsarbeit und der jugendlichen „Eingliederung" immer langwieriger und komplizierter.

Die Frage, warum die Jugendarbeitslosigkeit in der Bundesrepublik während der 1970er und 1980er Jahre weniger stark ausgeprägt war als in den meisten anderen westeuropäischen Staaten, ist nur auf eine sehr differenzierte und die jeweiligen nationalen Besonderheiten berücksichtigende Art und Weise zu beantworten. Die vorliegende Studie hat versucht, in einem exemplarischen Vergleich zu Frankreich einige wichtige Erklärungsfaktoren zu benennen: Im großen westlichen Nachbarland der Bundesrepublik verliefen die grundlegenden ökonomischen Prozesse, aber auch die Entwicklungen der allgemeinen Arbeitslosigkeit insgesamt durchaus ähnlich. Hingegen gab es im Ausmaß der Ju-

---

[2] Sander/Vollbrecht, Jugend [1998], S. 210.
[3] Vgl. z. B. Martin Baethge/Brigitte Hantsche/Wolfgang Pelull/Ulrich Voskamp, Jugend: Arbeit und Identität. Lebensperspektiven und Interessenorientierungen von Jugendlichen. Eine Studie des Soziologischen Forschungsinstituts Göttingen (SOFI), Opladen 1988, vor allem S. 5: „Anders als Demoskopie und landläufige Meinung uns lange Zeit glauben machen wollten, hat die Jugend die Erwerbsarbeit nicht abgeschrieben. Im Gegenteil: Für die Mehrheit gilt, daß sich Arbeit und Beruf bei ihrer Suche nach Identität einen hohen, häufig einen zentralen Stellenwert zuspricht."

gendarbeitslosigkeit, die in Frankreich Mitte der 1980er Jahre über 25% erreichte, sehr deutliche Differenzen.

Vorab wurde freilich festgestellt, dass der international übliche Vergleich standardisierter Arbeitslosenquoten neben verschiedenen anderen methodischen Unsicherheiten vor allem eine gewisse statistische „Begünstigung" der Bundesrepublik mit sich bringt: Jugendliche, die im Rahmen des dualen Systems von Berufsschule und Betrieb ausgebildet werden, zählen bei der Berechnung der Arbeitslosenquote zur Erwerbsbevölkerung – was die Bezugsgröße erweitert und die Quote senkt. Jugendliche, die sich, wie in Frankreich üblich, in einem schulischen Ausbildungssystem befinden, gelten hingegen nicht als erwerbstätig – was die Bezugsgröße verkleinert und entsprechend die Arbeitslosenquote erhöht.

Doch auch unter Berücksichtigung dieser, in der bundesdeutschen Politik und Öffentlichkeit während des untersuchten Zeitraums nicht registrierten statistischen Verzerrung[4] bleibt die Feststellung gültig, dass es in der Bundesrepublik eine deutlich geringere Jugendarbeitslosigkeit gab als in Frankreich. Die Überprüfung von fünf strukturellen Ursachenfeldern erbrachte das Ergebnis, dass offenbar vier Faktoren eine wesentliche Rolle spielten: Unterschiede in der demographischen Entwicklung, größere Probleme bei der Integration von Migranten in Frankreich, Unterschiede in den dominierenden Strukturen der Berufsbildung – duales System versus schulische Ausbildung – sowie ein generell höherer gesellschaftlicher Stellenwert von Jugend in der Bundesrepublik. Die jeweiligen arbeitsrechtlichen Strukturen scheinen hingegen nach bisherigem Wissensstand wohl keinen signifikanten Beitrag zu den nationalen Abweichungen im Ausmaß der Jugendarbeitslosigkeit geleistet zu haben.

In der bundesdeutschen Gesellschaft und Politik gewann das ungewohnte Phänomen der Jugendarbeitslosigkeit während des untersuchten Zeitraums eine sehr hohe Bedeutung. Das Problem rief eine intensive Krisendiskussion hervor, die sich ebenso in Presse, Publizistik und Fachdebatten wie in der politischen und institutionellen Beschäftigung mit der Thematik niederschlug. Erst gegen Ende der 1980er Jahre, als einerseits ein gewisser Gewöhnungseffekt eintrat und andererseits die Quote vorübergehend sank, ist im Westen Deutschlands ein Nachlassen des öffentlichen Interesses erkennbar. Der vergleichende Blick nach Frankreich zeigt erneut eine Kontrastfolie: Obwohl das Problem der Jugendarbeitslosigkeit hier wesentlich stärker ausgeprägt war, blieb die öffentliche und politische Thematisierung in den 1970er und 1980er Jahren weit hinter der bundesdeutschen Debatte zurück.

Freilich gab es auch innerhalb der bundesdeutschen Auseinandersetzung mit Jugendarbeitslosigkeit erhebliche Unterschiede. Generell lassen sich eher optimistische und eher pessimistische Krisenwahrnehmungen und Krisenbeschreibungen erkennen. Erstere wurden vor allem von den zuständigen Ministerialapparaten und den jeweils amtierenden Bundesregierungen geteilt, wobei der demonstrative Glaube an die Wirksamkeit eigener Maßnahmen ebenso eine Rolle spielte wie der stets zu Gunsten der Bundesrepublik ausfallende internationale Vergleich. Die pessimistische Perzeption war nicht nur in den Reihen der jeweiligen parlamentarischen Opposition vorherrschend, sondern vor allem auch in großen Teilen einer kritischen Öffentlichkeit, die in Presse und Publizistik sowie in weiten Bereichen der Fachwelt von Jugendhilfe und Sozialwissenschaften anzutreffen war. Zweifellos verstärkte dieses Spannungsverhältnis den politischen Handlungsdruck.

---

[4] Zu einzelnen Hinweisen in wissenschaftlichen Arbeiten vgl. oben S. 17, Anm. 18.

Der politische und öffentliche Diskurs über Jugendarbeitslosigkeit in der Bundesrepublik muss, wie eben nochmals mit Blick auf die Unterschiede in der Entwicklung zu Frankreich betont wurde, für den untersuchten Zeitraum immer auch im größeren Kontext der generellen Wahrnehmung von „Jugend" gesehen werden. Der gesellschaftliche Stellenwert von Jugend – verbunden mit einer ausgeprägten Mythisierung, aber auch einer intensiven Beobachtung und „Fürsorge" – war in Deutschland seit dem späten 19. Jahrhundert traditionell hoch, was durch die Erfahrung der nationalsozialistischen Instrumentalisierung von Jugend noch gesteigert wurde. Dies führte nach 1945 im Westen Deutschlands nicht nur zu einem ausgeprägten öffentlichen Interesse am Thema Jugend, sondern auch zu einer starken Präsenz institutioneller Jugendhilfe und zu einer intensiven sozialwissenschaftlichen Jugendforschung.

Hinzu kam während der 1970er und der frühen 1980er Jahre im Westen Deutschlands eine besondere Problemwahrnehmung: Die Entwicklungen der Jugend wurden in dieser Phase in der Bundesrepublik vor allem unter dem Vorzeichen der Krise perzipiert. Soziokulturelle Umwälzungen im Gefolge der 68er-Revolte und das Aufkommen der westdeutschen Alternativbewegung spielten dabei ebenso eine Rolle wie der Eintritt geburtenstarker Jahrgänge in die jugendliche Lebensphase.

Der allgemeine Diskurs über Jugend und der spezielle über Jugendarbeitslosigkeit standen, so unsere These, während des untersuchten Zeitraums in einem sich gegenseitig verstärkenden Wechselverhältnis. Für den hohen Rang des Themas Jugendarbeitslosigkeit in der Bundesrepublik ist dies ein weiterer Erklärungsfaktor. Ohne eine ausgeprägte gesellschaftliche Sensibilität für die besondere Bedeutung von Jugend hätte das Thema Jugendarbeitslosigkeit in der bundesdeutschen Politik und Öffentlichkeit sicher eine weit geringere Rolle gespielt. Und vermutlich wären weder die Anpassungsfähigkeit des dualen Systems an die Arbeitsmarktkrisen der 1970er und 1980er Jahre noch die – trotz aller Probleme – relativ hohe Aufnahmebereitschaft des bundesdeutschen Arbeitsmarktes für „ältere" Jugendliche möglich gewesen. Umgekehrt intensivierte das Problem der Jugendarbeitslosigkeit die generelle Krisenwahrnehmung von Jugend. Auch für die allmähliche Beruhigung des Jugenddiskurses im Laufe der 1980er Jahren leistete die arbeitsmarktpolitische Diskussion einen kleinen Beitrag: Die wachsende Anerkennung für den neu entstandenen Sektor der Alternativwirtschaft förderte letztlich die gesellschaftliche Akzeptanz einer erhöhten jugendlichen Eigenständigkeit.

Nach der hier vertretenen These, dass zwischen den Ausmaßen von Jugendarbeitslosigkeit und der allgemeinen Perzeption von Jugend eine Verbindung besteht, bildet der jeweilige gesellschaftliche Stellenwert von Jugend eine sehr grundsätzliche und tief in der nationalen Geschichte verwurzelte „Variable" für die Entstehung oder auch Eingrenzung von Jugendarbeitslosigkeit. Eine weitere empirische Überprüfung dieser Annahme, die in den Analysen der Arbeitsmarktforschung bislang keine Rolle gespielt hat, ist sicherlich erforderlich; dies gilt ebenso für ihre systematische Ausweitung auf eine internationale Perspektive.

Der intensiven Diskussion über Jugendarbeitslosigkeit entsprachen in der Bundesrepublik vielfältige Ansätze ihrer Bekämpfung. In dieser Studie wurden vier große Handlungsfelder unterschieden, auf denen seit Mitte der 1970er Jahre die Auseinandersetzung mit dem Problem der Jugendarbeitslosigkeit erfolgt ist: das wirtschafts-, das arbeitsmarkt- und das bildungspolitische sowie das sozialpädagogische Feld.

Die bundesdeutsche Wirtschaftspolitik strebte günstige Rahmenbedingungen für eine Senkung der Arbeitslosigkeit insgesamt an. In diesem Bereich ist während des untersuchten Zeitraums noch am ehesten eine klare Entwicklung zu erkennen: Zumindest rhetorisch zeigte sich hier ein gewisser Paradigmenwechsel der Regierungspolitik von einem keynesianisch geprägten Glauben an staatliche Steuerungsinstrumente hin zu einem demonstrativen Vertrauen in die Kräfte des freien Marktes. Der Regierungswechsel von 1982 akzentuierte diesen Prozess, der seine tieferen Ursachen freilich im generellen Schwinden des politischen Planungsglaubens und in wachsenden Notwendigkeiten der Haushaltskonsolidierung hatte.

Auf den anderen drei Feldern kam es eher zu einem allmählichen und diffusen Zuwachs unterschiedlichster „Maßnahmen". Dies betrifft vor allem das weite Spektrum der aktiven Arbeitsmarktpolitik, die in den frühen 1970er Jahren eine Phase der Intensivierung erlebte. Dabei verlor sie jedoch nach dem Ende des langen Nachkriegsbooms in der Wirtschaftskrise von 1974/75 rasch ihren ursprünglichen, auf den Planungsglauben der späten 1960er Jahre zurückreichenden Charakter einer präventiven Krisenstrategie und entwickelte sich fortan immer mehr zu einem Ad-hoc-Instrumentarium der Krisenlinderung. Bereits in der Spätphase der sozialliberalen Koalition kam es unter dem Druck wachsender Haushaltsprobleme zu Einschränkungen aktiver Arbeitsmarktpolitik, die sich nach dem Regierungswechsel von 1982 fortsetzten. Diese scheinen – genaue Zahlen liegen leider nicht vor – die spezifischen, im Rahmen des Arbeitsförderungsgesetzes oder von Sonderprogrammen erfolgenden Aktivitäten gegen Jugendarbeitslosigkeit jedoch kaum getroffen zu haben. Zu hoch war offensichtlich der gesellschaftliche und politische Stellenwert dieses Problems. Unverkennbar sind jedoch einerseits die Konzentration von Mitteln auf „benachteiligte" Jugendliche und andererseits ein gewisser Desillusionierungsprozess, was die Wirksamkeit staatlichen Handelns unter komplexen gesellschaftlichen und wirtschaftlichen Verhältnissen betrifft. Die Erwartungen einer raschen und einfachen Krisenlösung schwanden nun endgültig und ließen das Leitbild einer möglichst vielfältigen Strategie gegen Jugendarbeitslosigkeit entstehen.

Desillusionierungsprozesse gab es partiell auch im Bereich der Bildungspolitik. Sozialdemokratische Hoffnungen, dass eine umfassende Reform der beruflichen Bildung, die dem Staat mehr Gestaltungsmöglichkeiten gibt, nachhaltige positive Effekte auf den jugendlichen Arbeitsmarkt gewinnt – genannt seien hier nur das gescheiterte Berufsbildungsgesetz von 1975 –, versandeten recht schnell. Teilweise enttäuscht wurde auch die verbreitete Annahme, dass eine verbesserte Ausbildung von Jugendlichen wirksam vor Arbeitslosigkeit schütze. Der vielgestaltige Ausbau des Bildungssystems, der mit einer weiteren Verlängerung der in Schulen und Hochschulen verbrachten Zeiten einherging, war unter diesen Umständen nicht mehr nur ein Mittel zur Qualifizierung von Jugendlichen. Er wurde auch zu einem Instrument, um immer mehr Notlösungen und „Warteschleifen"[5] für die von Arbeitslosigkeit bedrohten Jugendlichen zu schaffen.

Die auf berufliche Bildung gerichtete Politik blieb trotz mancher kritischer sozialdemokratischer Stimmen ganz im Rahmen des traditionellen dualen Systems von betrieblicher Lehre und Berufsschule, das 1969 mit dem Ausbildungsförderungsgesetz institutionell abgesichert worden war. Zahlreiche Maßnahmen der Bildungs- und auch der aktiven Arbeitsmarktpolitik konzentrierten sich letztlich nur darauf, die Rahmenbedingung des dualen Systems zu verbessern – so etwa in der gezielten Vorbereitung von Jugendlichen auf das Erwerbsleben. Oder sie sprangen dort ein, wo der freie Ausbildungsmarkt für bestimmte

---

[5] Begriff nach Hurrelmann, Warteschleifen.

Gruppen von Jugendlichen Probleme schuf. Generell war die Politik in erster Linie bemüht, einen möglichst hohen Druck auf die Ausbildungsbereitschaft der Wirtschaft zu erzeugen – zunächst eher über die sozialdemokratische „Peitsche" einer drohenden Ausbildungsabgabe, dann unter der Kanzlerschaft von Helmut Kohl eher über das „Zuckerbrot" einer appellativ eingesetzten Rhetorik der freien Marktwirtschaft. Die seit Mitte der 1970er Jahre feststellbare deutliche Zunahme der betrieblichen Ausbildungsplätze ließ sich politisch stets als Erfolg derartiger Bemühungen verkaufen.

Sofort mit Beginn der neueren Jugendarbeitslosigkeit setzten Bemühungen ein, den sozialen und psychischen Folgen der Jugendarbeitslosigkeit eine Intensivierung von Jugendhilfe und Jugendsozialarbeit entgegenzusetzen sowie punktuell auch seitens der Jugendhilfe für Ausbildungs- und Arbeitsplätze zu sorgen. Die Akteure auf diesem sozialpädagogischen Handlungsfeld waren vor allem Kommunen und freie Träger wie die großen Wohlfahrtsverbände. Dabei wählte die professionelle Jugendhilfe vielfach eine bewusste „Einmischungsstrategie"[6]. Insgesamt sorgte das Problem der Jugendarbeitslosigkeit in diesem Bereich, ähnlich wie in der Arbeitsmarktpolitik, für einen deutlichen Zuwachs an sozialstaatlicher Aktivität in der Bundesrepublik – auch über das „Ende der wohlfahrtsstaatlichen Expansionsphase"[7] Mitte der 1970er Jahre hinweg.

Der bundesdeutsche Sozialstaat blieb im Umgang mit dem Problemfeld der Jugendarbeitslosigkeit während der 1970er und 1980er Jahre auf seinem traditionell „mittleren Weg" „zwischen den Extremen des schwedischen Wohlfahrtskapitalismus und des liberalen Kapitalismus der angloamerikanischen Demokratien"[8]. Ein nennenswerter „Umbau am Modell Deutschland"[9] unter dem Druck der notwendigen Haushaltskonsolidierung setzte in diesem Bereich im Gegensatz zu anderen Feldern[10] noch nicht ein. Eine charakteristische Eigenheit des bundesdeutschen Weges der Sozialstaatlichkeit, der auch in den 1970er und 1980er Jahren von einer „hohe[n] Strukturkonstanz"[11] gekennzeichnet blieb, wurde durch die Auseinandersetzung mit Jugendarbeitslosigkeit sogar noch bekräftigt: „die Delegation vieler gemeinschaftlicher Aufgaben an gesellschaftliche Verbände"[12]. Letzteres zeigte sich in breitem Umfang auf dem sozialpädagogischen Feld der Jugendhilfe. Anzuführen ist in diesem Zusammenhang aber auch die Einpassung vieler Maßnahmen gegen Jugendarbeitslosigkeit in das korporatistisch geprägte duale System der Berufsausbildung.

---

[6] Zum Begriff vgl. oben S. 123f.
[7] Hockerts, Periodisierung des Gesamtwerks, S. 193.
[8] Vgl. Manfred G. Schmidt, Die Politik des mittleren Weges. Die Wirtschafts- und Sozialpolitik der Bundesrepublik Deutschland im internationalen Vergleich, in: Jürgen Osterhammel/Dieter Langewiesche/Paul Nolte (Hrsg.), Wege der Gesellschaftsgeschichte, Göttingen 2006, S. 239–252, Zitat S. 239. Das Modell von der bundesdeutschen „Politik des mittleren Weges" ist seit Ende der 1990er Jahre von Manfred G. Schmidt entwickelt worden. Eine kurze Charakterisierung und weiterführende Literaturhinweise finden sich ebd., S. 239f.
[9] Süß, Umbau am „Modell Deutschland". Auch Süß betont eher die sozialstaatlichen Kontinuitäten und sieht insgesamt bei der „Entwicklung des westdeutschen Wohlfahrtsstaats zwischen der ersten Ölpreiskrise und der Wiedervereinigung [...] ein vielschichtiges Bild, das weniger durch einen einheitlichen Trend geprägt war als durch ein komplexes Mischungsverhältnis gebremster Sozialstaatsexpansion, finanzieller Konsolidierung und partiellen Umbaus." Ebd., S. 230.
[10] Ebd. wird exemplarisch das Arbeitsrecht hervorgehoben.
[11] Schmidt, Zwischen Ausbaureformen und Sanierungsbedarf, S. 139.
[12] Schmidt, Die Politik des mittleren Weges, S. 240.

Die Beantwortung der Frage, ob der bundesdeutsche Sozialstaat gegenüber der sich verstetigenden Jugendarbeitslosigkeit wirklich „hilflos" blieb, wie eine von dem Bildungsforscher Gero Lenhardt formulierte Diagnose aus dem Jahr 1979 bitter feststellte[13], muss rückblickend als abhängig von den zugrunde gelegten Erwartungen erscheinen. Geht man wie Lenhardt von der Frage aus, „inwiefern es dem Staat gelingt, mit politischen Mitteln das durchzusetzen, was der sich selbst überlassene Markt den Jugendlichen versagt"[14], dann wird sich das kritische Urteil sicher bestätigen. Legt man hingegen einen weniger erwartungsvollen Maßstab an und bezieht international vergleichende Perspektiven mit ein, dann muss die Antwort wesentlich milder ausfallen. Zwar setzte sich Jugendarbeitslosigkeit auch in der Bundesrepublik fest, was nicht zuletzt die langfristige Verschärfung sozialer Differenzen zur Folge hatte, von einer negativen Eskalation blieb die Bundesrepublik der 1970er und 1980er Jahre freilich verschont. Die Annahme, dass die Sozialpolitik und speziell das Instrumentarium der aktiven Arbeitsmarktpolitik dazu einen gewissen, wenn vielleicht auch nur bescheidenen Beitrag geleistet haben, erscheint dem Verfasser der vorliegenden Untersuchung durchaus plausibel.

Der im internationalen Vergleich relativ moderate Verlauf der Jugendarbeitslosigkeit begünstigte in der bundesdeutschen Politik und Öffentlichkeit zweifellos Gewöhnungseffekte. Die Krisenerscheinungen des Arbeitsmarktes für Jugendliche, ebenso wie bestimmte Maßnahmen im Umgang mit dem Problem, wurden zu einem neuen Dauerzustand, der die älteren Erfahrungen eines reichlichen Angebots an Arbeitsplätzen für Jugendliche nach und nach überlagerte. Ende der 1980er Jahre schwächte sich schließlich das öffentliche Krisenempfinden schließlich deutlich ab. Nach 1990, als die Quote der Jugendarbeitslosigkeit im wiedervereinigten Deutschland abermals nach oben ging, blieb ein erneutes Aufflammen des Krisendiskurses aus[15].

Die wirtschaftlichen und gesellschaftlichen Transformationen des späten 20. Jahrhunderts und die damit verbundene Steigerung von Unsicherheiten sorgten gleichsam für eine Neujustierung der Standards des vermeintlich Normalen. „Unsicherheit als Normalität"[16] – dieser sozialpolitische Trend seit dem Ende des langen Nachkriegs-Wirtschaftsbooms gilt in besonderer Weise auch für das jugendliche Erwerbsleben. Die zeittypische „Entstandardisierung von Lebensläufen"[17] griff so auch auf die Jugend über. In diesem generellen Veränderungsprozess von Erwerbsbiographien wird die Verschiebung von Normalität sehr deutlich: An Stelle des bisherigen „Normalarbeitsverhältnisses", das im Wesentlichen von – meist männlicher – Vollzeitbeschäftigung und von Beschäftigungsstabilität geprägt war, eröffneten sich im späten 20. Jahrhundert „Konturen eines neuen

---

[13] Gero Lenhardt (Hrsg.), Der hilflose Sozialstaat. Jugendarbeitslosigkeit und Politik, Frankfurt a. M. 1979. Lenhardt war von 1971 bis 2005 Mitarbeiter des Max-Planck-Instituts für Bildungsforschung in Berlin.
[14] Gero Lenhardt, Vorwort, in: Ebd., S. 8.
[15] Insgesamt bedarf diese Feststellung noch einer genaueren empirischen Überprüfung. Ein erstes grobes Indiz für die Aussage bietet eine Katalogrecherche in der Deutschen Nationalbibliothek (https://portal.dnb.de): Wie bereits an anderer Stelle vermerkt (oben S. 63), sind dort für das Jahrzehnt von 1970 bis 1979 87 Publikationen verzeichnet, für die Jahre 1980–1989 105. Für die 1990er Jahre sinkt der Wert auf 34 Titel, für das erste Jahrzehnt des 21. Jahrhunderts, als die Jugendarbeitslosigkeit 2005 einen absoluten Höchststand erreichte, werden 41 Publikationen genannt.
[16] So der treffende Untertitel von Geyer, Rahmenbedingungen.
[17] So – mit Blick auf die 1970er und 1980er Jahre – der Untertitel von Wirsching, Erwerbsbiographien und Privatheitsformen.

Normalarbeitsverhältnisses", das ein weit größeres Maß an Flexibilität aufweist bzw. erfordert[18].

Die letztgenannte Entwicklung hat in der sozialwissenschaftlichen Forschung mit der Zeit ihre Bewertung als Krisenphänomen verloren. Ähnlich hat sich die viel beschworene „Krise" oder gar das vermeintliche „Ende" der im Laufe des 19. und 20. Jahrhunderts gewachsenen „Arbeitsgesellschaft" eher als ein langwieriger Wandel erwiesen, der neben zahlreichen neuartigen Problemen auch manche Chancen bietet[19]. Das Thema Jugendarbeitslosigkeit zeigt allerdings mit großer Deutlichkeit, dass die neuen „Normalitäten", die der sozioökonomische Umbruch des späten 20. Jahrhunderts mit sich brachte, keinesfalls verklärt werden dürfen. Die massiven Belastungen, die Arbeitslosigkeit ganz am Anfang eines Erwerbslebens für den Einzelnen erzeugen kann, sind bestehen geblieben – trotz aller gesellschaftlichen Gewöhnung und Krisenroutine. Der Normalisierung der Krise ist daher in diesem Bereich wenig Positives abzugewinnen.

---

[18] Vgl. z. B. Ulrich Mückenberger, Die Krise des Normalarbeitszeitverhältnisses, in: Mitteilungsblatt der zentralen wissenschaftlichen Einrichtung „Arbeit und Betrieb" (1985/11-12), S. 3-36; Hans Besters (Hrsg.), Auflösung des Normalarbeitsverhältnisses?, Baden-Baden 1988; Gerhard Bosch, Konturen eines neuen Normalarbeitsverhältnisses, in: WSI-Mitteilungen 54 (2001/4), S. 219-229, S. 219 zur anfänglichen Krisenwahrnehmung; Wolfgang Bonß, Erosion des Normalarbeitsverhältnisses. Tendenzen und Konsequenzen, in: Anton Rauscher (Hrsg.), Arbeitsgesellschaft im Umbruch. Ursachen, Tendenzen, Konsequenzen, Berlin 2002, S. 69-86.
[19] Zusammenfassend zur neueren Entwicklung vgl. Dieter Sauer, Die Zukunft der Arbeitsgesellschaft. Soziologische Deutungen in zeithistorischer Perspektive, in: Vierteljahrshefte für Zeitgeschichte 55 (2007), S. 309-328. Sauer spricht von einer „Übergangsphase", betont dabei eher die problematischen Aspekte (ebd., S. 325) und hält am Krisenbegriff fest (z. B. ebd., S. 312).

Abkürzungsverzeichnis

ABM	Arbeitsbeschaffungsmaßnahmen
AFG	Arbeitsförderungsgesetz
AGEJW	Arbeitsgemeinschaft der Evangelischen Jugend in Württemberg
AGJ	Arbeitsgemeinschaft für Jugendhilfe
ANBA	Amtliche Nachrichten der Bundesanstalt für Arbeit
APO	Außerparlamentarische Opposition
BAföG	Bundesausbildungsförderungsgesetz
BAK	Bundesarchiv Koblenz
BGBl.	Bundesgesetzblatt
BIBB	Bundesinstitut für Berufsbildung
BIP	Bruttoinlandsprodukt
BJK	Bundesjugendkuratorium
BMA	Bundesministerium für Arbeit und Sozialordnung
BMAS	Bundesministerium für Arbeit und Soziales
BRD	Bundesrepublik Deutschland
CDU	Christlich-Demokratische Union
CSU	Christlich-Soziale Union
DDR	Deutsche Demokratische Republik
DGB	Deutscher Gewerkschaftsbund
DJI	Deutsches Jugendinstitut
DM	Deutsche Mark
dpa	Deutsche Presse-Agentur
Drs.	Drucksache
EG	Europäische Gemeinschaft
EKD	Evangelische Kirche in Deutschland
EMNID	Erforschung der öffentlichen Meinung, Marktforschung, Nachrichten, Informationen und Dienstleistungen
EU	Europäische Union
Eurostat	Statistisches Amt der Europäischen Gemeinschaften
EWG	Europäische Wirtschaftsgemeinschaft
FDP	Freie Demokratische Partei (Deutschlands)
GmbH	Gesellschaft mit beschränkter Haftung
HdWW	Handwörterbuch der Wirtschaftswissenschaft

IAB	Institut für Arbeitsmarkt- und Berufsforschung (der Bundesanstalt für Arbeit)
ifo	Information und Forschung
IG	Industriegewerkschaft
IIM/LMP	International Institute of Management/Labour Market Policy
ILO	International Labour Organization
JSA	Jugendsozialarbeit
LFS	Labour Force Statistics/Statistiques de la population active (OECD)
m	männlich
MBSE	Maßnahmen zur beruflichen und sozialen Eingliederung
MdB	Mitglied des Bundestags
MittAB	Mitteilungen aus der Arbeitsmarkt- und Berufsforschung
NATO	North Atlantic Treaty Organization
NRW	Nordrhein-Westfalen
NS	Nationalsozialismus
OCDE	Organisation de Coopération et de Développement Économiques
OECD	Organization for Economic Co-operation and Development
PADB	Parlamentsarchiv des Deutschen Bundestages (Berlin)
RAF	Rote-Armee-Fraktion
Ref.	Referat
SMIC	Salaire Minimum Interprofessionell de Croissance
SOFI	Soziologisches Forschungsinstitut (Göttingen)
SPD	Sozialdemokratische Partei Deutschlands
SUDOC	Système Universitaire de Documentation
taz	die tageszeitung
USA	United States of America
Verh. BT	Verhandlungen des Deutschen Bundestages
w	weiblich
WBG	Wissenschaftliche Buchgesellschaft
WP	Wahlperiode
WSI	Wirtschafts- und Sozialwissenschaftliches Institut

Verzeichnis der Abbildungen und Tabellen

Abbildungen

Abb. 1:	Allgemeine Arbeitslosenquote und Quote der Jugendarbeitslosigkeit in der Bundesrepublik, 1968–1990	12
Abb. 2:	Quote der Jugendarbeitslosigkeit in der Bundesrepublik, 1966–2011	14
Abb. 3:	Allgemeine Arbeitslosenquote und Quote der Jugendarbeitslosigkeit in Frankreich, 1968–1990	16
Abb. 4:	Arbeitslosenquoten in der Bundesrepublik und in Frankreich nach Altersgruppen, 1989	19
Abb. 5:	Allgemeine und jugendliche Erwerbsquote in der Bundesrepublik, 1970–1990	22
Abb. 6:	Quoten der Jugendarbeitslosigkeit in der Bundesrepublik nach Altersgruppen und Geschlecht, 1966–1990	27
Abb. 7:	Alterspyramide Frankreich – Bundesrepublik zum 1. Januar 1990	45
Abb. 8:	Geburtenraten in der Bundesrepublik, 1950–1975	46
Abb. 9:	Geburtenraten in Frankreich, 1950–1975	46
Abb. 10:	Auszubildende der Stadt Duisburg demonstrieren im Februar 1986 für ihre Übernahme	61
Abb. 11:	Karikatur: Arbeitsunwillige langhaarige Jugendliche, 1975; Jupp Wolter (Künstler), Haus der Geschichte, Bonn	77
Abb. 12:	„Arbeits*lose*", 1983	122
Abb. 13:	Jugendlicher Anbieter von „Arbeits*losen*", 1983	123

Tabellen

Tab. 1:	Arbeitslosenquoten (%) jüngerer und älterer Altersklassen in der Bundesrepublik, 1983 und 1990	18
Tab. 2:	Ausbildungsplätze in der Bundesrepublik, 1976–1989: Angebot und Nachfrage	30
Tab. 3:	Auszubildende in der Bundesrepublik, 1970–1989	31
Tab. 4:	Arbeitslosenquoten für „einheimische" und „ausländische" Jugendliche unter 25 Jahren in der Bundesrepublik, Frankreich, den Niederlanden und Schweden, 1983 und 1989	39

Quellen- und Literaturverzeichnis

I. Archivalien

Bundesarchiv Koblenz (BAK)

B 136: Bundeskanzleramt
8827
B 138: Bildungsministerium für Bildung und Wissenschaft
49618
B 149: Bundesministerium für Arbeit und Sozialordnung
53094, 62197, 62198, 62199, 83192, 103112, 103113, 103114, 103115, 113303, 129985, 139042, 139045, 139049, 139050, 139051, 139054, 139076
B 189: Bundesministerium für Jugend, Familie, Frauen und Gesundheit
22249, 22277, 22279, 22281, 22375

Parlamentsarchiv des Deutschen Bundestages (PADB), Berlin

Ausschuss für Arbeit und Sozialordnung, Protokolle
7.–10. Wahlperiode (WP), 1972–1987
(lückenhafter Bestand auch im IAB Nürnberg)
Ausschuss für Bildung und Wissenschaft, Protokolle
7.–9. Wahlperiode (WP), 1972–1982
Ausschuss für Jugend, Familie und Gesundheit, Protokolle
7.–11. Wahlperiode (WP), 1972–1990

Centre des archives contemporaines, Fontainebleau

Commission des affaires culturelles, familiales et sociales, 1978–1981
20060511/2

II. Amtliche Publikationen, Parteiprogramme, sonstige Quellensammlungen

Akten zur Auswärtigen Politik der Bundesrepublik Deutschland 1977. Bd. II: 1. Juli bis 31. Dezember 1977, hrsg. im Auftrag des Auswärtigen Amts vom Institut für Zeitgeschichte, Wissenschaftliche Leiterin: Ilse Dorothee Pautsch, Bearb.: Amit Das Gupta, Tim Geiger, Matthias Peter, Fabian Hilfrich und Mechthild Lindemann, München 2008.

Aktionsmöglichkeiten gegen Jugendarbeitslosigkeit, hrsg. vom Landesjugendring Niedersachsen e. V., Hannover 1983.

Alternative Ausbildungs- und Arbeitsprojekte für junge Arbeitslose. Eine Arbeitshilfe für entstehende Projekte und Initiativen sowie für Berater in der Jugendhilfe, hrsg. vom Deutschen Paritätischen Wohlfahrtsverband, Frankfurt a. M. 1985.

Amtliche Nachrichten der Bundesanstalt für Arbeit, hrsg. von der Bundesanstalt für Arbeit, Nürnberg, verschiedene Jahrgänge. [ANBA]

Analyse und Prognose der Arbeitsmarktentwicklung in Bayern. Zusammenfassung wesentlicher Ergebnisse des vom Battelle-Institut e. V., Frankfurt a. M., erstellten Forschungsgutachtens, hrsg. vom Bayerischen Staatsministerium für Arbeit und Sozialordnung, Gräfeling 1973.

Annuaire statistique de la France, hrsg. vom Institut national de la statistique et des études économiques, Paris, verschiedene Jahrgänge.
Die Arbeitsmarktlage in der Gemeinschaft 1970, hrsg. von der Kommission der Europäischen Gemeinschaften, o. O. [1970].
Bayerisches Staatsministerium für Arbeit und Sozialordnung, Entwicklung und Struktur der Jugendarbeitslosigkeit in Bayern, in: Arbeit und Soziales 31 (1976), S. 8–16.
Berufsbildungsbericht, hrsg. vom Bundesminister für Bildung und Wissenschaft, 1977, 1983 und 1990, München 1977, Wolfenbüttel 1983, Bonn 1990.
Bevölkerung und Wirtschaft 1872–1972, hrsg. [vom Statistischen Bundesamt] anläßlich des 100jährigen Bestehens der zentralen amtlichen Statistik, Stuttgart/Mainz 1972.
Bundesgesetzblatt, hrsg. vom Bundesminister der Justiz, Bonn, verschiedene Jahrgänge. [BGBl.]
Die Bundesrepublik Deutschland. Staatshandbuch. Teilausgabe Bund, 1977/78, 1980, 1985, 1989, Köln u. a. 1977, 1980, 1985, 1989.
Cremer, Günter (Hrsg.): Jugend ohne Arbeit. Analysen, Stellungnahmen, Programme, München 1976.
Demographic Yearbook – Annuaire démographique, hrsg. von United Nations, 27 (1975), 42 (1990), 53 (2001), New York 1976, 1992, 2003.
„Deutsche, wir können stolz sein auf unser Land" [Wahlplakat der SPD, 1972], http://www.hdg.de/lemo/objekte/pict/KontinuitaetUndWandel_plakatBrandt1972/index.html [letzter Zugriff: 21. 4. 2012].
Das gemeinsame Wahlprogramm der CDU und CSU 1976, München 1976.
Hauptergebnisse der Arbeits- und Sozialstatistik 1967, hrsg. vom Bundesministerium für Arbeit und Sozialordnung, Statistik, [Bonn 1967].
Jugendarbeitslosigkeit. Maßnahmen zur Bekämpfung, in: Bundesarbeitsblatt 10/1986, S. 13–19.
Jugendprotest im demokratischen Staat. Zwischenbericht 1982 der Enquête-Kommission des Deutschen Bundestages gemäß Beschluß vom 26. Mai 1981, Bonn 1982.
Jugendprotest im demokratischen Staat. Schlußbericht 1983 der Enquête-Kommission des 9. Deutschen Bundestages, [Bonn] 1983.
Labour Force Statistics/Statistiques de la population active, hrsg. vom OECD Department of economics and statistics/Département des affaires économiques et statistiques OCDE, Paris, verschiedene Jahrgänge. [LFS]
Observatoire national des zones urbaines sensibles, Rapport 2011, http://www.ladocumentationfrancaise.fr/var/storage/rapports-publics//114000646/0000.pdf [letzter Zugriff: 13. 2. 2012].
OECD Employment Outlook 1987, 1988, hrsg. von der Organisation for Economic Co-operation and Development, Paris 1987, 1988.
Programm zur Bekämpfung der Jugendarbeitslosigkeit, beschlossen vom Bundesausschuß der CDU am 20. Februar 1984, Bonn 1984.
Statistisches Bundesamt (Hrsg.), Berufliche Bildung 1982 (Bildung und Kultur, Fachserie 11, Reihe 3), Wiesbaden 1983.
Statistisches Bundesamt (Hrsg.), Berufliche Bildung 1989 (Bildung und Kultur, Fachserie 11, Reihe 3), Stuttgart 1991.
Statistisches Jahrbuch für die Bundesrepublik Deutschland, hrsg. vom Statistischen Bundesamt, Stuttgart/Mainz, verschiedene Jahrgänge. *[Alle Bände sind frei online verfügbar unter: http://www.digizeitschriften.de/main/dms/toc/?PPN=PPN514402342; letzter Zugriff: 21. 4. 2012.]*
Umbau der Industriegesellschaft. Schritte zur Überwindung von Erwerbslosigkeit, Armut und Umweltzerstörung; als Programm verabschiedet von der Bundesdelegiertenkonferenz der Grünen in Nürnberg (26.–28. September 1986), Bonn 1986.
Verhandlungen des Deutschen Bundestages. Stenographische Berichte und Drucksachen, Bonn, verschiedene Jahrgänge. [Verh. BT] *[Ab der 8. Wahlperiode sind alle Dokumente frei online verfügbar unter: http://www.bundestag.de/dokumente/drucksachen/index.html; letzter Zugriff: 21. 4. 2012; die Angabe der Bände (Stenographische Berichte) bzw. Anlagen-Bände (Drucksachen) erfolgt daher im Anmerkungsapparat dieser Arbeit nur für die 7. Wahlperiode.]*
Weiterarbeiten am Modell Deutschland. SPD-Parteitag, Dortmund, 18./19. Juni 1976, hrsg. vom Vorstand der SPD, Bonn 1976.
Die Wirtschaft ökologisch und sozial erneuern. Entwurf der Kommission Wirtschafts- und Finanzpolitik beim Parteivorstand der SPD, hrsg. vom Vorstand der SPD, Bonn 1985, http://library.fes.de/prodok/fc87-00643.pdf [letzter Zugriff: 21. 4. 2012].

Wissmann, Matthias/Hauck, Rudolf (Hrsg.): Jugendprotest im demokratischen Staat. Enquête-Kommission des 9. Deutschen Bundestages, Stuttgart 1983.
Year Book of Labour Statistics, hrsg. vom International Labour Office, Bde. 26 und 34, Genf 1966, 1974.
Yearbook of National Accounts Statistics 1981, Volume II: International Tables, hrsg. von United Nations, New York 1983.
Die Zukunft sozial gestalten: Entwurf, hrsg. vom Vorstand der SPD, Bonn 1986, http://library.fes.de/prodok/fc86-01460.pdf [letzter Zugriff: 21.4.2012].

III. Presse

Le Nouvel Observateur
Der Spiegel *[frei online verfügbar unter: http://www.spiegel.de/spiegel/print/]*
Einzelne Artikel aus der Tagespresse werden lediglich im Anmerkungsapparat vermerkt.

IV. Lexika und Bibliographien

Braun, Frank/Gravalas, Brigitte: Bibliographie Jugendarbeitslosigkeit und Ausbildungskrise, 2 Bde., hrsg. vom Bundesinstitut für Berufsbildung (Berlin/Bonn) und Deutschen Jugendinstitut (München), München 1980.
Duden. Das große Wörterbuch der deutschen Sprache in acht Bänden, 2., völlig neu bearb. und stark erw. Aufl., hrsg. und bearb. vom Wissenschaftlichen Rat und den Mitarbeitern der Dudenredaktion unter der Leitung von Günther Drosdowski, Bd. 4, Mannheim u.a. 1994.
Duden Wirtschaft von A bis Z: Grundlagenwissen für Schule und Studium, Beruf und Alltag, hrsg. von Bernd Kirchner, Achim Pollert und Javier Morato Polzin, Mannheim [4]2009 [online über: http://www.bpb.de/wissen/H75VXG.html; letzter Zugriff: 8.4.2012].
Gabler Kompakt-Lexikon Wirtschaft. 2700 Begriffe nachschlagen, verstehen, anwenden, 8., vollständig überarbeitete und erweiterte Aufl., Wiesbaden 2001.
Gabler Wirtschaftslexikon, Online-Ausgabe: http://wirtschaftslexikon.gabler.de [letzter Zugriff: 22.3.2012].
Handwörterbuch der Wirtschaftswissenschaft (HdWW). Zugleich Neuauflage des Handwörterbuchs der Sozialwissenschaften, hrsg. von Willi Albers u.a., Bd. 2, Stuttgart u.a. 1980.
Pädagogisches Lexikon in zwei Bänden, hrsg. von Walter Horney, Johann Peter Ruppert und Walter Schultze, Gütersloh 1970.
Schäfers, Bernard/Zapf, Wolfgang (Hrsg.): Handwörterbuch zur Gesellschaft Deutschlands, Opladen [2]2001.
Weidacher, Alois (Bearb.): Bibliographie zur Jugendarbeitslosigkeit, München 1975.
Woll, Arthur (Hrsg.): Wirtschaftslexikon, 9. völlig überarb. und erw. Aufl., München/Wien 2000.

V. Darstellungen und Sammelbände

Abels, Heinz: Lebensphase Jugend, in: Ders./Michael-Sebastian Honig/Irmhild Saake/Ansgar Weymann, Lebensphasen. Eine Einführung, Wiesbaden 2008, S. 77–157.
Abelshauser, Werner: Deutsche Wirtschaftsgeschichte seit 1945, München 2004.
Adamy, Wilhelm: Die Integration von Aus- und Übersiedlern in den bundesdeutschen Arbeitsmarkt, in: Arbeit und Sozialpolitik 44 (1990), S. 254–257.
Albrecht, Christoph: Ausländische Jugendliche. Randgruppe des Arbeitsmarktes, Berlin 1983.
Altmann, Georg: Vollbeschäftigung durch Planung? Das Reformprojekt „Vorausschauende Arbeitsmarktpolitik" in den 1960er Jahren, in: Matthias Frese/Julia Paulus/Karl Teppe (Hrsg.), Demokra-

tisierung und gesellschaftlicher Aufbruch. Die sechziger Jahre als Wendezeit der Bundesrepublik, Paderborn u. a. 2003, S. 283–297.

Altmann, Georg: Aktive Arbeitsmarktpolitik. Entstehung und Wirkung eines Reformkonzepts in der Bundesrepublik Deutschland, Wiesbaden 2004.

Ambrosius, Gerold: Sektoraler Wandel und internationale Verflechtung: Die bundesdeutsche Wirtschaft im Übergang zu einem neuen Strukturmuster, in: Thomas Raithel/Andreas Rödder/Andreas Wirsching (Hrsg.), Auf dem Weg in eine neue Moderne? Die Bundesrepublik Deutschland in den siebziger und achtziger Jahren, München 2009, S. 17–31.

Anweiler, Oskar: Bildungspolitik, in: Geschichte der Sozialpolitik in Deutschland seit 1945, Bd. 5: 1966–1974: Bundesrepublik Deutschland. Eine Zeit vielfältigen Aufbruchs, hrsg. von Hans Günter Hockerts, Baden-Baden 2006, S. 709–753.

Anweiler, Oskar: Bildungspolitik, in: Geschichte der Sozialpolitik in Deutschland seit 1945, Bd. 7: 1982–1989: Bundesrepublik Deutschland. Finanzielle Konsolidierung und institutionelle Reform, hrsg. von Manfred G. Schmidt, Baden-Baden 2005, S. 563–600.

Arbeitsgemeinschaft für Jugendhilfe/Deutsches Jugendinstitut (Hrsg.): Der Jugend eine Zukunft sichern. Jugendhilfe im Nachkriegsdeutschland zwischen Anpassung und Parteilichkeit, Münster 1991.

Arendt, Hannah: Vita activa oder Vom tätigen Leben, Stuttgart 1960 [zuerst amerik. 1958 unter dem Titel „The Human Condition"].

Auer, Peter: Arbeitsmarktentwicklung und Strategien gegen Arbeitslosigkeit: Ein internationaler Überblick, in: Arbeit und Sozialpolitik 42 (1988), S. 182–188.

Auer, Peter/Bruche, Gert/Kühl, Jürgen (Hrsg.): Chronik zur Arbeitsmarktpolitik. National 1978–1986. International 1980–1986, Nürnberg 1987.

Baacke, Dieter: Jugend und Jugendkulturen. Darstellung und Deutung, Weinheim u. a. ^{4}2004 [zuerst 1987].

Bachmann, Christian/Le Guennec, Nicole: Violences urbaines. Ascension et chute des classes moyennes à travers cinquante ans de politique de ville, Paris 1996.

Baethege, Martin: Erwerbstätige Jugend, in: Manfred Markefka/Rosemarie Nave-Herz (Hrsg.), Handbuch der Familien- und Jugendforschung, Bd. 2: Jugendforschung, Neuwied/Frankfurt a. M. 1989, S. 465–482.

Baethge, Martin/Brumlop, Eva/Faulstich-Wieland, Hannelore/Gerlach, Frank/Müller, Jürgen: Ausbildungs- und Berufsstartprobleme unter den Bedingungen verschärfter Situationen auf dem Arbeits- und Ausbildungsstellenmarkt. Abschlußbericht, Göttingen 1980.

Baethge, Martin/Hantsche, Brigitte/Pelull, Wolfgang/Voskamp, Ulrich: Jugend und Krise. Eine empirische Untersuchung zur Bedeutung von krisenhaften Arbeitsmarktentwicklungen für Arbeitsbewußtsein, Arbeitsverhalten und Interessenorientierung von Jugendlichen/jungen Erwachsenen, Göttingen 1987.

Baehtge, Martin/Hantsche, Brigitte/Pelull, Wolfgang/Voskamp, Ulrich: Jugend: Arbeit und Identität. Lebensperspektiven und Interessenorientierungen von Jugendlichen. Eine Studie des Soziologischen Forschungsinstituts Göttingen (SOFI), Opladen 1988.

Benoit-Guilbot, Odile/Rudoph, Helmut/Scheuer, Markus: Le chômage des jeunes en France et en Allemagne, in: Travail et emploi 59 (1994), S. 48–63.

Besters, Hans (Hrsg.): Auflösung des Normalarbeitsverhältnisses?, Baden-Baden 1988.

Bethge, Dietrich: Arbeitsschutz, in: Geschichte der Sozialpolitik in Deutschland seit 1945, Bd. 7: 1982–1989: Bundesrepublik Deutschland. Finanzielle Konsolidierung und institutionelle Reform, hrsg. von Manfred G. Schmidt, Baden-Baden 2005, S. 197–235.

Bischoff, Harald/Damm, Diethelm: Arbeitsplätze selber schaffen, finanzieren und behalten, München 1985.

Böseke, Harry/Spitzner, Albert (Hrsg.): Jugend ohne Arbeit, Bornheim-Merten 1983.

Boldorf, Marcel: Die „Neue Soziale Frage" und die „Neue Armut" in den siebziger Jahren. Sozialhilfe und Sozialfürsorge im deutsch-deutschen Vergleich, in: Konrad H. Jarausch (Hrsg.), Das Ende der Zuversicht? Die siebziger Jahre als Geschichte, Göttingen 2008, S. 138–156.

Boll, Friedhelm: Jugend im Umbruch vom Nationalsozialismus zur Nachkriegsdemokratie, in: Archiv für Sozialgeschichte 37 (1997), S. 482–520.

Bonß, Wolfgang: Erosion des Normalarbeitsverhältnisses. Tendenzen und Konsequenzen, in: Anton Rauscher (Hrsg.), Arbeitsgesellschaft im Umbruch. Ursachen, Tendenzen, Konsequenzen, Berlin 2002, S. 69–86.

Bosch, Gerhard: Konturen eines neuen Normalarbeitsverhältnisses, in: WSI-Mitteilungen 54 (2001/4), S. 219-229.
Bosch, Gerhard: Die Zukunft der Arbeitsmarktpolitik für Jugendliche in Deutschland, in: Claus Groth/ Wolfgang Maenning (Hrsg.), Strategien gegen Jugendarbeitslosigkeit im internationalen Vergleich. Auf der Suche nach den besten Lösungen, Frankfurt a. M. 2001, S. 21-46.
Boyer, Christoph: Schwierige Bedingungen für Wachstum und Beschäftigung, in: Thomas Raithel/ Thomas Schlemmer (Hrsg.), Die Rückkehr der Arbeitslosigkeit. Die Bundesrepublik Deutschland im europäischen Kontext 1973 bis 1989, München 2009, S. 9-22.
Braun, Frank: Lokale Politik gegen Jugendarbeitslosigkeit, München 1996.
Braun, Frank/Schäfer, Heiner/Schneider, Helmut: Jugendarbeitslosigkeit. Strukturdaten und Konsequenzen, in: Deutsches Jugendinstitut (Hrsg.), Immer diese Jugend! Ein zeitgeschichtliches Mosaik. 1945 bis heute, München 1985, S. 225-238.
Braun, Frank/Weidacher, Alois: Materialien zur Arbeitslosigkeit und Berufsnot Jugendlicher. Mit Bibliographie, München 1976.
Brauser, Hanns: Jugend und gewerkschaftliche Jugendarbeit, in: Gewerkschaftliche Monatshefte 32 (1981), S. 157-164.
Bredgaard, Thomas/Joergensen, Henning: Dänemark, in: Ingo Richter/Sabine Sardei-Biermann (Hrsg.), Jugendarbeitslosigkeit. Ausbildungs- und Beschäftigungsprogramme in Europa, Opladen 2000, S. 99-124.
Breyvogel, Wilfried: Provokation und Aufbruch der westdeutschen Jugend in den 50er und 60er Jahren. Konflikthafte Wege der Modernisierung der westdeutschen Gesellschaft in der frühen Bundesrepublik, in: Ulrich Herrmann (Hrsg.), Protestierende Jugend. Jugendopposition und politischer Protest in der deutschen Nachkriegsgeschichte, München 2002, S. 445-460.
Briesen, Detlef: Drogenkonsum und Drogenpolitik in Deutschland und den USA. Ein historischer Vergleich, Frankfurt a. M./New York 2005.
Bringmann, Rolf/Gerhard, Dirk: Sie kamen mit Knüppeln und Messern! Von der Anziehungskraft rechter Parolen, in: Claus Richter (Hrsg.), Die überflüssige Generation. Jugend zwischen Apathie und Aggression, Königstein im Taunus 1979.
Broutschek, Beatrix/Dauer, Steffen/Schmidt, Sabine: Macht Arbeitslosigkeit krank oder Krankheit arbeitslos? Psychologische Theorien zur Beschreibung von Arbeitslosigkeit, in: Steffen Dauer/ Heinz Hennig (Hrsg.), Arbeitslosigkeit und Gesundheit, Halle 1999, S. 72-92.
Budde, Hermann/Klemm, Klaus: Jugend – Ausbildung – Arbeit. Gutachten im Auftrag der Hans-Böckler-Stiftung, Düsseldorf 1987.
Busch, Tim: Die deutsche Strafrechtsreform. Ein Rückblick auf die sechs Reformen des deutschen Strafrechts (1969–1998), Baden-Baden 2005.

Cambon, Christian/Butor, Patrick: La bataille de l'apprentissage. Une réponse au chômage des jeunes, Paris 1993.
Casey, Bernard: Vorruhestandsregelungen im internationalen Vergleich. Programme und Erfahrungen in Belgien, Frankreich, Großbritannien und der Bundesrepublik Deutschland, Wissenschaftszentrum Berlin. Discussion papers IIM/LMP, [Berlin] 1985.
Chassaigne, Philippe: Les années 1970. Fin d'un monde et origine de notre modernité, Paris 2008.
Conceição-Heldt, Eugénia da: France: The Importance of the Electoral Cycle, in: Ellen M. Immergut/ Karen M. Anderson/Isabelle Schulze (Hrsg.), The Handbook of West European Pension Politics, Oxford/New York, S. 150-199.
Conze, Eckart: Die Suche nach Sicherheit. Eine Geschichte der Bundesrepublik Deutschland von 1949 bis in die Gegenwart, München 2009.
Cornilleau, Gérard/Marioni, Pierre/Roguet, Brigitte: Quinze ans de politique de l'emploi, in: Travail et emploi 44 (1990), S. 64-68.
Crusius, Reinhard: Krise von Jugend, Ausbildung und Beruf: Was sagt die Wissenschaft dazu? Antworten und Defizite der „zuständigen Wissenschaften" und Änderungsvorschläge für die Berufspädagogik, München 1985.

Dahrendorf, Ralf: Im Entschwinden der Arbeitsgesellschaft. Wandlungen in der sozialen Konstruktion des menschlichen Lebens, in: Merkur 34 (1980), S. 750-760.
Damm, Diethelm: Jugendzentren in Selbstverwaltung – Versuch einer Begriffsbestimmung, in: deutsche jugend 23 (1975), S. 68-73.

Depardieu, Daniel/Payen, Jean-François: Disparités de salaires dans l'industrie en France et en Allemagne: des ressemblances frappantes, in: Economie et Statistique 188 (1986), S. 23–34.
Deutsches Jugendinstitut (Hrsg.): Die neue Jugenddebatte. Was gespielt wird und um was es geht. Schauplätze und Hintergründe, München 1982.
Dieckmann, Helmut u. a.: Jugend ohne Arbeit, Reinbek bei Hamburg 1985.
Diezinger, Angelika/Marquardt, Regine/Bilden, Helga/Dahlke, Kerstin: Zukunft mit beschränkten Möglichkeiten. Entwicklungsprozesse arbeitsloser Mädchen, 2 Bde., München 1983.
Doering-Manteuffel, Anselm: Nach dem Boom. Brüche und Kontinuitäten der Industriemoderne seit 1970, in: Vierteljahrshefte für Zeitgeschichte 55 (2007), S. 559–581.
Doering-Manteuffel, Anselm/Raphael, Lutz: Nach dem Boom. Perspektiven auf die Zeitgeschichte seit 1970, Göttingen ²2010.
Dörre, Klaus/Kloas, Peter-Werner/Peukert, Reinhard: Alternative Wege des Berufseinstiegs. Berufsausbildung in selbstverwalteten Betrieben und alternativen Ausbildungsprojekten, Weinheim/München 1988.
Donay, Bernd: Diskussionsforum. Initiativen für mehr Ausbildungsplätze, in: Der Arbeitgeber 29 (1977), S. 438.
Dressel, Kathrin/Wanger, Susanne: Erwerbsarbeit: Zur Situation von Frauen auf dem Arbeitsmarkt, in: Ruth Becker/Beate Kortendieck (Hrsg.), Handbuch Frauen- und Geschlechterforschung. Theorie, Methoden, Empirie, Wiesbaden ²2008, S. 481–490.
Dubet, François: Les étapes des conduites marginales des jeunes depuis les années 30, in: Dieter Dowe (Hrsg.), Jugendprotest und Generationenkonflikt in Europa im 20. Jahrhundert. Deutschland, England, Frankreich und Italien im Vergleich. Vorträge eines internationalen Symposiums des Instituts für Sozialgeschichte Braunschweig-Bonn und der Friedrich-Ebert-Stiftung vom 17.–19. Juni 1985 in Braunschweig, Bonn 1986, S. 277–288.

Ehmer, Josef: Bevölkerungsgeschichte und historische Demographie 1800–2000, München 2004.
Des emplois pour les jeunes (Jobs for Youth), hrsg. von der Organisation for Economic Co-operation and Development France, Paris 2009.
Engelbrech, Gerhard/Reinberg, Alexander: Jugendliche. Im Sog der Arbeitsmarkt-Turbulenzen. Erwerbstätigkeit der 15- bis 24-Jährigen seit 1991 in Westdeutschland drastisch gesunken, in: IAB-Kurzbericht Nr. 5/1998, S. 3–8, http://doku.iab.de/kurzber/1998/kb0598.pdf [letzter Zugriff: 23. 3. 2012].
Enzelberger, Sabina: Sozialgeschichte des Lehrerberufs. Gesellschaftliche Stellung und Professionalisierung von Lehrerinnen und Lehrern von den Anfängen bis zur Gegenwart, Weinheim u. a. 2001.
Esch, Franzjosef: Berufsausbildung für besondere Zielgruppen: Die Benachteiligtenförderung im Strukturwandel, in: Berufsbildung – Kontinuität und Wandel. Festschrift zum 60. Geburtstag von Prof. Dr. Helmut Pütz, hrsg. vom Bundesinstitut für Berufsbildung, Bonn 2000, S. 169–178.
Expertentagung der AGJ zum Thema Jugendarbeitslosigkeit (8. 12. 1975), in: Forum Jugendhilfe 1/1976, S. 4–6.

Farin, Klaus (Red.), Jugend ohne Arbeit, Gelsenkirchen-Buer 1981.
Flaig, Gebhard/Rottmann, Horst: Arbeitsmarktinstitutionen und die langfristige Entwicklung der Arbeitslosigkeit. Empirische Ergebnisse für 19 OECD-Staaten, in: Thomas Raithel/Thomas Schlemmer (Hrsg.), Die Rückkehr der Arbeitslosigkeit. Die Bundesrepublik Deutschland im europäischen Kontext 1973 bis 1989, München 2009, S. 37–53.
Fourastié, Jean: Les Trente glorieuses ou la Révolution invisible de 1946 à 1975, Paris 1979.
Frackmann, Margit: Mittendrin und voll daneben. Jugend heute, Hamburg 1985.
Franz, Wolfgang: Youth Unemployment in the Federal Republic of Germany. Theory, Empirical Results and Policy Implications. An Economic Analysis, Tübingen 1982.
Franz, Wolfgang: Jugendarbeitslosigkeit: Eine kurze Episode oder eine permanente Gefahr, in: Wirtschaftsdienst 63 (1983), S. 139–142.
Fuchs, Ina: Wagnis Jugend. Zu Geschichte und Wirkung eines Forschungsinstituts 1949–1989, München 1990.
Fuchs, Johann/Söhnlein, Doris/Weber, Brigitte: Projektion des Arbeitskräfteangebots bis 2050. Rückgang und Alterung sind nicht mehr aufzuhalten, in: IAB-Kurzbericht Nr. 16/2011, S. 1–8, http://doku.iab.de/kurzber/2011/kb1611.pdf [letzter Zugriff: 23. 3. 2012].

Führ, Christoph: Zur deutschen Bildungsgeschichte seit 1945, in: Handbuch der deutschen Bildungsgeschichte, Bd. VI: 1945 bis zur Gegenwart, Erster Teilbd.: Bundesrepublik Deutschland, hrsg. von Christoph Führ und Carl-Ludwig Furck, München 1998, S. 1-24.

Fülbier, Paul: Jugendsozialarbeit, in: Handbuch der Kinder- und Jugendhilfe, hrsg. von Wolfgang Schröer, Norbert Struck und Mechthild Wolff, Weinheim/München 2002, S. 755-772.

Gallas, Andreas: Politische Interessenvertretung von Arbeitslosen. Eine theoretische und empirische Analyse, Köln 1994.

Gaul, Claus-Martin: Konjunkturprogramme in der Geschichte der Bundesrepublik Deutschland: Einordnung und Bewertung der Globalsteuerung von 1967 bis 1982 (Info-Brief des Wissenschaftlichen Dienstes des Deutschen Bundestags), Berlin 2009, http://www.bundestag.de/dokumente/analysen/2009/konjunkturprogramme.pdf [letzter Zugriff: 21.4.2012].

Gautié, Jérôme: Le chômage des jeunes en France, un problème de formation?, in: futuribles 186 (1994), S. 3-23.

Gautié, Jérome/Gazier, Bernard/Silvera, Rachel: Quelques expériences européennes des subventions à l'emploi. Le cas de la France, de l'Allemagne, du Royaume-Uni et de la Suède, in: Travail et emploi 59 (1994), S. 101-107.

Geißler, Heiner: Die Neue Soziale Frage. Analysen und Dokumente, Freiburg im Breisgau 1976.

Gerlach, Frank: Jugend ohne Arbeit und Beruf. Zur Situation Jugendlicher am Arbeitsmarkt, Frankfurt a. M./New York 1983.

Geschichte der Sozialpolitik in Deutschland seit 1945, hrsg. vom Bundesministerium für Arbeit und Soziales und vom Bundesarchiv:
– Bd. 1: Grundlagen der Sozialpolitik, Baden-Baden 2001;
– Bd. 5: 1966-1974: Bundesrepublik Deutschland. Eine Zeit vielfältigen Aufbruchs, hrsg. von Hans Günter Hockerts, Baden-Baden 2006;
– Bd. 6: 1974-1982: Bundesrepublik Deutschland. Neue Herausforderungen, wachsende Unsicherheiten, hrsg. von Martin H. Geyer, Baden-Baden 2008;
– Bd. 7: 1982-1989: Bundesrepublik Deutschland. Finanzielle Konsolidierung und institutionelle Reform, hrsg. von Manfred G. Schmidt, Baden-Baden 2005.

Gessat, Manfred: Ev. Kirche und Jugendarbeitslosigkeit. Was erwartet uns schon? – Erfahrungen aus Seminaren, in: b:e betrifft: erziehung 8 (1975/9), S. 45-49.

Geyer, Martin H.: Rahmenbedingungen: Unsicherheit als Normalität, in: Geschichte der Sozialpolitik in Deutschland seit 1945, Bd. 6: 1974-1982: Bundesrepublik Deutschland. Neue Herausforderungen, wachsende Unsicherheiten, hrsg. von Martin H. Geyer, Baden-Baden 2008, S. 1-109.

Giesbrecht, Arno: Jugend ohne Arbeit. Einführung in die Problematik und Hilfen für die Praxis, Frankfurt a. M. 1983.

Giesecke, Hermann: Wir wollen alles, und zwar subito. Ein Bericht über jugendliche Aussteiger, in: deutsche jugend 29 (1981), S. 251-266.

Gintzel, Ullrich: Einmischungsstrategie, in: Wolfgang Gernert (Hrsg.), Handwörterbuch Jugendhilfe und Sozialarbeit, Stuttgart u. a. 2001, S. 132-134.

Gravalas, Brigitte: Die beruflichen und sozialen Chancen ausländischer Jugendlicher – Integration oder Segregation, in: Dies./Frank Braun, Die beruflichen und sozialen Chancen ausländischer Jugendlicher. Integration oder Segregation. Eine Dokumentation, hrsg. vom Bundesinstitut für Berufsbildung (Berlin/Bonn) und Deutschen Jugendinstitut (München), München 1982.

Gravalas, Brigitte/Braun, Frank: Die beruflichen und sozialen Chancen ausländischer Jugendlicher. Integration oder Segregation. Eine Dokumentation, hrsg. vom Bundesinstitut für Berufsbildung (Berlin/Bonn) und Deutschen Jugendinstitut (München), München 1982.

Greinert, Wolf-Dietrich: Geschichte der Berufsausbildung in Deutschland, in: Rolf Arnold/Antonius Lipsmeier (Hrsg.), Handbuch der Berufsbildung, Opladen 1995, S. 409-417.

Greinert, Wolf-Dietrich (Hrsg.): Berufsqualifizierung und dritte Industrielle Revolution. Eine historisch-vergleichende Studie zur Entwicklung der klassischen Ausbildungssysteme, Baden-Baden 1999.

Grösch, Dieter/Del Tedesco, Klaus: Die Krise der Jugendzentren ist die Krise ihrer Theoretiker, in: deutsche jugend 24 (1976), S. 360-368.

Grossmann, Stefan/Meyer, Hans Ludwig: Berufsausbildung im Dualen System – eine lohnende Investition? Zur ökonomischen Rationalität der betrieblichen Ausbildungsbereitschaft, Frankfurt a. M. u. a. 2002.

Groth, Claus/Maenning, Wolfgang (Hrsg.): Strategien gegen Jugendarbeitslosigkeit im internationalen Vergleich. Auf der Suche nach den besten Lösungen, Frankfurt a. M. 2001.
Gütinger, Christoph: Erklärungsversuche der Jugendarbeitslosigkeit. Internationaler Vergleich, Aachen 1998.

Haar, Elke von der/Haar, Heinrich von der: Ausbildungskrise. Eine Bilanz von 10 Jahren Berufsbildung, Berlin 1986.
Handbuch der deutschen Bildungsgeschichte, Bd. VI: 1945 bis zur Gegenwart, Erster Teilbd.: Bundesrepublik Deutschland, hrsg. von Christoph Führ und Carl-Ludwig Furck, München 1998.
Hardes, Heinz-Dieter: Allgemeiner Kündigungsschutz in ausgewählten europäischen Ländern. Ein internationaler Vergleich aus theoretischer und empirischer Sicht, in: Jahrbuch für Sozialwissenschaft 44 (1993), S. 78-103.
Harten, Hans-Christian: Jugendarbeitslosigkeit in der EG, Frankfurt a. M./New York 1983.
Harvey, David: Kleine Geschichte des Neoliberalismus, Zürich 2007 [zuerst engl. 2005 unter dem Titel „A Brief History of Neoliberalism"].
Heinemann, Klaus: Arbeitslose Jugendliche. Ursachen und individuelle Bewältigung eines sozialen Problems. Eine empirische Untersuchung, Darmstadt/Neuwied 1978.
Heitmeyer, Wilhelm/Peter, Jörg-Ingo: Jugendliche Fußballfans. Soziale und politische Orientierungen, Gesellungsformen, Gewalt, Weinheim/München 1988.
Herrmann, Ulrich: Protestierende Jugend. Jugendopposition und politischer Protest in der deutschen Nachkriegsgeschichte, München 2002.
Hockerts, Hans Günter: Periodisierung des Gesamtwerks. Abgrenzung der Bände, in: Geschichte der Sozialpolitik in Deutschland seit 1945, Bd. 1: Grundlagen der Sozialpolitik, hrsg. von Hans Günter Hockerts, Baden-Baden 2001, S. 183-198.
Hockerts, Hans Günter: Vom Problemlöser zum Problemerzeuger? Der Sozialstaat im 20. Jahrhundert, in: Ders., Der deutsche Sozialstaat. Entfaltung und Gefährdung seit 1945, Göttingen 2011, S. 325-358 [zuerst in: Archiv für Sozialgeschichte 47 (2007), S. 3-29].
Hoffmann, Heinz (Bearb.): Die Bundesministerien 1949-1999. Bezeichnungen, amtliche Abkürzungen, Zuständigkeiten, Aufbauorganisation, Leitungspersonen, Koblenz 2003.
Hofstätter, Maria: Österreich, in: Ingo Richter/Sabine Sardei-Biermann (Hrsg.), Jugendarbeitslosigkeit. Ausbildungs- und Beschäftigungsprogramme in Europa, Opladen 2000, S. 173-195.
Hohenberger, Lydia/Maier, Friederike: Beschäftigungsgarantie für Jugendliche. Die schwedische Strategie zur Bekämpfung der Jugendarbeitslosigkeit, Berlin 1986.
Hohensee, Jens: Der erste Ölpreisschock 1973/74. Die politischen und gesellschaftlichen Auswirkungen der arabischen Erdölpolitik auf die Bundesrepublik Deutschland und Westeuropa, Stuttgart 1996.
Hornstein, Walter: Jugend als Problem. Analyse und pädagogische Perspektiven, in: Zeitschrift für Pädagogik 25 (1979), S. 671-696.
Hornstein, Walter: Jugendpolitik, in: Geschichte der Sozialpolitik in Deutschland seit 1945, Bd. 6: 1974-1982. Bundesrepublik Deutschland. Neue Herausforderungen, wachsende Unsicherheiten, hrsg. von Martin H. Geyer, Baden-Baden 2008, S. 667-684.
Hornstein, Walter/Lüders, Christian: Jugendberichterstattung zwischen Wissenschaft und Politik, in: Helmut Richter/Thomas Coelen (Hrsg.), Jugendberichterstattung. Politik, Forschung, Praxis, Weinheim/München 1997, S. 33-47.
Huber, Michel: Deutschland im Wandel. Geschichte der deutschen Bevölkerung seit 1815, Stuttgart 1998.
Hurrelmann, Klaus: Warteschleifen. Keine Berufs- und Zukunftsperspektiven für Jugendliche?, Weinheim/Basel 1989.

Ilsemann, Wilhelm von (Hrsg.): Jugend zwischen Anpassung und Ausstieg. Ein Symposium mit Jugendlichen und Vertretern aus Wissenschaft, Wirtschaft, Politik und Verwaltung vom 27. bis 30. 5. 1980 auf Schloß Gracht bei Köln (Jugendwerk der Deutschen Shell), Hamburg 1980.

Jablonka, Ivan: Les enfants de la République. L'intégration des jeunes de 1789 à nos jours, Paris 2010.
Jäger, Wolfgang/Link, Werner: Geschichte der Bundesrepublik Deutschland, Band 5.2: Republik im Wandel. 1974-1982. Die Ära Schmidt, Stuttgart/Mannheim 1987.

Jahoda, Marie: Wieviel Arbeit braucht der Mensch? Arbeit und Arbeitslosigkeit im 20. Jahrhundert, Weinheim 1983.
Jahoda, Marie/Lazarsfeld, Paul F./Zeisel, Hans: Die Arbeitslosen von Marienthal. Ein soziographischer Versuch über die Wirkungen langandauernder Arbeitslosigkeit. Mit einem Anhang zur Geschichte der Soziographie, Frankfurt a. M. ^{4}1982.
Jaksztat, Steffen: Der Beitrag der Sozialpsychologie zur Arbeitslosenforschung, in: Thomas Raithel/Thomas Schlemmer (Hrsg.), Die Rückkehr der Arbeitslosigkeit. Die Bundesrepublik Deutschland im europäischen Kontext 1973 bis 1989, München 2009, S. 137-148.
Jarausch, Konrad H.: Verkannter Strukturwandel. Die siebziger Jahre als Vorgeschichte der Probleme der Gegenwart, in: Ders. (Hrsg.), Das Ende der Zuversicht? Die siebziger Jahre als Geschichte, Göttingen 2008, S. 9-26.
Jarausch, Konrad H. (Hrsg.): Das Ende der Zuversicht? Die siebziger Jahre als Geschichte, Göttingen 2008.
Jugend, Bildung und Freizeit. Dritte Untersuchung zur Situation der Deutschen Jugend im Bundesgebiet, durchgeführt vom EMNID-Institut für Sozialforschung, hrsg. vom Jugendwerk der Deutschen Shell, Hamburg 1966.
Jugend '81: Lebensentwürfe, Alltagskulturen, Zukunftsbilder. Studie im Auftrag des Jugendwerks der Deutschen Shell, Bd. 1-3, hrsg. von Arthur Fischer, Hamburg 1981.
Jugend zwischen 13 und 24 – Vergleich über 20 Jahre, hrsg. vom Jugendwerk der Deutschen Shell, Hamburg 1975.
Jugendliche und Erwachsene '85. Generationen im Vergleich. Studie im Auftrag des Jugendwerks der Deutschen Shell, durchgeführt von Psydata, Institut für Marktanalysen, Sozial- und Mediaforschung GmbH, hrsg. vom Jugendwerk der Deutschen Shell, Bd. 1-5, Opladen 1985.

Kaelble, Hartmut: Sozialgeschichte Europas 1945 bis zur Gegenwart, München 2007.
Kaiser, Judith: Les jeunes: Banc d'essai de formes régressives d'emploi?, in: Cécile Baron/Elisabeth Dugué/Patrick Nivolle (Hrsg.), La place des jeunes dans la cité, Bd. I: De l'école à l'emploi, Paris 2005, S. 125-144.
Karr, Werner: Die Gründung des IAB im Jahre 1967, in: Christian Brinkmann/Werner Karr/Jürgen Kühl/Gerd Peters/Friedemann Stooß (Hrsg.), 40 Jahre IAB. Ein Rückblick auf Forschung und Politikberatung, Nürnberg 2007, S. 63-119.
Kilian, Jörg: Das alte Lied vom Reden und Handeln. Zur Rezeption parlamentarischer Kommunikationsprozesse in der parlamentarisch-demokratischen Öffentlichkeit der Bundesrepublik, in: Zeitschrift für Parlamentsfragen 27 (1996), S. 503-518.
Klages, Helmut: Traditionsbruch als Herausforderung. Perspektiven der Wertewandelsgesellschaft, Frankfurt a. M. 1993.
Klein, Markus/Falter, Jürgen W.: Der lange Weg der Grünen. Eine Partei zwischen Protest und Regierung, München 2003.
Klemm, Klaus: Jugendliche ohne Ausbildung. Die „Kellerkinder" der Bildungsexpansion, in: Zeitschrift für Pädagogik 37 (1991), S. 887-898.
Kocka, Jürgen: Mehr Last als Lust. Arbeit und Arbeitsgesellschaft in der europäischen Geschichte, in: Jahrbuch für Wirtschaftsgeschichte (2005/2), S. 185-206.
Koller, Martin/Kridde, Herbert/Masopust, Günter: Zur Struktur und Entwicklung regionaler Arbeitsmärkte, in: MittAB 18 (1985), S. 63-83.
Konzeptionen gegen Jugendarbeitslosigkeit. Beispiel: Hamburg-Wilhelmsburg. Eine Fallstudie im Rahmen der OECD-Untersuchung „Disadvantaged Youth in Depressed Urban Areas", erhoben von konsalt Forschung & Beratung, Hamburg, hrsg. vom Jugendwerk der Deutschen Shell, Opladen 1990.
Koselleck, Reinhart: Krise, in: Geschichtliche Grundbegriffe. Historisches Lexikon zur politisch-sozialen Sprache in Deutschland, hrsg. von Otto Brunner, Werner Conze und Reinhart Koselleck, Bd. 3: H-Me, Stuttgart 1982, S. 617-650.
Krafeld, Franz Josef: Die überflüssige Jugend der Arbeitsgesellschaft. Eine Herausforderung an die Pädagogik, Opladen 2000.
Kremser, André: Einflußfaktoren und Wirkungsbereiche eines flexiblen Ruhestandsalters. Eine Literaturanalyse mit Experteninterviews, Konstanz 1994.
Krise und Reform in der Industriegesellschaft, Bd. 1: Materialien der IG-Metall-Tagung vom 17. bis 19. Mai in Köln, Bd. 2: Protokoll der IG-Metall-Tagung vom 17. bis 19. Mai in Köln, Frankfurt a. M./Köln 1976.

Krüger, Jürgen/Pojana, Manfred/Richter, Roland: Lokale Handlungsebene und Jugendarbeitslosigkeit. Ein Forschungsbeitrag zur wohlfahrtsstaatlichen Dezentralisierungsdebatte, München 1990.

Kruse, Wilfried: Jugend: Von der Schule in die Arbeitswelt. Bildungsmanagement als kommunale Aufgabe, Stuttgart 2010.

Kühl, Jürgen (Hrsg.): Chronik zur Arbeitsmarktpolitik, in: MittAB (1987), S. 119-127, 252-260, 374-384 und 497-505.

Kühl, Jürgen (Hrsg.): Chronik zur Arbeitsmarktpolitik, in: MittAB (1988), S. 164-175, 316-326, 434-452 und 536-544.

Kuhlwein, Eckart: Verdrossenheit der Jugendlichen über den heutigen Staat?, in: Wilhelm von Ilsemann (Hrsg.), Jugend zwischen Anpassung und Ausstieg. Ein Symposium mit Jugendlichen und Vertretern aus Wissenschaft, Wirtschaft, Politik und Verwaltung vom 27. bis 30. 5. 1980 auf Schloß Gracht bei Köln (Jugendwerk der Deutschen Shell), Hamburg 1980, S. 173-179.

Lappe, Lothar: Jugendliche in der Berufsbildung, in: Rolf Arnold/Antonius Lipsmeier (Hrsg.), Handbuch der Berufsbildung, Opladen 1995, S. 68-74.

Lattard, Alain: Das Prinzip Alternanz. Zum Versuch der Modernisierung des bürokratischen Ausbildungsmodells, in: Wolf-Dietrich Greinert (Hrsg.), Berufsqualifizierung und dritte Industrielle Revolution. Eine historisch-vergleichende Studie zur Entwicklung der klassischen Ausbildungssysteme, Baden-Baden 1999, S. 120-131.

Laturner, Sybille: Die Bundesanstalt zur Verschleierung von Arbeitslosigkeit, in: Dies./Bernhard Schön (Hrsg.), Jugendarbeitslosigkeit. Materialien und Analysen zu einem neuen Problem, Reinbek bei Hamburg 1975, S. 72-81.

Laturner, Sybille/Schön, Bernhard (Hrsg.): Jugendarbeitslosigkeit. Materialien und Analysen zu einem neuen Problem, Reinbek bei Hamburg 1975.

Lefresne, Florence: Die Eingliederung von Jugendlichen im Vereinigten Königreich, in: Berufsbildung 2 (1994), S. 50-54.

Leggewie, Claus: Propheten ohne Macht. Die neuen sozialen Bewegungen in Frankreich zwischen Resignation und Fremdbestimmung, in: Karl-Werner Brand (Hrsg.), Neue soziale Bewegungen in Westeuropa und den USA. Ein internationaler Vergleich, Frankfurt a. M./New York 1985, S. 83-139.

Lenhardt, Gero (Hrsg.): Der hilflose Sozialstaat. Jugendarbeitslosigkeit und Politik, Frankfurt a. M. 1979.

Lindner, Werner: Jugendproteste und Jugendkonflikte, in: Roland Roth/Dieter Rucht (Hrsg.), Die sozialen Bewegungen in Deutschland seit 1945. Ein Handbuch, Frankfurt a. M./New York 2008, S. 557-571.

Lipsmeier, Antonius: Berufsbildung, in: Handbuch der deutschen Bildungsgeschichte, Bd. VI: 1945 bis zur Gegenwart, Erster Teilbd.: Bundesrepublik Deutschland, hrsg. von Christoph Führ und Carl-Ludwig Furck, München 1998, S. 447-489.

Lutz, Burkart: Der kurze Traum immerwährender Prosperität: Eine Neuinterpretation der industriell-kapitalistischen Entwicklung im Europa des 20. Jahrhunderts, Frankfurt a. M. 1984.

Mackscheidt, Klaus/Gretschmann, Klaus: Beschäftigungsselbsthilfe bei Jugendlichen. Eine ökonomische und finanzwissenschaftliche Wirkungsanalyse, Baden-Baden 1989.

Magenau, Jörg: Die taz. Eine Zeitung als Lebensform, München 2007.

Manfrass, Klaus: Türken in der Bundesrepublik, Nordafrikaner in Frankreich. Ausländerproblematik im deutsch-französischen Vergleich, Bonn/Berlin 1991.

Markefka, Manfred: Jugend und Jugendforschung in der Bundesrepublik, in: Ders./Rosemarie Nave-Herz (Hrsg.), Handbuch der Familien- und Jugendforschung, Bd. 2: Jugendforschung, Neuwied/Frankfurt a. M. 1989, S. 19-40.

Mattes, Monika: Ambivalente Aufbrüche. Frauen, Familie und Arbeitsmarkt zwischen Konjunktur und Krise, in: Konrad H. Jarausch (Hrsg.), Das Ende der Zuversicht? Die siebziger Jahre als Geschichte, Göttingen 2008, S. 215-228.

Matthes, Joachim (Hrsg.): Krise der Arbeitsgesellschaft? Verhandlungen des 21. Deutschen Soziologentages in Bamberg 1982, Frankfurt a. M. 1983.

Maurel, Elisabeth: Les politiques de la jeunesse à l'épreuve de la question sociale, in: Cécile Baron/Elisabeth Dugué/Patrick Nivolle (Hrsg.), La place des jeunes dans la cité, Bd. I: De l'école à l'emploi, Paris 2005, S. 17-27.

Mayer, Hans-Ludwig: Entwicklung und Struktur der Erwerbslosigkeit. Ergebnisse des Mikrozensus und der EG-Arbeitskräftestichprobe, in: Wirtschaft und Statistik 1990, S. 16–30.
Mehnert, Klaus: Jugend im Zeitbruch. Woher – wohin?, Stuttgart 1976.
Meijers, Frans/Janssen, Vincent: Niederlande, in: Ingo Richter/Sabine Sardei-Biermann (Hrsg.), Jugendarbeitslosigkeit. Ausbildungs- und Beschäftigungsprogramme in Europa, Opladen 2000, S. 79–98.
Mertens, Dieter: Das Qualifikationsparadox. Bildung und Beschäftigung bei kritischen Arbeitsmarktperspektiven, in: Zeitschrift für Pädagogik 30 (1984), S. 439–555.
Metzler, Gabriele: Am Ende aller Krisen? Politisches Denken und Handeln in der Bundesrepublik der sechziger Jahre, in: Historische Zeitschrift 275 (2002), S. 57–103.
Miard-Delacroix, Hélène: Im Zeichen der europäischen Einigung. 1963 bis in die Gegenwart, Darmstadt 2011 (WBG Deutsch-Französische Geschichte, 11).
Mitterauer, Michael: Sozialgeschichte der Jugend, Frankfurt a. M. 1986.
Moser, Klaus/Paul, Karsten: Arbeitslosigkeit und seelische Gesundheit, in: Verhaltenstherapie & psychosoziale Praxis 33 (2001), S. 431–442.
Mückenberger, Ulrich: Die Krise des Normalarbeitszeitverhältnisses, in: Mitteilungsblatt der zentralen wissenschaftlichen Einrichtung „Arbeit und Betrieb" (1985/11–12), S. 3–36.
Müller-Schöll, Albrecht: Handlungsfeld Jugendsozialarbeit, in: Arbeitsgemeinschaft für Jugendhilfe/ Deutsches Jugendinstitut (Hrsg.), Der Jugend eine Zukunft sichern. Jugendhilfe im Nachkriegsdeutschland zwischen Anpassung und Parteilichkeit, Münster 1991, S. 50–58.
Musolff, Andreas: Bürgerkriegs-Szenarios und ihre Folgen. Die Terrorismusdebatte in der Bundesrepublik 1970–1993, in: Wolfgang Kraushaar (Hrsg.), Die RAF und der linke Terrorismus, Bd. 2, Hamburg 2006, S. 1171–1184.
Mut zur Erziehung. Beiträge zu einem Forum am 9./10. Jan. 1978 im Wissenschafts-Zentrum Bonn-Bad Godesberg, Stuttgart 1979.

Neumann, Wolfgang: Banlieue. Krise und Reformfähigkeit eines Integrationsmodells, in: Joachim Schild/Henrik Uterwedde (Hrsg.), Die verunsicherte Französische Republik. Wandel der Strukturen, der Politik – und der Leitbilder?, Baden-Baden 2009, S. 139–162.
Noin, Daniel/Chauviré, Yvan: La population de la France, Paris ^{7}2004.

Ochel, Wolfgang: Jugend auf der Verliererstraße, in: ifo-Schnelldienst 54 (10/2001), S. 31f., http://www.cesifo-group.de/pls/guest/download/ifo%20Schnelldienst/ifo%20Schnelldienst%202001/ifosd_2001_10_6.pdf [letzter Zugriff: 21. 4. 2012].
O'Higgins, Niall: Die Herausforderung der Jugendarbeitslosigkeit, in: Internationale Revue für Soziale Sicherheit 50 (1997), S. 67–100.
O'Higgins, Niall: Youth Unemployment and Employment Policy. A Global Perspective, Genf 2001.
Ostkämper, Frodo: „Wenn Ihr Interesse für Erziehung mehr ist als eine Eintagsfliege ...": zum Zusammenspiel von antiautoritärer Erziehung und Bildungsreform im Spiegel der Zeitschrift betrifft: erziehung, in: Meike Sophia Baader (Hrsg.), „Seid realistisch, verlangt das Unmögliche": Wie 1968 die Pädagogik bewegte, Weinheim u. a. 2008.

Pankoke, Eckart: Die Arbeitsfrage. Arbeitsmoral, Beschäftigungskrisen und Wohlfahrtspolitik im Industriezeitalter, Frankfurt a. M. 1990.
Petzold, Hans-Joachim: Jugendarbeitslosigkeit/Berufsbildung. Verordnete Hoffnung, in: b:e betrifft: erziehung 8 (1975/9), S. 28f.
Peukert, Detlev J. K./Münchmeier, Richard: Historische Entwicklungsstrukturen und Grundprobleme der Deutschen Jugendhilfe, in: Detlev J. K. Peukert (Hrsg.), Jugendhilfe – Historischer Rückblick und neuere Entwicklungen. Materialien zum 8. Jugendbericht, Bd. 1, Weinheim/München 1990, S. 1–49.
Picht, Georg: Die deutsche Bildungskatastrophe. Analyse und Dokumentation, Freiburg 1964.
Pilnei, Marion: Kommunale Berufsbildungspolitik. Maßnahmen der Kommunen gegen Jugendarbeitslosigkeit als Reform von unten, Weinheim/München 1990.
Projektgruppe „Arbeitslosigkeit Jugendlicher" in der Bundesanstalt für Arbeit: Jugendliche beim Übergang in Ausbildung und Beruf, Nürnberg 1980.
Prollius, Michael von: Deutsche Wirtschaftsgeschichte nach 1945, Göttingen 2006.

Promberger, Markus: Das Beschäftigungsmotiv in der Arbeitszeitpolitik, in: Thomas Raithel/Thomas Schlemmer (Hrsg.), Die Rückkehr der Arbeitslosigkeit. Die Bundesrepublik Deutschland im europäischen Kontext 1973 bis 1989, München 2009, S. 161-173.

Raithel, Thomas: Jugendarbeitslosigkeit in der Bundesrepublik Deutschland und in Frankreich in den 1970er und 1980er Jahren, in: Ders./Thomas Schlemmer (Hrsg.), Die Rückkehr der Arbeitslosigkeit. Die Bundesrepublik Deutschland im europäischen Kontext 1973 bis 1989, München 2009, S. 67-80.

Raithel, Thomas: Neue Technologien: Produktionsprozesse und Diskurse, in: Ders./Andreas Rödder/Andreas Wirsching (Hrsg.), Auf dem Weg in eine neue Moderne? Die Bundesrepublik Deutschland in den siebziger und achtziger Jahren, München 2009, S. 31-44.

Raithel, Thomas: Der Glaube an die Planbarkeit. Arbeitsmarkt und Arbeitsmarktpolitik der 1960er Jahre in der Bundesrepublik Deutschland und in Frankreich, in: Bernhard Gotto/Horst Möller/Jean Mondot/Nicole Pelletier (Hrsg.), Krisen und Krisenbewusstsein in Deutschland und Frankreich in den 1960er Jahren, München 2012, S. 139-152.

Raithel, Thomas/Rödder, Andreas/Wirsching, Andreas: Einleitung, in: Dies. (Hrsg.), Auf dem Weg in eine neue Moderne? Die Bundesrepublik Deutschland in den siebziger und achtziger Jahren, München 2009, S. 7-14.

Raithel, Thomas/Rödder, Andreas/Wirsching, Andreas (Hrsg.): Auf dem Weg in eine neue Moderne? Die Bundesrepublik Deutschland in den siebziger und achtziger Jahren, München 2009.

Raithel, Thomas/Schlemmer, Thomas (Hrsg.): Die Rückkehr der Arbeitslosigkeit. Die Bundesrepublik Deutschland im europäischen Kontext 1973 bis 1989, München 2009.

Rathgeber, Richard: Die Shell-Studie als Perspektivenwechsel, in: Deutsches Jugendinstitut (Hrsg.), Die neue Jugenddebatte. Was gespielt wird und um was es geht. Schauplätze und Hintergründe, München 1982, S. 47-57.

Reh, Sabine/Schelle, Carla: Schule als Lebensbereich der Jugend, in: Uwe Sander/Ralf Vollbrecht (Hrsg.), Jugend im 20. Jahrhundert. Sichtweisen – Orientierungen – Risiken, Neuwied/Berlin 2000, S. 158-175.

Reibold, Dieter K.: Die Berufsausbildung in Europa – ein internationaler Vergleich. Ein Kurzüberblick über die allgemeine und berufliche Bildung in über 25 Staaten Europas, Renningen-Malsheim 1997.

Reichardt, Sven: Große und Sozialliberale Koalition (1966-1974), in: Roland Roth/Dieter Rucht (Hrsg.), Die sozialen Bewegungen in Deutschland seit 1945. Ein Handbuch, Frankfurt a. M. 2008, S. 71-91.

Rein, Harald: Proteste von Arbeitslosen, in: Roland Roth/Dieter Rucht (Hrsg.), Die sozialen Bewegungen in Deutschland seit 1945. Ein Handbuch, Frankfurt a. M. 2008, S. 593-611.

Reubens, Beatrice G./Harrison, John A./Rupp, Kalman: The Youth Labor Force 1945-1995. A Crossnational Analysis, Totowa (New Jersey) 1981.

Reuter, Lutz R.: Partizipation im Schulsystem, in: Handbuch der deutschen Bildungsgeschichte, Bd. VI: 1945 bis zur Gegenwart, Erster Teilbd.: Bundesrepublik Deutschland, hrsg. von Christoph Führ und Carl-Ludwig Fuchs, München 1998, S. 260-264.

Richter, Claus: Uneingelöste Versprechen, oder: Wie eine Generation im Stich gelassen wird, in: Ders. (Hrsg.), Die überflüssige Generation. Jugend zwischen Apathie und Aggression, Königstein im Taunus 1979, S. 3-9.

Richter, Claus (Hrsg.): Die überflüssige Generation. Jugend zwischen Apathie und Aggression, Königstein im Taunus 1979.

Richter, Ingo/Sardei-Biermann, Sabine (Hrsg.): Jugendarbeitslosigkeit. Ausbildungs- und Beschäftigungsprogramme in Europa, Opladen 2000.

Roberts, Ken, Großbritannien, in: Ingo Richter/Sabine Sardei-Biermann (Hrsg.), Jugendarbeitslosigkeit. Ausbildungs- und Beschäftigungsprogramme in Europa, Opladen 2000, S. 57-78.

Rödder, Andreas: Die Bundesrepublik Deutschland. 1969-1990, München 2004.

Rohstock, Anne: 1965 – ist Bildung Bürgerrecht? Wege zur Bildungsexpansion im doppelten Deutschland, in: Udo Wengst/Hermann Wentker (Hrsg.), Das doppelte Deutschland. 40 Jahre Systemkonkurrenz, Berlin 2008, S. 135-159.

Roth, Lutz: Die Erfindung des Jugendlichen, München 1983.

Roth, Roland: Neue soziale Bewegungen in der politischen Kultur der Bundesrepublik – eine vorläufige Skizze, in: Karl-Werner Brand (Hrsg.), Neue soziale Bewegungen in Westeuropa und den USA. Ein internationaler Vergleich, Frankfurt a. M./New York 1985, S. 20-82.

Rucht, Dieter: Das alternative Milieu in der Bundesrepublik. Ursprünge, Infrastruktur und Nachwirkungen, in: Sven Reichardt/Detlef Siegfried (Hrsg.), Das alternative Milieu. Antibürgerlicher Lebensstil und linke Politik in der Bundesrepublik Deutschland und Europa, 1968–1983, Göttingen 2010, S. 61-86.

Ruck, Michael: Ein kurzer Sommer der konkreten Utopie – Zur westdeutschen Planungsgeschichte der langen 60er Jahre, in: Axel Schildt/Detlef Siegfried/Karl Christian Lammers (Hrsg.), Dynamische Zeiten. Die 60er Jahre in den beiden deutschen Gesellschaften, Hamburg 2000, S. 362-401.

Rudloff, Wilfried: Behinderte und Behindertenpolitik in der „Krise der Arbeitsgesellschaft", in: Thomas Raithel/Thomas Schlemmer (Hrsg.), Die Rückkehr der Arbeitslosigkeit. Die Bundesrepublik Deutschland im europäischen Kontext 1973 bis 1989, München 2009, S. 95-106.

Salverda, Wiemer: Youth Unemployment Dynamics of the Dutch Labour Market 1955-1988, Groningen 1992.

Sander, Uwe/Vollbrecht, Ralf: Jugend, in: Handbuch der deutschen Bildungsgeschichte, Bd. VI: 1945 bis zur Gegenwart, Erster Teilbd.: Bundesrepublik Deutschland, hrsg. von Christoph Führ und Carl-Ludwig Fuchs, München 1998, S. 159-216.

Sander, Uwe/Vollbrecht, Ralf (Hrsg.): Jugend im 20. Jahrhundert. Sichtweisen – Orientierungen – Risiken, Neuwied/Berlin 2000.

Sauer, Dieter: Die Zukunft der Arbeitsgesellschaft. Soziologische Deutungen in zeithistorischer Perspektive, in: Vierteljahreshefte für Zeitgeschichte 55 (2007), S. 309-328.

Schäfer, Heiner (Hrsg.): Die Herabsetzung der Volljährigkeit: Anspruch und Konsequenzen. Eine Dokumentation, München 1977.

Schäfer, Klaus: 8. Jugendbericht. Über Bestrebungen und Leistungen der Jugendhilfe, in: deutsche jugend 38 (1990), S. 302-305.

Schanetzky, Tim: Die große Ernüchterung. Wirtschaftspolitik, Expertise und Gesellschaft in der Bundesrepublik 1966-1982, Berlin 2007.

Scheffler, Albert Cornelius: „Jugendsekten" in Deutschland. Öffentliche Meinung und Wirklichkeit. Eine religionswissenschaftliche Untersuchung, Frankfurt a. M. u. a. 1993.

Schelsky, Helmut: Die skeptische Generation. Eine Soziologie der deutschen Jugend, Düsseldorf 1957.

Scherr, Albert: Jugendsoziologie. Einführung in Grundlagen und Theorien, Wiesbaden ^{9}2008.

Scheuch, Erwin K.: Untersuchungen über die heutige Situation der deutschen Jugend, in: Kölner Zeitschrift für Soziologie und Sozialpsychologie 8 (1956), S. 124-142.

Schewe, Egon: Selbstverwaltete Jugendzentren: Entwicklung, Konzept u. Bedeutung d. Jugendzentrumsbewegung, Bielefeld 1980.

Schierholz, Henning: Abschied von der Jugendhilferechtsreform?, in: deutsche jugend 28 (1980), S. 7f.

Schierholz, Henning: Strategien gegen Jugendarbeitslosigkeit. Zur Ausbildungs- und Berufsintegration von Jugendlichen mit schlechteren Startchancen, Hannover 2001.

Schildt, Axel: „Die Kräfte der Gegenreformation sind auf breiter Front angetreten". Zur konservativen Tendenzwende in den 1970er Jahren, in: Archiv für Sozialgeschichte 44 (2004), S. 449-478.

Schildt, Axel: Between Marx and Coca-Cola. Youth Cultures in Changing European Societies, 1960–1980, New York 2006.

Schildt, Axel: Die Sozialgeschichte der Bundesrepublik Deutschland bis 1989/90, München 2007.

Schlemmer, Thomas: Abseits der Arbeitsgesellschaft. Langzeitarbeitslosigkeit in der Bundesrepublik Deutschland und in Italien, in: Thomas Raithel/Thomas Schlemmer (Hrsg.), Die Rückkehr der Arbeitslosigkeit. Die Bundesrepublik Deutschland im europäischen Kontext 1973 bis 1989, München 2009, S. 81-94.

Schmid, Günther/Oschmiansky, Frank: Arbeitsmarktpolitik und Arbeitslosenversicherung, in: Geschichte der Sozialpolitik in Deutschland seit 1945, Bd. 7: 1982-1989. Bundesrepublik Deutschland. Finanzielle Konsolidierung und institutionelle Reform, hrsg. von Manfred G. Schmidt, Baden-Baden 2005, S. 237-287.

Schmid, Günther/Oschmiansky, Frank: Arbeitsmarktpolitik und Arbeitslosenversicherung, in: Geschichte der Sozialpolitik in Deutschland seit 1945, Bd. 6: 1974-1982. Bundesrepublik Deutschland. Neue Herausforderungen, wachsende Unsicherheiten, hrsg. von Martin H. Geyer, Baden-Baden 2008, S. 311-363.

Schmidt, Hermann/Pütz, Helmut/Kremer, Manfred: Wer wir waren – wer wir sind – was wir wollen, in: 40 Jahre BIBB. 40 Jahre Forschen – Beraten – Zukunft gestalten, hrsg. vom Bundesinstitut für Berufsbildung, Bonn 2010, S. 20–58.

Schmidt, Manfred G.: Sozialpolitik in Deutschland. Historische Entwicklung und internationaler Vergleich, Wiesbaden ³2005.

Schmidt, Manfred G.: Die Politik des mittleren Weges. Die Wirtschafts- und Sozialpolitik der Bundesrepublik Deutschland im internationalen Vergleich, in: Jürgen Osterhammel/Dieter Langewiesche/Paul Nolte (Hrsg.), Wege der Gesellschaftsgeschichte, Göttingen 2006, S. 239–252.

Schmidt, Manfred G.: Zwischen Ausbaureformen und Sanierungsbedarf: Die Sozialpolitik der siebziger und achtziger Jahre, in: Thomas Raithel/Andreas Rödder/Andreas Wirsching (Hrsg.), Auf dem Weg in eine neue Moderne? Die Bundesrepublik Deutschland in den siebziger und achtziger Jahren, München 2009, S. 131–139.

Schmuhl, Hans-Walter: Arbeitsmarktpolitik und Arbeitsverwaltung in Deutschland 1871–2002 zwischen Fürsorge, Hoheit und Markt, Nürnberg 2003.

Schober, Karen: Was kommt danach? Eine Untersuchung über den Verbleib der Teilnehmer an Maßnahmen zur Berufsvorbereitung und sozialen Eingliederung junger Ausländer (MBSE) des Lehrgangsjahres 1980/81 ein Jahr später, in: MittAB 16 (1983), S. 137–152.

Schober, Karen: Aktuelle Trends und Strukturen auf dem Teilarbeitsmarkt für Jugendliche, in: MittAB 19 (1986), S. 365–370.

Schober, Karen: Die soziale und psychische Lage arbeitsloser Jugendlicher, in: MittAB 20 (1987), S. 453–478.

Schober, Karen: Ausbildungs- und Beschäftigungssituation Jugendlicher, in: Informationen für die Beratungs- und Vermittlungsdienste der Bundesanstalt für Arbeit Nr. 34 (1988), S. 1653–1656.

Schober, Karen/Hochgürtel, Gerhard: Bewältigung der Krise oder Verwaltung des Mangels? Die staatlichen Maßnahmen zur Bekämpfung der Jugendarbeitslosigkeit 1974–1979, Bonn 1980.

Schön, Bernhard u.a.: Politische Bildung mit arbeitslosen Jugendlichen, in: deutsche jugend 23 (1975), S. 159–168.

Scholten, Helga: Einführung in die Thematik. Wahrnehmung und Krise, in: Dies. (Hrsg.), Die Wahrnehmung von Krisenphänomenen. Fallbeispiele von der Antike bis in die Neuzeit, Köln u.a. 2007, S. 5–11.

Schröder, Helmut: Jugend und Modernisierung. Strukturwandel der Jugendphase und Statuspassagen auf dem Weg zum Erwachsensein, Weinheim/München 1995.

Schroeder, Joachim/Thielen, Marc: Das Berufsvorbereitungsjahr. Eine Einführung, Stuttgart 2009.

Schulze, Gerhard: Krisen. Das Alarmdilemma, Frankfurt a.M. 2011.

Schwab, Karl: Jugendarbeitslosigkeit – was kann, was muß man tun?, in: Gewerkschaftliche Monatshefte 26 (1975), S. 521–526.

Siegfried, Detlef: Time is on my side. Konsum und Politik in der westdeutschen Jugendkultur der 60er Jahre, Göttingen 2006.

Siegfried, Detlef: „Einstürzende Neubauten". Wohngemeinschaften, Jugendzentren und private Präferenzen kommunistischer „Kader" als Formen jugendlicher Subkultur, in: Sven Reichardt/Detlef Siegfried (Hrsg.), Das alternative Milieu. Antibürgerlicher Lebensstil und linke Politik in der Bundesrepublik Deutschland und Europa, 1968–1983, Göttingen 2010, S. 39–66.

Silberman, Roxane/Fournier, Irène: Les enfants d'immigrés sur le marché du travail. Les mécanismes d'une discrimination sélective, in: Formation emploi 65 (1999), S. 31–55.

Sirinelli, Jean-François: Les jeunes, in: Jean-Pierre Rioux/Jean François Sirinelli (Hrsg.), La France d'un siècle à l'autre 1914–2000. Dictionnaire critique, Paris 1999, S. 435–442.

Sirinelli, Jean-François: Les baby-boomers. Une génération. 1945–1969, Paris 2003.

Stambolis, Barbara: Mythos Jugend. Leitbild und Krisensymptom. Ein Aspekt der politischen Kultur im 20. Jahrhundert, Schwalbach im Taunus 2003.

Steimen Grandl, Brigitte/Hildebrand Alberti, Franziska: Schweiz, in: Ingo Richter/Sabine Sardei-Biermann (Hrsg.), Jugendarbeitslosigkeit. Ausbildungs- und Beschäftigungsprogramme in Europa, Opladen 2000, S. 145–171.

Stelzl, Hans-Joachim: Die Diskussion um das Berufsbildungs- und das Ausbildungsplatzförderungsgesetz, Bonn 1976.

Stooß, Friedemann: Jugendarbeitslosigkeit. Entstehung, Abläufe, Strukturen und Wege zum Abbau der Probleme, in: Aus Politik und Zeitgeschichte 38 (1982), S. 33–46.

Süß, Winfried: Der keynesianische Traum und sein langes Ende. Sozioökonomischer Wandel und Sozialpolitik in den siebziger Jahren, in: Konrad H. Jarausch (Hrsg.), Das Ende der Zuversicht? Die siebziger Jahre als Geschichte, Göttingen 2008, S. 120-137.

Süß, Winfried: Massenarbeitslosigkeit, Armut und die Krise der sozialen Sicherung seit den 1970er Jahren. Großbritannien und die Bundesrepublik Deutschland im Vergleich, in: Thomas Raithel/Thomas Schlemmer (Hrsg.), Die Rückkehr der Arbeitslosigkeit. Die Bundesrepublik Deutschland im europäischen Kontext 1973 bis 1989, München 2009, S. 55-66.

Süß, Winfried: Umbau am „Modell Deutschland". Sozialer Wandel, ökonomische Krise und wohlfahrtsstaatliche Reformpolitik in der Bundesrepublik „nach dem Boom", in: Journal of Modern European History 9 (2011/12), S. 215-240.

Süß, Winfried/Süß, Dietmar: Zeitgeschichte der Arbeit: Beobachtungen und Perspektiven, in: Knud Andresen/Ursula Bitzegeio/Jürgen Mittag (Hrsg.), „Nach dem Strukturbruch"? Kontinuität und Wandel von Arbeitsbeziehungen und Arbeitswelt(en) seit den 1970er-Jahren, Bonn 2011, S. 345-365.

Templin, David: „Lehrzeit – keine Leerzeit!". Die Lehrlingsbewegung in Hamburg 1968-1972, München/Hamburg 2011.

Tessaring, Manfred: Übergänge aus der Ausbildung in das Erwerbsleben im intergenerativen Vergleich, in: Christian Brinkmann/Karen Schober (Hrsg.), Erwerbsarbeit und Arbeitslosigkeit im Zeichen des Strukturwandels. Chancen und Risiken am Arbeitsplatz, Nürnberg 1992, S. 41-70.

Tham, Barbara: Jugendarbeitslosigkeit in der europäischen Union. Integration oder Marginalisierung?, Bonn 1999.

Theußen, Karl-Heinz: Arbeitsmarkt- und Beschäftigungspolitik in Europa – ein Überblick, in: Jugend, Beruf, Gesellschaft 41/1 (1990), S. 23-27.

Thränhardt, Dietrich: Die Lebenslage der ausländischen Bevölkerung in der Bundesrepublik Deutschland, in: Aus Politik und Zeitgeschichte 35 (1995), S. 3-13.

Troger, Vincent: Die Integration der beruflichen Bildung Jugendlicher in das französische Schulsystem: der Staat im Dienste der Unternehmen, in: Berufsbildung. Europäische Zeitschrift 31 (2004), S. 12-18.

Ungemuth, Nicolas: The Sex Pistols, Paris 1996.

Villey, Oliver: Die staatliche Politik zur beruflichen Eingliederung Jugendlicher, in: Peter Auer/Jürgen Kühl/Margaret Maruani/Emmanuèle Reynaud (Hrsg.), Beschäftigungspolitik und Arbeitsmarktforschung im deutsch-französischen Dialog, Nürnberg 1990, S. 141-152.

Volmer, Ludger: Die Grünen. Von der Protestbewegung zur etablierten Partei – Eine Bilanz, München 2009.

Wacker, Alois: Arbeitslosigkeit als Thema der Sozialwissenschaften. Geschichte, Fragestellungen und Aspekte der Arbeitslosenforschung, in: Thomas Raithel/Thomas Schlemmer (Hrsg.), Die Rückkehr der Arbeitslosigkeit. Die Bundesrepublik Deutschland im europäischen Kontext 1973 bis 1989, München 2009, S. 121-135.

Wagner-Winterhager, Luise: Das Bedürfnis nach einem lebendigen Leben. Warum steigen viele Jugendliche aus, in: deutsche jugend 29 (1981), S. 353-359.

Wallenborn, Manfred: Jugendarbeitslosigkeit BRD – Spanien. Ein Vergleich unter Berücksichtigung staatlicher Lösungsansätze, Frankfurt a. M. 1987.

Weinhauer, Klaus: Heroinszenen in der Bundesrepublik Deutschland und in Großbritannien der siebziger Jahre. Konsumpraktiken zwischen staatlichen, medialen und zivilgesellschaftlichen Einflüssen, in: Sven Reichardt/Detlef Siegfried (Hrsg.), Das alternative Milieu. Antibürgerlicher Lebensstil und linke Politik in der Bundesrepublik Deutschland und Europa, 1968–1983, Göttingen 2010, S. 244-264.

Werding, Martin: Einbahnstraße in die Beschäftigungskrise? Arbeitsmarktentwicklung und Arbeitsmarktinstitutionen in den OECD-Staaten nach 1960, in: Thomas Raithel/Thomas Schlemmer (Hrsg.), Die Rückkehr der Arbeitslosigkeit. Die Bundesrepublik Deutschland im europäischen Kontext 1973 bis 1989, München 2009, S. 23-36.

Werner, Heinz: Integration ausländischer Arbeitnehmer in den Arbeitsmarkt – Deutschland, Frankreich, Niederlande, Schweden (World Employment Programme Working Paper), Genf 1993.

Werner, Heinz: Integration ausländischer Arbeitnehmer in den Arbeitsmarkt. Vergleich von Frankreich, Deutschland, Niederlande und Schweden, in: MittAB 26 (1993), S. 348–361.

Werner, Rudolf/Clauß, Thomas: Die Beschäftigungslage der Jugendlichen mit und ohne Berufsausbildung. Eine Analyse anhand sekundärstatistischer Daten, hrsg. vom Bundesinstitut für Berufsbildung, Berlin/Bonn 1986.

Werquin, Patrick: Frankreich, in: Ingo Richter/Sabine Sardei-Biermann (Hrsg.), Jugendarbeitslosigkeit. Ausbildungs- und Beschäftigungsprogramme in Europa, Opladen 2000, S. 27–56.

Wiesner, Reinhard: Der mühsame Weg zu einem neuen Jahrhunderthilfegesetz. Zur Geschichte der Neuordnung des Jugendhilferechts, in: Recht der Jugend und des Bildungswesens 38 (1990), S. 112–125.

Wiethold, Franziska: Jugendarbeitslosigkeit – die konjunkturellen und strukturellen Probleme aus gewerkschaftlicher Sicht, in: Gewerkschaftliche Monatshefte 26 (1975), S. 538–550.

Wihtol de Wenden, Catherine: Frankreich, in: Hubert Heinelt (Hrsg.), Zuwanderungspolitik in Europa. Nationale Politiken – Gemeinsamkeiten und Unterschiede, Opladen 1994, S. 255–271.

Wirsching, Andreas: Abschied vom Provisorium. 1982-1990, München 2006.

Wirsching, Andreas: Erwerbsbiographien und Privatheitsformen: Die Entstandardisierung von Lebensläufen, in: Thomas Raithel/Andreas Rödder/Andreas Wirsching (Hrsg.), Auf dem Weg in eine neue Moderne? Die Bundesrepublik Deutschland in den siebziger und achtziger Jahren, München 2009, S. 83–97.

Wirsching, Andreas: Konsum statt Arbeit? Zum Wandel von Individualität in der modernen Massengesellschaft, in: Vierteljahrshefte für Zeitgeschichte 57 (2009), S. 171–199.

Wirsching, Andreas: Der Preis der Freiheit. Geschichte Europas in unserer Zeit, München 2012.

Wolf, Frieder Otto: Beginn eines erfolgreichen politischen Gegen-Handelns. Arbeitspolitische Konsequenzen aus dem Scheitern der „Villepin-Reform" in Frankreich, in: Gerd Peter (Hrsg.), Grenzkonflikte der Arbeit. Die Herausbildung einer neuen europäischen Arbeitspolitik, Hamburg 2007, S. 228–238.

Wolfrum, Edgar: Die geglückte Demokratie. Geschichte der Bundesrepublik Deutschland von ihren Anfängen bis zur Gegenwart, Stuttgart 2006.

Zielke, Dietmar/Lemke, Ilse G.: Außerbetriebliche Berufsausbildung benachteiligter Jugendlicher. Anspruch und Realität, Berlin/Bonn 1988.

Zinnecker, Jürgen: Jugendkultur 1940–1985, Opladen 1987.

VI. Einzelne Webseiten/Internetpublikationen

http://www.bundesjugendkuratorium.de/geschichte.html [letzter Zugriff: 21. 4. 2012].

http://www.bibb.de/dokumente/pdf/Jugendarbeitslosigkeit-2005.pdf [letzter Zugriff: 21. 4. 2012].

eurostat pressemitteilung euroindikatoren 16/2012, http://epp.eurostat.ec.europa.eu/cache/ITY_PUBLIC/3-31012012-AP/DE/3-31012012-AP-DE.PDF [letzter Zugriff: 7. 2. 2012].

Personenregister

Bei Akteuren der 1970er und 1980er Jahre werden wichtige berufliche und politische Funktionen genannt, soweit diese für das behandelte Thema relevant sind. Autoren der aktuellen wissenschaftlichen Diskussion werden nicht aufgeführt.
Kursiv gesetzte Zahlen verweisen auf Namen in den Anmerkungen.

Achenbach, Klaus: Ministerialrat im Bundesministerium für Arbeit und Sozialordnung   114
Andreotti, Giulio: italienischer Ministerpräsident 1972-1973, 1976-1979, 1989-1992   *83*
Arendt, Hannah   *5*
Arendt, Walter: MdB (SPD), Bundesminister für Arbeit und Sozialordnung 1969-1976   67, 105

Baden, Manfred: Staatssekretär im Bundesministerium für Arbeit und Sozialordnung 1982-1987   *78*
Bertram, Hans: Professor für Soziologie, Direktor des Deutschen Jugendinstituts 1984-1993   67
Bleistein, Roman: Jesuit, Professor für Pädagogik   67
Blüm, Norbert: MdB (CDU), Bundesminister für Arbeit und Sozialordnung 1982-1998   67, *81*, 96, 112, 125
Brandt, Willy: MdB (SPD), Bundesvorsitzender der SPD 1964-1987, Bundeskanzler 1969-1974   71, 97
Brusis, Ilse: Mitglied des Geschäftsführenden DGB-Bundesvorstands   *81*

Echterhölter, Rudolf: Ministerialrat im Bundesministerium für Arbeit und Sozialordnung   75
Ehrenberg, Herbert: MdB (SPD), Bundesminister für Arbeit und Sozialordnung 1976-1982   67
Eichmann, Adolf   98
Engholm, Björn: MdB (SPD), Parlamentarischer Staatssekretär im Bildungsministerium 1977-1981, Bundesminister für Bildung und Wissenschaft 1981-1982   119, 120

Fuchs[-Heinritz], Werner: Professor für Soziologie   *100*
Fülgraff, Georges: Professor für Medizin, Staatssekretär im Bundesministerium für Jugend, Familie und Gesundheit 1980-1982   73, *96*, 115

Geier, Erna-Maria: MdB (CDU)   94
Geißler, Heiner: MdB (CDU), Bundesminister für Jugend, Familie und Gesundheit 1982-1985   71, 78, *79*, 101, 102
Genscher, Hans-Dietrich: MdB (FDP), Bundesvorsitzender der FDP 1974-1985, Bundesminister des Innern 1969-1974, Bundesminister des Auswärtigen und Vizekanzler 1974-1992   *109*
Giesecke, Hermann: Professor für Sozialpädagogik   95, 98
Gilges, Konrad: MdB (SPD)   *81, 102*
Götzer, Wolfgang: MdB (CSU)   102
Gröbner, Gerhard: Ministerialrat im Bundesministerium für Arbeit und Sozialordnung   *113*

Hamm-Brücher, Hildegard: MdB (FDP), Staatsministerin im Auswärtigen Amt 1976-1982   63
Hellwig, Renate: MdB (CDU)   *79*
Hess, Ernst (alias Peter Brügge): Journalist   *93*
Hitler, Adolf   98
Hornstein, Walter: Professor für Sozialisationsforschung und Sozialpädagogik, Direktor des Deutschen Jugendinstituts 1967-1977   87
Hurrelmann, Klaus: Professor für Sozialisationsforschung   89

Keynes, John Maynard   8, 12, 74, 105, 109, 111, 133
Köppler, Heinrich: Vorsitzender der CDU-Fraktion im nordrhein-westfälischen Landtag   82
Kohl, Helmut: MdB (CDU), Bundesvorsitzender der CDU 1972-1998, Vorsitzender der CDU/CSU-Fraktion im Bundestag 1976-1982, Bundeskanzler 1982-1998   79, 81, 94, 105, 106, *112*, 120, 134
Kuhlwein, Eckart: MdB (SPD), Parlamentarischer Staatssekretär beim Bundesminister für Bildung und Wissenschaft 1981-1982   97

Lambsdorff, Otto Graf: MdB (FDP), Bundesminister für Wirtschaft 1977-1984   112
Lattmann, Dieter: MdB (SPD)   77, *86*

Lenhardt, Gero: Wissenschaftler am Max-Planck-Institut für Bildungsforschung   135
Leverkus, Christoph: Regierungsdirektor und später Ministerialrat im Bundesministerium für Arbeit und Sozialordnung   67, 79
Lübbe, Hermann: Professor für Philosophie   94

Mann, Golo: freier Historiker und Publizist   94
Mehnert, Klaus: Publizist   93
Meinecke, Rolf: MdB (SPD)   108
Mitterrand, François: französischer Staatspräsident 1981-1995   52, 67

Noelle-Neumann, Elisabeth: Professorin für Kommunikationswissenschaft, Gründerin und Leiterin des Instituts für Demoskopie Allensbach   72

Odendahl, Doris: MdB (SPD)   *106*

Pfeifer, Anton: MdB (CDU), Parlamentarischer Staatssekretär beim Bundesminister für Bildung und Wissenschaft 1982-1987   76, 82
Picht, Georg: Professor für Religionsphilosophie   *23*

Richter, Claus: Fernsehjournalist und Publizist   97
Rohde, Helmut: MdB (SPD), Bundesminister für Bildung und Wissenschaft 1974-1978   76, 82, 105, 108, *119*
Rühe, Volker: MdB (CDU)   106

Schelsky, Helmut   55
Schmidt, Helmut: MdB (SPD), Bundesminister der Finanzen 1972-1974, Bundeskanzler 1974-1982   71, *83*, 94, 95, *109*, 111, 120
Schmidt, Hermann: Leiter des Bundesinstituts für Berufsbildung 1977-1998   *82*
Schoppe, Waltraud: MdB (Die Grünen)   101
Schorlemer, Reinhard Freiherr von: MdB (CDU)   *112, 124*
Schuchardt, Helga: MdB (FDP)   *119*
Spaemann, Robert: Professor für Philosophie   94
Steinhauer, Waltraud: MdB (SPD)   76, 119
Stooß, Friedemann: Mitarbeiter des Instituts für Arbeitsmarkt- und Berufsforschung in der Bundesanstalt für Arbeit   118
Süssmuth, Rita: Professorin für Erziehungswissenschaften, MdB (CDU), Bundesministerin für Jugend, Familie, Frauen [seit 1986] und Gesundheit 1985-1988   *67, 106*

Thatcher, Margaret: britische Premierministerin 1979-1990   106

Villepin, Dominique de: französischer Ministerpräsident 2005-2007   51
Vogt, Wolfgang: MdB (CDU), Parlamentarischer Staatssekretär beim Bundesminister für Arbeit und Sozialordnung 1982-1991   *112, 113, 124*

Weisskirchen, Gert: MdB (SPD)   82
Westphal, Heinz: MdB (SPD), Bundesminister für Arbeit und Sozialordnung 1982   67
Wilms, Dorothee: MdB (CDU), Bundesministerin für Bildung und Wissenschaft 1982-1987   107
Wohlleben, Reinhard: Oberregierungsdirektor in der Bundesanstalt für Arbeit   *32, 40*
Wolter, Jupp: Karikaturist   77

Zinnecker, Jürgen: Professor für Erziehungswissenschaften   *100*

www.ingramcontent.com/pod-product-compliance
Lightning Source LLC
Chambersburg PA
CBHW050123020526
44112CB00035B/2367